SOMMAIRE — Étude de la langue

	Grammaire	Orthographe	Conjugaison	Vocabulaire
1	**À quoi sert la grammaire ?** p. 144 La grammaire nous apprend l'importance de l'ordre des mots.	**À quoi sert l'orthographe ?** p. 174 L'orthographe sert à bien construire et à écrire des mots.	**À quoi sert la conjugaison ?** p. 204 La conjugaison sert à indiquer la personne et le moment où se déroule l'histoire.	**À quoi sert le vocabulaire ?** p. 234 Le vocabulaire sert à enrichir la langue et à améliorer ce que tu écris.
2	**Les mots et leur place** p. 146 L'ordre des mots détermine le sens de la phrase.	**La lettre, le son** p. 176 Il y a des lettres que je vois et que j'entends (*cri*) ou que je n'entends pas (*rat*).	**Des personnes, des terminaisons** p. 206 Suivant les personnes : *je, tu, il/elle/on, nous, vous, ils/elles*, les terminaisons du verbe changent.	**Avec mon dictionnaire** p. 235 Le dictionnaire permet de découvrir les différents sens d'un mot.
3	**La phrase et ses deux parties** p. 148 Une phrase est composée d'un groupe sujet (GS) et d'un groupe verbal (GV). L'oiseau fait son nid. GS GV	**Comment reconnaître les mots homophones ?** p. 178 *pin/pain* *poids/pois*	**Radical et terminaison : comment les verbes changent ?** p. 208 *je me promenais* *je me promène* *je me promènerai*	**Des mots pour dire le contraire** p. 236 *monter/descendre* *ami/ennemi* *grand/petit*

4	**Comment reconnaître le verbe ?** p. 150
	
	Le footballeur heurte un joueur.
	         V
	Le footballeur est blessé.
	         V
		Comment écrire les sons [s] et [z] ? p. 180
		
		[s] « s » → *averse*
		« ss » → *ruisseau*
		« c » → *ciel*
		[z] « z » → *zoo*
		« s » → *saison*
			Le verbe, son infinitif et les trois groupes p. 210
			
			• 1er groupe : *chanter*
			• 2e groupe : *finir*
			• 3e groupe : *pouvoir, lire*
				Synonymes et sens voisin p. 237
				
				Ce problème est *difficile*.
				Ce problème est *compliqué*.

5	**Identifier le sujet du verbe** p. 152 Le Petit Poucet est un malin ? S Qui est un malin ? C'est le Petit Poucet.	**Comment écrire les sons [ʒ] et [g] ?** p. 182 [ʒ] « j » → *jeune* « g » → *boulanger* [g] « g » → *regarde* « gu » → *guitare* **Comment écrire le son [j] ?** p. 183 [j] « y » → *crayon* « ill » → *brouillon* « il » → *réveil*	**Distinguer passé, présent, et futur** p. 212 Hier il a voyagé en train. (passé) Aujourd'hui il voyage en train. (présent) Demain il voyagera en train. (futur)	**Éviter de répéter un mot** p. 238 Il fait beau, Papa fait les carreaux. Il fait beau, Papa nettoie les carreaux.
6	**Dans la phrase** p. 154 Dans la phrase, les groupes de mots permettent de répondre à des questions précises : qui ? – que ? – quoi ? – quand ? – où ?	**Les consonnes finales muettes** p. 184 *toit* → *toiture* *grand* → *grande*	**Utiliser le présent de l'indicatif** p. 214 On utilise le présent pour raconter des événements qui se déroulent au moment où l'on parle, pour dire ce qui se passe souvent ou toujours.	**Les mots composés** p. 239 *chauve-souris* *porte-manteau*
7	**Identifier les phrases déclaratives et interrogatives** p. 156 • Le chat se promène. • Que fait-il ? • Est-ce que tu as un ballon ?	**Masculin ou féminin ?** p. 186 *le soleil, la lune* **Singulier ou pluriel ?** p. 187 *une étoile* → *des étoiles*	**Conjuguer au présent de l'indicatif (1)** p. 216 Verbes du 1er groupe : e, es, e, ons, ez, ent. Verbes du 2e et du 3e groupes : s, s, t (ou d), ons, ez, ent.	**Les homonymes** p. 240 Je bois du lait./Ce tableau est laid. J'écris des vers./Je me dirige vers l'école.
8	**Identifier les phrases impératives et l'exclamation** p. 158 Quel menteur ! Comme il est fort ! Venez vite !	**Comment marquer le féminin ?** p. 188 *ami* → *amie*, *petit* → *petite* **Comment marquer le pluriel ?** p. 189 *mon frère* → *mes frères* *il chante* → *ils chantent*	**Conjuguer au présent de l'indicatif (2)** p. 218 • Radical de l'infinitif + les terminaisons du présent. *chanter* → *il chant-e*. • Le radical de la forme conjuguée diffère. *venir* → *il vient*.	**Pour décrire une personne** p. 241 On décrit son aspect physique, son attitude, ce qu'elle porte…

Unités	Textes à lire	Projets d'écriture	Pour bien écrire	Récréations
Période 5 J'écris pour parler de moi, du temps passé et du monde				
⓭ **Voyager, écrire**				
Pages 117 à 119	*Le Journal de Sarah Templeton*, Leigh Sauerwein	J'écris un fragment de journal	1. Je raconte mon expérience • Raconter au présent • Raconter au passé	J'écris, *Je t'écris, j'écris*, Geva Caban
Pages 120 à 124	Carnet de bord, « Les Enfants de la Baleine Blanche »	J'écris un journal de voyage	2. Je raconte mon expérience • Faire des confidences • Exprimer des sentiments	
⓮ **À travers le temps**				
Pages 125 à 127	Une aventure de Johan, *Le châtiment de Basenhau*, Peyo	J'écris un épisode de récit historique (1)	1. Je donne une couleur historique à un récit • Reconstituer l'atmosphère d'une époque • Insérer des descriptions	Lancelot, chevalier de la Table ronde, *Lancelot du Lac*, François Johan
Pages 128 à 132	*Le Vrai Prince Thibault*, Évelyne Brisou-Pellen	J'écris un épisode de récit historique (2)	2. Je raconte un récit au passé • Distinguer des temps du passé (1) • Distinguer des temps du passé (2)	
⓯ **Invitation au voyage**				
Pages 133 à 136	Promenades en Alsace, « Mon Guide », A. Chotin	J'écris la légende d'une carte	1. Je donne les bonnes informations • Relier les informations d'une carte et d'un texte • Donner envie de connaître	Bons et mauvais génies, *Alsace*, « Mon Guide », A. Chotin
Pages 137 à 140	L'Arctique, *Le livre de tous les pays*, G. Jean et M.-R. Farré	J'écris un extrait de guide de voyage	2. Je donne mon avis sur un lieu • Présenter un lieu	
Expression orale	Suggérer, persuader — Donner son avis (3) **pp. 141-142**			

Points de repère

Cette pastille t'indique dans quelle unité tu te trouves (exemple : unité 10).

Cette échelle de couleur te permet de savoir dans quelle période de l'année tu te trouves (exemple : 3ᵉ période de l'année scolaire, c'est-à-dire entre Noël et les vacances d'hiver).

Ce point d'interrogation t'indique que tu vas devoir répondre à un ensemble de questions portant sur le texte.

Ce dessin te signale que tu vas écrire des textes. Alors munis-toi d'un papier (ou d'un cahier de brouillon) et d'un crayon.

Des mots pour mieux écrire

Tu vas enrichir ton vocabulaire, alors prends un dictionnaire et consulte-le !

Pistes de lecture

Tu as envie de lire des livres sur le même thème… Voici quelques propositions.

Voir aussi :
Vocabulaire
Synonymes et sens voisin p. 237.
Éviter de répéter un mot p. 238.

Ces renvois t'invitent à consulter la deuxième partie de ton livre : leçons de grammaire, d'orthographe, de conjugaison et de vocabulaire.

Ce symbole t'indique des récréations, c'est-à-dire des textes en plus que tu peux lire quand tu le souhaites.

Unités	Textes à lire	Projets d'écriture	Pour bien écrire	Récréations
Période 3 J'écris des textes différents : un poème, un texte scientifique, un portrait				
7 L'eau, le feu, la terre, l'air…				
Pages 61 à 63	Intermède, *Les Poètes,* Louis Aragon Je fis un feu…, *Le Livre ouvert,* Paul Eluard La nuit il y a des arbres, *Qu'est-ce qu'il y a ?,* Paul Vincensini	J'écris un poème avec des répétitions	1. J'écris un poème • Donner un rythme • Disposer en strophes	Pourquoi je vis…, Boris Vian
Pages 64 à 68	Au bord de l'eau verte Il était une feuille, *Fortunes,* Robert Desnos	J'écris des poèmes	2. J'écris un poème • Comparer, utiliser des images • Faire voir, faire entendre	
8 Métamorphoses				
Pages 69 à 71	Comment un cocon est-il fait ?, *L'Encyclopédie qui raconte,* Christiane Duschesne et Carmen Marois	J'écris une légende	1. J'observe et je décris avec précision • Rédiger une légende qui informe et qui explique • Employer des mots précis	« Le crapaud », *Histoires naturelles,* Jules Renard
Pages 72 à 76	La naissance des insectes	J'écris, je décris	2. J'observe et je décris avec précision • Mettre en ordre une description • Indiquer le moment : les étapes	
9 Les uns et les autres				
Pages 77 à 79	Petit-Féroce est au régime, *Petit-Féroce est un génie,* Paul Thiès	J'écris un portrait (1)	1. Je crée un personnage • Donner une identité • Décrire le personnage	« La lampe », *Fables,* Ésope
Pages 80 à 84	*Samani, l'Indien solitaire,* Michel Piquemal	J'écris un portrait (2)	2. Je fais entrer en scène un personnage • Situer un personnage • Faire vivre un personnage	« Le clown », *La Grive,* Henri Troyat
Expression orale	Raconter – Donner son avis (1) **pp. 85-86**			
Période 4 Je rends mes textes plus vivants et je les organise				
10 Désirs et rêves				
Pages 87 à 89	*Fou de football,* Colin McNaughton	J'écris un dialogue (1)	1. Je fais parler les personnages dans un récit • Donner la parole aux personnages • Utiliser les guillemets et les tirets	*De l'autre côté du miroir,* Lewis Carroll
Pages 90 à 94	Le rêve rouge, *Les Histoires de Rosalie,* Michel Vinaver	J'écris un dialogue (2)	2. Je fais parler les personnages dans un récit • Indiquer qui parle (1) • Indiquer qui parle (2)	
11 Mon amie la baleine				
Pages 95 à 97	*Amos et Boris* (1), William Steig	J'écris le récit d'une rencontre	1. Je nomme un personnage • Éviter les répétitions • Nommer clairement un personnage	« Le lion et le rat », *Fables,* II, 11 Jean de La Fontaine
Pages 98 à 102	*Amos et Boris* (2), William Steig	J'écris une histoire d'amitié	2. Je fais agir mes personnages • Faire rebondir le récit • Trouver une fin	
12 Des livres à lire				
Pages 103 à 105	Des couvertures de livres	J'écris un texte de présentation	1. J'apprends à résumer un récit • Retenir les informations importantes	L'élixir qui fait grandir ! Affiche du Salon du livre jeunesse
Pages 106 à 110	Des couvertures de livres	J'écris et je réalise une couverture de livre	2. Je construis une couverture de livre • Trouver un bon titre • Inciter à lire : la quatrième de couverture	
Expression orale	Convaincre - Donner son avis (2) **pp. 111-112**			

	Grammaire	Orthographe	Conjugaison	Vocabulaire
9	**Identifier les formes affirmatives et négatives p. 160** *Kareen est contente, c'est son anniversaire. Elle danse.* *Kareen n'est pas contente.* *Elle ne danse pas.*	**Le pluriel des noms se terminant par « au », « eau », « al » p. 190** matéri<u>au</u> → matéri<u>aux</u> cad<u>eau</u> → cad<u>eaux</u> che<u>val</u> → che<u>vaux</u>	**Distinguer les temps simples et les temps composés p. 220** Temps simple : *Le chien <u>sauta</u>.* Temps composé : *Le chien <u>a</u> <u>sauté</u>.*	**Pour décrire un lieu p. 242** On décrit le paysage, les constructions, les gens, les bruits… On utilise les expressions : à gauche, à droite, au milieu de…
10	**Identifier le complément d'objet direct du verbe p. 162** *Il appela <u>le garçon</u>.* 　　　　　COD	**Les noms terminés par un « e » muet p. 192** • Les noms féminins terminés par « i », « u », « e » : *une rue* ; • les noms désignant un contenu : *une cuillerée* ; • quelques noms masculins : *musée, incendie…*	**Utiliser le passé composé de l'indicatif (1) p. 222** Pour raconter des événements passés et terminés. Construction : auxiliaire <u>avoir</u> ou <u>être</u> au présent + participe passé du verbe : *j'ai travaillé.*	**La famille d'un mot p. 243** char → char<u>iot</u> 　　　　char<u>rette</u> 　　　　char<u>rue</u>
11	**Identifier les déterminants p. 164** *Le, la les – un, une, des – ce, cet, cette, ces – son, sa, ses.*	**Comment accorder le verbe et son sujet ? p. 194** *Le chat mange la souris.* → *<u>Les</u> chat<u>s</u> mang<u>ent</u> les souris.*	**Utiliser le passé composé de l'indicatif (2) p. 224** Avec l'auxiliaire <u>avoir</u>, le participe passé ne s'accorde pas. Avec l'auxiliaire <u>être</u>, le participe passé s'accorde en genre et en nombre avec le sujet du verbe.	**Fabriquer des mots avec des adjectifs p. 244** blanc → blanc<u>heur</u> 　　　　blanc<u>hir</u> noir → noir<u>âtre</u>
12	**Identifier les adjectifs qualificatifs p. 166** *un chapeau <u>pointu</u>* *un chapeau <u>rond</u>*	**Accorder l'adjectif qualificatif p. 196** L'accord se fait en genre (masc./fém.) et en nombre (sing./pl.). <u>un</u> chien noir – <u>des</u> chien<u>s</u> noir<u>s</u> <u>une</u> petite chatte – <u>des</u> petite<u>s</u> chatte<u>s</u>	**Utiliser l'imparfait de l'indicatif p. 226** Pour décrire des situations du passé, raconter des faits ou des habitudes du passé. *En vacances, je <u>me</u> levai<u>s</u> tôt.*	**Des préfixes pour dire le contraire p. 245** in-, im-, ir-, dé-, dés-, dis-. habitable/<u>in</u>habitable agréable/<u>dés</u>agréable
13	**Identifier le nom complément d'un autre nom p. 168** *un chapeau <u>de paille</u>* *un gâteau <u>au chocolat</u>*	**Reconnaître « est » et « c'est » p. 198** est → sont c'est → ce sont **Reconnaître « ont » et « sont » p. 199** *Les éléphants <u>sont</u> des mammifères.* *Ils <u>ont</u> des défenses en ivoire.*	**Le futur simple et le futur proche p. 228** *Je <u>mangerai</u> tout à l'heure.* *Je <u>vais manger</u> tout à l'heure.*	**Des suffixes pour exprimer une action p. 246** -age, -ation, -ement, -son, -aison. saler → sal<u>age</u> livrer → livr<u>aison</u>
14	**Distinguer les noms, les verbes et les adjectifs qualificatifs p. 170** *<u>Léa</u> <u>est</u> une <u>petite</u> <u>fille</u> <u>sage</u>.* 　NP　V　　　Adj　NC　Adj	**Reconnaître « son », « ses » et « ces » p. 200** *Marie range <u>son</u> crayon et <u>ses</u> feutres.* *<u>Ce</u> crayon et <u>ces</u> feutres sont à elle.* **Reconnaître le pronom « on » p. 201** • on = quelqu'un. • on = nous.	**Conjuguer les verbes « appeler, jeter » p. 230** *J'appelle – nous appelons.* *Je jette – nous jetons.*	**Sens propre et sens figuré p. 247** *Je lui ai donné un <u>coup</u> de poing.* 　　　　　　　　　sens propre *Je lui ai donné un <u>coup</u> de téléphone.* 　　　　　　　　sens figuré
15	**Identifier et utiliser les pronoms personnels p. 172** Pronoms personnels sujets : *je, tu, il/elle/on, nous, vous, ils/elles.* Pronoms personnels compléments : *le, la, l', les.*	**Reconnaître « à » p. 202** *Une planche <u>à</u> voile.* *Ils s'amusent <u>à</u> plonger.* **Reconnaître « et » p. 203** *Le clown a un nez rouge <u>et</u> un chapeau pointu.*	**Conjuguer les verbes « lancer, manger » p. 232** *Je lance – nous lançons.* *Je mange – nous mangeons.*	**Des comparaisons avec des verbes p. 248** *Se disputer <u>comme</u> des chiffonniers.* *Être muet <u>comme</u> une carpe.*

Sous la direction
D'ALAIN BENTOLILA

ROGER BASTIEN,
IEN

PAUL BENAYCH,
IEN

JACQUES CRINON,
formateur
à l'IUFM de Créteil

DANIEL GALLET,
conseiller pédagogique

SOIZIC PACHET,
formateur
à l'IUFM de Versailles

NADINE ROBERT,
instituteur
maître-formateur

SYLVIE SEBAG,
formateur
à l'IUFM de Créteil

TOUT LE FRANÇAIS AU

CE2
CYCLE 3

NATHAN

Avant-propos

L'île aux mots est un livre unique de français. Ce terme, signifie que l'on propose au sein d'un seul manuel, avec une démarche pédagogique cohérente, un ensemble d'objectifs pour parvenir à une maîtrise globale du français.
Ces objectifs sont multiples : maîtrise de la lecture, de l'écriture, de la langue orale, capacité d'analyse « réflexive » de la langue (grammaire, orthographe, conjugaison, vocabulaire) et, enfin, acquisition progressive d'une méthodologie transversale.

On voit bien les difficultés que comporte une telle entreprise.
Le risque majeur est celui de la dispersion et de l'incohérence. Dans certains livres uniques, chaque leçon est segmentée : un peu de lecture, un moment d'écriture, une séquence de grammaire, un peu d'orthographe… Une telle conception prive évidemment l'élève de toute vision claire et structurée.
À l'opposé, on peut se contenter de placer côte à côte dans le même ouvrage un recueil de textes, un livre d'expression, un précis de grammaire… Un tel manuel n'aurait de livre unique que le nom !

Or le vrai défi qu'il faut, et que nous avons voulu relever, c'est à la fois de conserver à chaque démarche de découverte son homogénéité – la pratique langagière a sa cohérence, les activités « réflexives » ont la leur – et de tisser entre ces différentes démarches des liens explicites tels que l'élève comprenne que **la langue est un tout**. C'est dans cette perspective qu'a été conçue ***L'île aux mots***.

L'ouvrage est composé de **deux grandes parties**.
– La première a pour objectifs principaux la lecture et la production de textes.
Elle s'organise en 15 unités (pour 30 semaines d'enseignement) tournées d'abord vers la lecture et l'expression écrite. Chaque unité porte sur un point précis de pratique de la langue. 10 séquences d'expression orale y forment un vrai parcours de maîtrise de la parole.
– La seconde partie de l'ouvrage sépare clairement les quatre principaux domaines d'activités « réflexives » sur la langue, mais avec une même ambition : **faire comprendre à l'enfant « comment ça marche »**.

Entre ces deux parties, on a tissé **des liens** qui permettent à l'élève de passer d'un projet d'écriture à une leçon d'orthographe ou de grammaire, et inversement de chercher dans les textes de la première partie des terrains d'applications à la réflexion fonctionnelle pour que celle-ci ne soit pas « désincarnée ».

N'oublions pas : savoir parler, lire et écrire sont des performances et des compétences solidaires les unes des autres. Leur maîtrise suppose que l'on comprenne comment marche le système de la langue, mais aussi que l'on sache mettre en œuvre cette langue dans des situations pratiques et avec des intentions variées (de lecture, d'écriture et de parole). C'est cette ambition d'**une maîtrise vivante et intelligente du français** que s'est fixée cet ouvrage. Elle est **indispensable à la formation de tout citoyen responsable**.

Alain Bentolila
Directeur de collection

© Éditions Nathan, 9 rue Méchain, 75014 Paris - 1998 - ISBN 2.09.121283-0.

L'île aux mots

C'est la rentrée des classes dans L'île aux mots ! Tu vas, jusqu'à Noël, lire et découvrir :
– des histoires et des contes mettant en scène des personnages extraordinaires ;
– des récits d'aujourd'hui avec des adultes et des enfants comme toi ;
– des jeux, des comptines, des lettres, etc.

● Prépare-toi ensuite à raconter et à écrire une petite histoire… Tu apprendras aussi à corriger tes textes, à présenter une lecture ou une liste.

Alors pars vite vers L'île aux mots, de nombreuses aventures t'attendent !

Période 1

	1 Drôles de listes	**2** Écrire et s'amuser	**3** Formulettes et sortilèges
Je lis	Le jeu des trois fleurs p. 5	Le stylo magique p. 13	La chèvre dans la cabane du loup p. 21
J'écris	J'écris une liste (1) p. 6	J'écris de mémoire p. 14	J'écris une formulette p. 22
J'observe et je m'exerce	J'apprends à recopier p. 7	J'apprends à corriger un brouillon p. 15	Je vais à la ligne quand il le faut p. 23
Je lis	La sorcière et le commissaire p. 8	Lettre d'anniversaire p. 16	Le petit coq noir p. 24
J'écris	J'écris une liste (2) p. 10	J'écris une lettre p. 18	J'écris une histoire avec une formulette p. 26
J'observe et je m'exerce	J'apprends à recopier p. 11	J'apprends à présenter un brouillon p. 19	Je mets la ponctuation p. 27
Récréation	Des listes de géants… p. 12	Pour les enfants et pour les raffinés p. 20	Formulettes et comptines p. 28
Expression orale	Bien dire – Bien décrire (1) pp. 29-30		

Période 2

	4 Je raconte, tu racontes…	**5** Dis-moi pourquoi…	**6** Contes d'ici et d'ailleurs
Je lis	Horace p. 31	Voilà pourquoi le crocodile vit dans les rivières p. 39	C'était un loup si bête p. 47
J'écris	Je raconte et j'écris une histoire répétitive p. 32	J'écris ce qui a changé p. 40	J'écris un nouvel épisode p. 48
J'observe et je m'exerce	J'apprends à raconter une histoire p. 33	J'organise un récit p. 41	J'imagine la suite d'un récit p. 49
Je lis	Le chêne de l'Ogre p. 34	Le léopard faisant amitié avec le feu p. 42	Les cinq frères chinois p. 50
J'écris	J'écris et je raconte une histoire p. 36	J'écris un récit « en pourquoi » p. 44	J'écris la suite d'une histoire p. 52
J'observe et je m'exerce	J'apprends à raconter une histoire p. 37	J'organise un récit p. 45	J'imagine la suite d'un récit p. 53
Récréation	Virelangues p. 38	Tortues, lézards et autres reptiles p. 46	Le pélican p. 54
Expression orale	Expliquer – Bien décrire (2) pp. 55-56		
Bilan (1)	Je fais le point sur ce que j'ai lu – Je fais le point sur ce que j'ai écrit pp. 57-58		

Drôles de listes

Le jeu des trois fleurs

Maïa et Guenaël ont fabriqué un jeu des trois fleurs. Ils commencent à jouer.
« Je ne me souviens plus de la règle, dit Maïa.
– C'est facile, répond Guenaël. C'est comme le jeu du morpion ou du drapeau anglais.
– Laisse-moi relire une fois la règle », demande Maïa.

Le jeu des trois fleurs se joue à deux. Chaque joueur reçoit trois fleurs. Chacun à son tour en pose une sur le tableau. Pour gagner, il faut amener ses trois fleurs sur une même ligne.

Pour construire le jeu

Outils et matériaux
– Une plaque à œufs en carton.
– Deux boîtes à œufs en carton (modèle six œufs) ou une boîte (modèle douze œufs).
– Des ciseaux.
– De la colle.
– Des couleurs à l'eau (gouache).

Le tableau de jeu
1. Dans une plaque à œufs, on découpe un carré contenant quatre pointes sur chaque côté (donc trois cases entre les pointes).
2. On peint cette plaque d'une couleur vive. C'est dans les cases de ce tableau qu'on pose les fleurs.

Les fleurs

Suivant le croquis :
1. Dans une boîte à œufs on découpe un alvéole[1].
2. Dans cet alvéole on découpe les pétales.
3. Dans un autre alvéole on découpe le cœur.
4. On colle le cœur dans la fleur.

1. alvéole : *creux, cavité.*

Il faut deux séries de fleurs bien différentes : trois fleurs peuvent être à larges pétales, trois autres fleurs à pétales plus fins. On peint les deux séries en couleurs vives bien tranchées.

Bernadette Theulet-Luzié, « Trésors de tous les jours »,
© Édicope/Europart, *Jeunes Années Magazine*.

❶ Que trouve-t-on dans ce texte :
une histoire ?
la règle d'un jeu ?
des informations sur les fleurs ?
une fiche de construction ?

❷ Combien d'enfants peuvent participer à ce jeu ?
Combien de fleurs possède chaque joueur au début de la partie ?

❸ Où vas-tu poser les fleurs en jouant ?

❹ Dans ce texte il y a une liste d'outils et de matériaux. Relis-la.
Faut-il aussi un pinceau ? Qu'en penses-tu ?

❺ Quand fait-on des listes de ce genre dans la vie quotidienne ? Donne des exemples.

❻ Remets les actions dans l'ordre :
a) Dans cet alvéole on découpe les pétales.
b) Dans une boîte à œufs on découpe un alvéole.
c) On colle le cœur dans la fleur.
d) Dans un autre alvéole on découpe le cœur.

❼ Dans le texte, comment indique-t-on la succession des actions ?
Compare avec la liste de matériel.

J'écris une liste (1)

❶ Recopie soigneusement la liste du matériel dont tu as besoin pour réaliser le jeu des trois fleurs.

❷ Mets une croix devant chaque élément que tu penses pouvoir apporter à l'école, afin de construire ce jeu avec deux ou trois camarades.

J'apprends à recopier

 ## Copier sans erreurs

J'observe

■ 1. Compare la liste que tu as recopiée et la liste d'origine (p. 5). As-tu tout recopié sans fautes ?

■ 2. Observe un ou une camarade en train de recopier : lève-t-il ou lève-t-elle souvent la tête ? Toi-même, est-ce que tu lèves souvent la tête quand tu copies ?

Voici des conseils pour copier sans fautes :
1. Regarde bien un mot, comme si tu le photographiais.
2. Ferme les yeux et vérifie que tu l'as bien en tête.
3. Il ne te reste plus qu'à l'écrire. Ne relève pas la tête pour regarder chaque lettre !
4. Vérifie que tu n'as pas fait d'erreur.

Je m'exerce

■ a) Voici deux listes de mots :

fleur	colle
ciseaux	tableau
alvéole	pointes
plaque à œufs	boîte à œufs

Entraîne-toi à copier ces mots, d'un seul bloc, et vérifie que tu ne t'es pas trompé. Recommence jusqu'à ce que tu arrives à copier chaque mot ou chaque groupe de mots sans lever la tête.

■ b) Si tu as eu des difficultés à faire l'exercice a), c'est peut-être parce que tu ne prends pas le temps de bien voir les mots. Essaie avec les listes suivantes :
tu « photographies » chaque mot, ensuite tu le « repasses » dans ta tête.

cœur	ligne
pied	gouache
main	champignon
pétales	couleurs à l'eau

 ## Aller à la ligne dans une liste

J'observe

■ **Compare ces deux listes :**

A. Deux boîtes à œufs, des ciseaux, de la colle, des couleurs à l'eau.

B. Deux boîtes à œufs.
Des ciseaux.
De la colle.
Des couleurs à l'eau.

Le texte est le même, mais la présentation est différente.

■ 1. Quelle différence y a-t-il entre ces deux présentations ?

■ 2. Laquelle choisirais-tu si tu te faisais une liste de courses ? Pourquoi ?

Aller à la ligne permet de présenter clairement une liste.
Dans une liste, on met en général une majuscule au début de chaque ligne.

Je m'exerce

■ **Recopie cette recette du *milk-shake* avec une présentation claire.**
Recopie-la sans te tromper, en suivant les conseils donnés dans la colonne de gauche.

Ingrédients (pour une personne) : 1 yaourt, 4 fraises, 10 framboises, 1 verre de lait demi-écrémé, 1/2 citron, 1 cuillerée à soupe de sucre en poudre, 3 glaçons. Ustensiles : verre, cuillère à soupe, mixeur avec son bol, presse-citron. Préparation : Verser successivement dans le bol du mixeur : le yaourt, les fraises et les framboises, le verre de lait demi-écrémé, le jus du 1/2 citron, la cuillerée à soupe de sucre en poudre, les 3 glaçons pour rafraîchir. Mixer le temps de voir le tout devenir d'un rose bien uni.

P.-A. Tanc, *Trottent-menus*, © Hatier, 1988.

La sorcière et le commissaire

J'habite une rue tout plein jolie, et cette rue est toute pleine de boutiques. Dans chacune de ces boutiques on exerce un métier. Ce qui fait que ma rue est toute pleine de jolis métiers.

Il y a un boulanger
qui fait des boules pour les gens âgés.
Il y a un tripier
qui vend des tripes et des pieds.
Il y a un tailleur de pierre
qui fait des costumes en pierre.
Il y a un restaurant
qui restaure les vieux monuments. […]
Il y a un charcutier qui charcute,
un boucher qui bouche,
un plombier qui plombe,
des pompiers qui pompent.
Il y a une fermière qui ferme,
une ouvreuse qui ouvre.
Il y a un maire et deux octogénaires[1],
il y a trois ménagères et quatre camemberts,
il y a enfin une **sorcière** !

La sorcière, on n'a pas su tout de suite qu'elle était sorcière. On a cru, tout d'abord, que c'était une vieille dame comme les autres, un peu plus mal coiffée peut-être, mal habillée aussi, mais ce n'est pas un crime, avec des cheveux dans les yeux, une dent sur le devant, une bosse par-derrière, et une goutte au bout du nez qui ne voulait jamais tomber.

Elle habitait une petite maison avec un petit jardin autour et des grilles donnant sur la rue. Et puis voilà qu'un jour un taxi a disparu, un beau taxi tout bleu avec un chauffeur russe. On a cherché partout mais on n'a retrouvé ni l'homme ni la voiture. Mais le lendemain matin tout le monde a vu, derrière les grilles, dans le jardin de la sorcière, une belle citrouille toute bleue, et tout près d'elle un

1. **octogénaire** : personne âgée de 80 à 89 ans.

gros rat rouge, assis sur son derrière, avec une belle casquette, bien coquette, posée sur sa tête.

Alors il y a des gens qui ont fait des réflexions.

Deux jours après, c'est une couturière qui a disparu. [...] Cette fois, les gens ont bavardé.

Et puis, le mois suivant, ce sont trois personnes qui ont disparu : un agent de police, une femme de ménage et un employé du métro. [...] Alors les gens de mon quartier se sont mis en colère. Ils ont pris la sorcière et l'ont menée chez le commissaire.

Et le commissaire lui a demandé : « Sorcière, sorcière, qu'as-tu dans ton jardin ?

— Dans mon jardin ? a dit la sorcière. Je n'ai rien d'extraordinaire ! J'ai du persil et des radis,
   J'ai des carottes et de l'échalote.
   J'ai des fleurs, des choux-fleurs et des pois de senteur[2]...

— Sorcière, a dit le commissaire, je ne te parle pas de ton persil ni de tes radis, de tes carottes ni de ton échalote. Je te parle de ta citrouille bleue !

— Ah ! c'est de ma citrouille que vous voulez parler ! Eh bien, il fallait le dire ! C'est un taxi que j'ai transformé...

— Et pourquoi l'as-tu transformé en citrouille, ce taxi ?

— Parce qu'une citrouille c'est beau, c'est rond, ça se coupe en tranches, ça se met dans la soupe et ça sent bon. Parce qu'une citrouille ça ne fait pas de bruit ni de fumée, ça n'encombre pas la chaussée, ça ne consomme pas d'essence et ça n'écrase pas les gens...

— Et le chauffeur, sorcière, qu'en as-tu fait ?

— Le chauffeur, j'en ai fait un rat !

— Et pourquoi ?

— Pour qu'il soit heureux, bien sûr ! »

Pierre Gripari, *La Sorcière et le Commissaire*,
Le Livre de Poche copain, © B. Grasset.

2. pois de senteur : plante à fleurs odorantes.

1 Où habite la sorcière ?

2 Qu'est-ce qui a disparu ? Les habitants de la rue soupçonnent la sorcière. Explique pourquoi.

3 La sorcière transforme le taxi en citrouille, le chauffeur en rat. Quels sont ses arguments (lignes 53 à 61) ? Que penses-tu de ces arguments ?

4 Dans quel conte célèbre parle-t-on aussi de la transformation d'une citrouille ?

5 Retrouve dans le texte l'énumération des métiers. Que remarques-tu d'amusant ?

6 Imagine un autre métier ou un autre commerce que l'on pourrait ajouter à la liste. Par exemple : « Il y a un libraire qui... », « Il y a un supermarché qui... ».

J'écris une liste (2)

1 Écris la liste des objets que tu ne dois pas oublier d'apporter chaque jour en classe. (N'oublie pas les majuscules !)

2 Fais l'inventaire de tout ce qu'il y a dans ton cartable aujourd'hui. Au début de *La sorcière et le commissaire*, le narrateur énumère les métiers de son quartier. De la même manière, dis ce qui se trouve dans ton cartable : « Dans mon cartable, il y a un… qui… . »
Tu peux être aussi fantaisiste que l'auteur du texte, Pierre Gripari !

Des mots pour mieux écrire

Voici une liste de fournitures à prévoir en début d'année. Lis-la.

Liste des fournitures

- *Un cahier de textes*
- *Un stylo à bille vert*
- *Une gomme*
- *Un chiffon*
- *Un crayon de papier*
- *2 protège-cahiers*
- *Une ardoise*
- *Une règle*
- *Un bâton de colle*
- *Des craies*
- *Un cahier d'essais*
- *Un stylo à bille bleu*

1 Pourrais-tu facilement préparer ton cartable avec cette liste ?

2 Essaie de classer ces objets. Quels critères as-tu retenus ?

3 Ajoute des sous-titres à la liste pour justifier ton classement.

Pistes de lecture

Dans un pays bizarre, où les enfants sont très sages, un marchand voudrait vendre des fessées fantastiques…

Une sorcière, un géant, Lustucru ou la Mère Michel : plonge dans l'univers étonnant du Paris de Gripari !

Si tu as envie de te déguiser, de bricoler, de construire des jeux avec tes amis, choisis un thème qui te plaît dans cette collection :

Pierre Gripari, *Le Marchand de fessées*, Le Livre de Poche copain.

Pierre Gripari, *Contes de la rue Broca*, Folio junior (2 volumes).

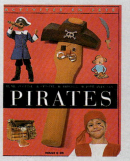 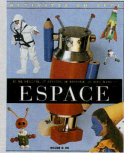

Activités en fête, *Les Pirates, Les Mille et Une Nuits, L'Espace, Le Cirque…*, GP Rouge et Or.

J'apprends à recopier

Recopier sans oublier les majuscules (1)

J'observe

■ 1. Cherche les mots qui commencent par une majuscule dans ces deux extraits.

A. – Des ciseaux.
– De la colle.
– Des couleurs à l'eau.

B. Le jeu des trois fleurs se joue à deux. Chaque joueur reçoit trois fleurs. Chacun à son tour en pose une sur le tableau.

■ 2. Où se trouvent les majuscules dans chaque extrait ?

Dans une liste, les majuscules se trouvent au début de chaque ligne. Elles ne sont pas obligatoires mais rendent la liste plus claire.

Dans un texte rédigé, les majuscules se trouvent au début de chaque phrase. Une phrase commence par une majuscule et se termine par un point.

Je m'exerce

■ **Recopie ce texte en mettant les majuscules.**

pour faire une poupée de chiffon, il faut :
– un mouchoir.
– une boule de coton.
– des chutes de tissu.
– du fil.
– des feutres.

on plie le mouchoir selon la diagonale. on met la boule de coton au milieu. il suffit ensuite de lier avec le fil pour avoir la tête, la taille et les membres.

Recopier sans oublier les majuscules (2)

J'observe

A. La liste des invités à mon anniversaire :
– Tiphaine
– Pierre et Simon
– La famille Duchemin
– Mamie
– Madame Vincent

B. Forcément, on s'appelle tous pareil dans la famille. Les cousins, les cousines… sauf Clément et Jérémy : leur mère a épousé un fils Poireau.

A.-M. Desplat-Duc, *Félix Têtedeveau*, © Castor Poche Flammarion.

■ 1. Où se trouvent les majuscules dans ces deux extraits ?

■ 2. Que remarques-tu de nouveau par rapport à ce que tu as observé dans la colonne de gauche ?

On met aussi une majuscule au début d'un nom propre (par exemple, un prénom, un nom de personne).

Je m'exerce

■ **Repère les majuscules et classe-les en deux catégories.**

Jour de rentrée. À dix heures, installés dans notre classe, nous étions cinquante-quatre. Il n'y avait que quinze ou seize de mes anciens camarades. Derossi en faisait partie. Notre maître, cette année, est un homme de haute taille, avec des cheveux gris plutôt longs. Une ride profonde lui barre le front. Il a une grosse voix et nous observe tous l'un après l'autre, comme pour percer nos pensées ; il ne rit jamais. Il s'appelle monsieur Perboni.

D'après E. de Amicis, *Cuore*, D.R.

Je réécris et j'améliore mon texte

Tu as écrit une liste de ce que tu ne dois pas oublier d'apporter chaque jour en classe (voir p. 10).

1 Assure-toi que tu n'as rien oublié, en comparant ta liste avec celle de tes camarades. Ajoute les éléments qui manquent et mets-les dans un ordre pratique, en rangeant ensemble ce qui va ensemble. Ajoute des sous-titres.

2 Vérifie ta liste avec la grille suivante, et modifie ce qui ne va pas. (Vérifie et corrige un seul élément à la fois.)

3 Ensuite, recopie ta liste au propre sur une fiche. Tu pourras la garder dans ton cahier de textes pour t'aider à préparer ton cartable.

Voir aussi :
▶ Grammaire
Les mots et leur place p. 146.
▶ Orthographe
À quoi sert l'orthographe ? p. 174.
La lettre, le son p. 176.

1. J'ai bien disposé ma liste en allant à la ligne pour chaque nouvel élément.
2. J'ai commencé chaque ligne de la liste par une majuscule.
3. J'ai bien orthographié les mots que j'ai employés.
4. J'ai retenu l'orthographe des mots que je ne connaissais pas.

Récréation

Des listes de géants…

Rabelais a écrit l'histoire de deux géants, Pantagruel et Gargantua. Sais-tu ce qu'est un repas pantagruélique ? Tu le comprendras en lisant la liste des viandes que mange le géant Pantagruel, dans un chapitre du livre :

> Sept outardes,
> Vingt et six perdrix grises,
> Trente et deux rouges,
> Seize faisans,
> Neuf bécasses,
> Dix et neuf hérons,
> Trente et deux pigeons ramiers, […]
> Dix-huit râles appariés ensemble,
> Quinze petits sangliers,
> Deux blaireaux,
> Trois grands renards…

François Rabelais, *Pantagruel*, ch. 26.

2 Écrire et s'amuser

Le stylo magique

Thomas vient d'arriver dans une nouvelle école. Tous les enfants de sa classe font partie d'un club, « Le club des secrets », sauf lui, parce qu'il n'a pas d'assez bonnes notes… Du moins, c'est ce que lui a dit Grégoire, le chef du club. Mais Thomas a une idée…

De toute manière, j'ai trouvé une idée géniale. Si ça marche, je n'aurai plus besoin qu'on m'aide. Ni Patricia, ni personne d'autre. Jamais.

J'ai décidé de voler le stylo de la maîtresse. J'ai remarqué qu'avec ce stylo, la maîtresse ne fait jamais aucune faute. C'est un vrai stylo magique. Si j'arrive à l'avoir, je serai le plus fort des plus forts. Encore plus fort que Grégoire.

La maîtresse est dans le couloir à surveiller que tout le monde accroche bien son manteau au portemanteau. Vite, j'entre dans la classe et je prends le stylo sur son bureau. Hop ! je le glisse dans ma manche. C'est drôlement facile, finalement !

Quand la maîtresse s'installe à sa place, elle dit :
— Je ne retrouve plus mon Bic noir.
Elle a l'air embêté.

J'ai chaud tout à coup. Je dois être tout rouge. Des gouttes de sueur commencent à me dégouliner partout. Ma respiration s'arrête. Mais j'ai surtout le cœur qui bat fort. Tellement fort que j'ai l'impression qu'on l'entend à l'autre bout de la classe. Heureusement, la maîtresse ne me regarde pas, sinon elle verrait bien que c'est moi le coupable. Elle dit simplement :
— Ce n'est pas grave, vous allez faire une dictée.

Ouf ! Mon cœur se calme et je reprends une respiration normale. Je suis seulement trempé de la tête aux pieds.

En fait, je suis ravi qu'on fasse une dictée. Je vais pouvoir utiliser les effets magiques de mon stylo et montrer que je suis le meilleur.

1. *moites* : *humides de transpiration.*

Quand je sors le stylo de ma manche avec mes mains moites[1], Grégoire me regarde avec des yeux admiratifs.

— C'est drôlement fortiche ce que tu as fait ! Finalement, t'es courageux !

Je fais semblant de ne pas l'avoir entendu et j'ouvre mon cahier. Je n'ai pas besoin de m'appliquer. Le stylo écrit tout seul : « dicté ».

Elsa Devernois, *Le Club des secrets*, coll. Pleine Lune, © Nathan.

❶ Thomas a une « idée géniale » (à la ligne 1) : laquelle ?

❷ À quel moment Thomas prend-il le stylo ? La maîtresse le voit-elle ?

❸ Thomas a-t-il peur d'être découvert ? Pourquoi ?

❹ Est-ce que l'idée de Thomas marche ? Qu'est-ce qui te permet de le dire ?

❺ Quel enfant a compris ce que Thomas a fait ? Selon toi, est-ce important pour Thomas ?

❻ Qui raconte cette histoire ?

J'écris de mémoire

❶ Lorsque Thomas vole le stylo de la maîtresse, il a peur d'être découvert. Que ressent-il ? Retrouve dans le texte le passage où il décrit ses émotions.

❷ Relis plusieurs fois ce passage (depuis « J'ai chaud tout à coup… » jusqu'à « à l'autre bout de la classe. ») en essayant de bien le retenir.

❸ Ferme ton livre et écris ce passage de mémoire.
Saute des lignes sur ton brouillon.

J'apprends à corriger un brouillon

 Corriger ce qui ne convient pas

J'observe

■ Voici le début des brouillons de Mathieu et de Virginie :

A. *J'ai chau tout à cou. Je doi être tout rouge. des goute de sueur commence à me dégouliner partou.*

B. *J'ai chaud soudain. je dois être trop rouge. des goutes de transpiration commence à me tomber de partout.*

■ 1. Repère dans chaque brouillon les mots qui ne conviennent pas.

■ 2. Classe-les en deux catégories :
a) les fautes d'orthographe ;
b) les mots qui ne sont pas dans le texte d'origine.

> Lorsqu'on corrige un brouillon, il faut barrer proprement ce qui ne convient pas (par exemple les fautes d'orthographe ou les mots qui ne correspondent pas à ce que l'on veut dire) et écrire juste au-dessus ce que l'on veut mettre à la place.

j'ai chaud tout à ~~cou~~ coup

Je m'exerce

■ Corrige le début du brouillon de Virginie en respectant les conseils précédents.

Supprimer, ajouter

J'observe

■ Dans ce brouillon de Jérémie, repère :
a) ce qui est en trop et qu'il faut supprimer ;
b) ce qui manque et qu'il faut ajouter.

J'ai chaud tout à cou. Je dois être tout rouge. je sens des goute qui me dégoulinent partout. mais surtout mon cœur qui bat fort. J'ai l'impression qu'on l'enten à l'autre côté de la classe.

> Lorsqu'on corrige un brouillon, il faut aussi :
> – barrer ce qui est en trop ;

~~je sens~~ des goute ~~qui~~ me dégoulinent partout.

> – ajouter certains éléments auxquels on a pensé en se relisant : on indique avec une croix l'endroit où les mots doivent être placés.

x de sueur je sens des goutes x qui me dégoulinent partout.

Je m'exerce

■ a) Corrige le brouillon de Jérémie :
– barre ce qui est en trop ;
– ajoute ce qui manque ;
– corrige les fautes d'orthographe ou les mots qui ne conviennent pas.

■ b) Reprends ton brouillon (voir p. 14) et corrige-le en suivant tous les conseils qu'on vient de te donner.

Lettre d'anniversaire

L'écrivain Lewis Carroll, de son vrai nom Charles Lutwidge Dodgson, est l'un des plus grands poètes de la langue anglaise.
Pour deux de ses amies, les petites filles Liddell, il a écrit en 1864 les Aventures d'Alice au pays des merveilles, *et beaucoup d'autres contes et des poèmes. Il a écrit aussi de nombreuses lettres à ses amis enfants, qu'il préférait aux grandes personnes trop sérieuses…*

J.-M. G. Le Clézio.

Ma chère Ina,
Je ne fais jamais de cadeaux d'anniversaire, mais je peux tout de même écrire une lettre d'anniversaire.
Je suis arrivé jusqu'à ta porte pour te souhaiter beaucoup de bonheur, mais le chat m'a vu et m'a pris pour une souris, et il s'est lancé à ma poursuite en long et en large jusqu'à ce que je sois complètement épuisé.
Néanmoins, j'ai quand même réussi à entrer dans la maison, et là, c'est une souris qui m'a vu, et elle m'a pris pour un chat, et elle m'a accueilli à coups de pelle et de tisonnier[1], à coups d'assiettes et de bouteilles. Bien sûr, je me suis sauvé à nouveau dans la rue et là, c'est un cheval qui m'a vu et qui m'a pris pour une charrette, et il m'a traîné tout le long du chemin jusqu'à la gare, mais le pire de tout, c'est quand une charrette m'a vu et m'a pris pour un cheval. Alors je me suis retrouvé attelé, et j'ai dû la tirer sur des milles et des milles, jusqu'à Merrow. Tu comprends maintenant pourquoi je n'ai pas réussi à arriver jusqu'à ta chambre.

1. tisonnier : *longue barre de fer pour attiser le feu.*

Pourtant, j'ai eu le plaisir d'apprendre qu'en guise de régal pour ton anniversaire tu as dû travailler dur à apprendre la table de multiplications.

J'ai quand même eu le temps de jeter un coup d'œil à la cuisine, et j'ai vu qu'on s'activait à préparer ta fête d'anniversaire, avec un beau plat garni de croûtes, d'os, de pilules, de bobines de fil, de rhubarbe et de poudre de magnésie[2]. « C'est bien, ai-je pensé. Elle va être heureuse ! »

Et c'est avec un sourire sur mon visage que j'ai continué mon chemin.

Ton affectionné.

C. L. D.

Lewis Carroll, *Lettre d'anniversaire,* traduit par J.-M. G. Le Clézio, *Enfantimages,* © Gallimard.

2. *poudre de magnésie :* médicament.

❶ Relève tout ce qui montre que ce texte est une lettre.

❷ Pourquoi l'auteur a-t-il écrit cette lettre :
a) pour inviter Ina à son anniversaire ?
b) pour demander à Ina des nouvelles de ses vacances ?
c) pour expliquer pourquoi il n'a pas pu venir à l'anniversaire d'Ina ?

❸ Que signifient les initiales C. L. D. à la fin de la lettre ? Comment la lettre pourrait-elle aussi être signée ?

❹ Quelles sont les mésaventures racontées par Lewis Carroll pour expliquer pourquoi il n'a pas pu venir à l'anniversaire d'Ina ? Te paraissent-elles vraies ?

❺ L'auteur a-t-il vraiment vu la préparation du gâteau dans la cuisine ?

❻ À ton avis, pourquoi Lewis Carroll raconte-t-il à Ina de telles histoires ?

❼ Aimerais-tu recevoir une lettre comme celle-ci ? Est-ce que ce serait pour toi un cadeau ?

J'écris une lettre

Tu n'as pas pu aller à l'anniversaire d'une grand-mère, d'un(e) ami(e), etc. À ton tour, tu vas écrire une lettre pour lui expliquer pourquoi.

1 Recherche des excuses amusantes, de gros mensonges (par exemple des mésaventures comme celles inventées par L. Carroll, ou bien la visite d'un extraterrestre, un rendez-vous avec le Président…).

2 Rédige ta lettre et signe-la.

Des mots pour mieux écrire

Selon les gens à qui tu t'adresses, le début et la fin de tes lettres doivent changer.

1 Associe les éléments que tu pourrais employer dans la même lettre. (Certaines formules peuvent convenir à plusieurs destinataires !)

Destinataire	Début de la lettre	Fin de la lettre
1. Ta grand-mère	A. Salut Bruno !	a. Je vous embrasse.
2. Ta maîtresse	B. Monsieur le maire,	b. Au revoir.
3. Le maire de ta commune	C. Chère Mamie,	c. Je vous prie de croire à l'expression de mes meilleurs sentiments.
4. Un copain	D. Madame, Monsieur,	d. Je t'embrasse.
5. Une revue à laquelle tu serais abonné(e)	E. Chère maîtresse,	e. Gros bisous.

2 Complète la dernière colonne en trouvant d'autres formules. Précise pour qui tu les emploierais.

Pistes de lecture

Des héros de contes (Cendrillon, les Trois Ours…) reçoivent de vraies lettres apportées par le facteur.

★Janet et Allan Ahlberg,
Le Gentil Facteur ou Lettres à des gens célèbres,
Albin Michel jeunesse.

Grâce à son crayon magique, Émilie transforme ses rêves en réalité : la voilà en plein Moyen Âge !

★★Henriette Bichonnier,
Émilie et le crayon magique,
Le Livre de Poche jeunesse.

★Brigitte Smadja,
Drôles de zèbres,
L'École des Loisirs, Mouche.

★★★Jacques Charpentreau,
Ne jetez pas l'argent par la fenêtre,
Nathan, Arc en poche.

J'apprends à présenter un brouillon

Bien disposer son brouillon

J'observe

■ Voici deux brouillons, présentés de manières différentes. Quelle présentation choisirais-tu pour pouvoir corriger et améliorer ensuite le texte ?

> Chère grand-mère,
>
> Pardon de n'être pas venu à ton anniversaire. J'avais un rendez-vous chez les Martiens. Quand je ~~suis~~ suis revenu chez moi, le président× Ensuite ~~Minie~~ la souris de la voisine est tombée amoureuse de moi et elle a couru après moi toute la journée. Voilà pourquoi je ne suis pas venu. ×Guillaume× m'a téléphoné pendant trois heures ×Grosses bises.

> Ma chère mamie,
>
> Je suis désolé de ne pas venir à ton anniversaire.
>
> ×le téléphone Je ~~dormai~~ dormais tout tranquillement quand tout à coup× a sonné. C'était Batman. Je me suis demandé pourquoi il m'appelait.
>
> × en × ta Il m'a dit : "Vite ! le Joker est ×direction de ×maison !"
>
> Je me suis précipité à la fenêtre et je l'ai vu. Et à ce moment-là, Batman est arrivé et le Joker s'est ~~enfuit~~ enfui.
>
> Je t'embrasse.
>
> Nicolas

> Sauter des lignes et faire une marge assez large donnent de la place pour corriger ensuite son brouillon : on peut facilement remplacer ou ajouter un mot, une expression, une phrase…

Je m'exerce

■ Reprends ton brouillon (voir p. 18) et compare-le à ceux qui sont reproduits ici. Note ce que tu devrais faire la prochaine fois pour que ton brouillon soit mieux présenté.

Je réécris et j'améliore mon texte

Reprends à nouveau le brouillon de ta lettre d'excuse.

1 Vérifie que tu as respecté les règles de présentation d'une lettre :
– au début de la lettre ⟶ Cher …,
– à la fin de la lettre ⟶ une formule de politesse ou d'affection,
⟶ ta signature.

Tu peux reprendre des expressions de la fiche « Des mots pour mieux écrire » (voir p. 18).

2 Avant de recopier ton brouillon au propre, corrige-le à l'aide de la grille de réécriture suivante. Pour savoir si ta lettre est parfaitement claire, tu peux aussi la faire lire par un camarade.

1. Je barre proprement ce qui est en trop.
2. Je barre les mots qui ne conviennent pas (fautes d'orthographe, mots qui ne correspondent pas exactement à ce que je veux dire) et je les remplace par les bons mots.
3. J'ajoute (si c'est nécessaire) des éléments pour rendre ma lettre plus claire, plus vivante, plus drôle…

Récréation

Je te donne pour ta fête
Un chapeau couleur noisette
Un petit sac en satin
Pour le tenir à la main
Un parasol en soie blanche
Avec des glands sur le manche
Un habit doré sur tranche
Des souliers couleur orange :
Ne les mets que le dimanche.
Un collier, des bijoux
Tiou !

Max Jacob, extrait de
« Pour les enfants et pour les raffinés »,
*Les Œuvres burlesques et mystiques
de Frère Matorel*, © Gallimard.

3 Formulettes et sortilèges

La chèvre dans la cabane du loup

Il était une fois un loup qui, en rentrant chez lui, trouva la porte de sa cabane fermée : la chèvre était dedans.
— Qui est là ? dit le loup.
— C'est moi !   *Ma couète relevète,*
Ma corne sur ma tête,
Mon petit couteau pointu.
Si tu entres,
Je t'éventre.

Alors le loup alla trouver le renard, pour lui demander aide et conseil. Le renard vint à la cabane du loup et demanda à son tour :
— Qui est là ?
La voix répondit encore :
— C'est moi !   *Ma couète relevète,*
Ma corne sur ma tête,
Mon petit couteau pointu.
Si tu entres,
Je t'éventre.

Le renard eut peur et s'en alla.
Alors le loup alla chez l'abeille :
— Viens, lui dit-il. Il y a une bête étrange dans ma cabane.

L'abeille s'approcha à son tour, demanda :
— Qui est là ?
Elle reçut la même réponse :
— C'est moi !   *Ma couète relevète,*
Ma corne sur ma tête,
Mon petit couteau pointu.
Si tu entres,
Je t'éventre.

30   Mais l'abeille n'eut pas peur ; elle entra dans la cabane par un pertuis[1] et piqua tant la chèvre par tout le corps que celle-ci sortit et s'enfuit.
— Merci, bonne abeille, dit le loup : je ne t'aurais jamais crue capable de me rendre un pareil service.

Extrait des *Contes merveilleux des pays de France*, © Éd. Iona.

1. pertuis : ouverture.

❶ Qui est dans la cabane du loup ?

❷ Pourquoi le loup va-t-il trouver le renard ?

❸ L'aide du renard est-elle efficace ? À qui le loup demande-t-il alors de l'aide ?

❹ Combien y a-t-il de personnages dans cette histoire ?

❺ Lis à voix haute ce texte avec tes camarades. Essayez de varier les voix en fonction de la situation : étonnement, crainte, embarras…

❻ Essaie de tirer la leçon de cette histoire.

❼ Quel petit texte revient plusieurs fois dans l'histoire ? Quel est son rôle ?

J'écris une formulette

Dans un conte, un petit texte rythmé et qui revient souvent, comme celui que tu viens de lire, s'appelle une formulette.

Recopie la formulette de *La chèvre dans la cabane du loup* en respectant sa présentation.

Je vais à la ligne quand il faut

 **Aller à la ligne dans un récit**

J'observe

■ Voici un passage de *La chèvre dans la cabane du loup* :

Alors le loup alla trouver le renard, pour lui demander aide et conseil. Le renard vint à la cabane du loup et demanda à son tour…

■ Combien de fois va-t-on à la ligne dans cet extrait ? Cela correspond-il au nombre de phrases ?

> Dans un récit, on va à la ligne quand on arrive au bord de la page.
> Le début d'une ligne ne correspond pas forcément au début d'une phrase.

Je m'exerce

■ Choisis un paragraphe dans le texte suivant et recopie-le deux fois, sur deux feuilles de largeur différente. Que remarques-tu ?

« Tu vas me remettre tous ces gens et le taxi dans l'état où ils étaient. »
La sorcière a retransformé la citrouille en automobile. Mais comme le rat l'avait rongée, la carrosserie était trouée.
Elle a refait du rat rouge un chauffeur. Mais le chauffeur n'était pas content, parce qu'il ne pouvait plus manger sa voiture.

D'après P. Gripari, *La Sorcière et le Commissaire*, Le Livre de Poche copain, © B. Grasset.

 Disposer une formulette ou un poème

J'observe

■ 1. Tu as appris quand aller à la ligne dans un récit. Observe le début du conte *La chèvre dans la cabane du loup* et redonne les règles habituelles du passage à la ligne.

■ 2. Observe la formulette de la chèvre :

> Ma couète relevète,
> Ma corne sur ma tête,
> Mon petit couteau pointu.
> Si tu entres,
> Je t'éventre.

■ Que peux-tu dire de sa disposition ?

■ Les règles habituelles du passage à la ligne s'appliquent-elles ici ?

■ Quand va-t-on à la ligne ? Par quoi commence une nouvelle ligne ?

> Une formulette est une sorte de poème. Elle est faite de vers.
> Comme dans un poème, on va à la ligne à la fin de chaque vers et on commence un nouveau vers par une majuscule, même si ce n'est pas le début d'une phrase.

Je m'exerce

■ a) Le poème suivant a été mal recopié. On ne voit plus où chaque vers se termine. Cherche où on devrait aller à la ligne et dis ce qui te guide.

■ b) Recopie le poème correctement et n'oublie pas la majuscule au début de chaque vers.

Le myosotis

Ayant perdu toute mémoire un myosotis s'ennuyait. Voulait-il conter une histoire ? Dès le début, il l'oubliait. Pas de passé, pas d'avenir, myosotis sans souvenir.

R. Desnos, *Chantefables et Chantefleurs, Contes et Fables de toujours*, © Librairie Gründ, Paris.

Le petit coq noir

C'était un petit coq noir aux plumes lustrées et au jabot luisant. Il portait sa crête avec arrogance et possédait la voix la plus stridente des coqs alentour. Il appartenait à une très pauvre femme et ils vivaient tous deux, tout seuls, au bout du village, dans une vieille masure… Toute la journée, le petit coq grattait la terre ou le fumier entassé devant la maison et piquait du bec les vers, les grains, les miettes.

Un matin qu'il grattait ainsi, il déterra une pièce d'or qui se mit aussitôt à luire au soleil. Juste à ce moment passait le Sultan[1]. Apercevant l'écu d'or il cria :

— Petit coq noir, donne-moi ta pièce d'or !

— Pour ça non, répondit le petit coq. Je la donnerai à ma maîtresse qui en a plus besoin que toi.

Mais le Sultan, sans se soucier des cris du coq, s'empara de la pièce et, rentré dans son palais, la porta dans la Chambre aux Trésors.

Le petit coq en colère l'avait suivi. Il se pencha sur les grilles du palais et s'égosilla[2] :   *Sultan ventru ! Sultan pansu !*
Rends-moi mon bel écu !

Tant et si bien qu'à la fin le Sultan appela la sentinelle qui gardait la porte du palais.

— Va, lui ordonna-t-il. Prends cet insupportable oiseau et jette-le dans le puits. Ça le fera taire.

La sentinelle prit le petit coq et le jeta dans le puits. Mais le coq se mit à marmotter[3] : *Pompe, pompe, mon petit jabot[4] !*
Pompe toute l'eau !

Et le jabot pompa toute l'eau du puits. Le petit coq alla se percher alors sur la fenêtre du Sultan et s'égosilla de nouveau :

Sultan pansu ! Sultan ventru !
Rends-moi mon bel écu !

L'empereur appela le jardinier.

— Va, lui ordonna-t-il. Empare-toi de cet insolent petit coq et jette-le dans le four brûlant. Cette fois, il se taira.

Le jardinier s'empara du petit coq et le jeta dans le four brûlant. Mais le petit coq se mit à marmotter :

Crache, crache, mon beau jabot !
Crache vite toute l'eau !

Et le jabot cracha toute l'eau du puits et éteignit le four.

---

1. **Sultan** : empereur.
2. **s'égosilla** : cria le plus fort possible.
3. **marmotter** : murmurer.
4. **jabot** : gorge.

Puis le petit coq s'envola et réussit à pénétrer dans la chambre du Sultan où il s'égosilla de plus belle :

Sultan pansu ! Sultan ventru !
Rends-moi mon bel écu !

L'empereur, furieux, appela son fidèle Vizir[5].

— Attrape ce coq du diable, cria-t-il, et mets-le dans une des ruches ! Que les abeilles le piquent jusqu'à ce qu'il se taise. Je ne veux plus l'entendre.

Le fidèle Vizir se saisit du malheureux petit coq et le mit dans une ruche. Mais le petit coq se mit à marmotter :

Petit jabot sans pareil,
Avale les abeilles, avale les abeilles !

Et le jabot aspira toutes les abeilles. Après quoi, le petit coq retourna dans la chambre du Sultan, et lui cria dans l'oreille :

Sultan ventru ! Sultan pansu !
Me rendras-tu mon bel écu ?

L'empereur hors de lui se mit à crier :
— Eh bien, je t'étoufferai moi-même, satané petit coq, puisque personne n'est capable de venir à bout de toi !

Saisissant le petit coq, il le mit sous son caftan[6] et voulut s'asseoir dessus. Mais le petit coq se mit à marmotter :

Petit jabot sans pareil,
Lâche les abeilles, lâche les abeilles !

Et voilà toutes les abeilles qui sortent du jabot et se mettent à bourdonner, bourdonner sous le caftan et piquent et piquent le gros derrière du Sultan... Le Sultan bondit sur ses pieds.

— Oh ! Oh ! hurla-t-il. Que le diable emporte cet infernal petit coq ! Ouvrez-lui la Chambre aux Trésors, qu'il reprenne son écu d'or, qu'il emporte tout ce qu'il voudra, mais que je n'entende plus jamais parler de lui ! [...]

Natha Caputo, *Contes des quatre vents*, © Nathan.

5. Vizir : ministre.
6. caftan : robe longue et brodée.

❶ Qui est le héros de ce conte ?

❷ Lorsque le coq trouve l'écu d'or, que veut-il faire ? Qu'est-ce qui l'empêche de faire ce qu'il désire ?

❸ Le Sultan essaie de se débarrasser du coq de quatre manières : lesquelles ?

❹ Il y a dans ce conte deux formulettes qui reviennent plusieurs fois. Relis-les. Quel est le rôle de chacune ?

❺ L'histoire n'est pas terminée. Invente la fin en reprenant une des formulettes. *« Le petit coq entra dans la Chambre aux Trésors et se mit à marmotter : ... »*

J'écris une histoire avec une formulette

Voici une formulette :

*Oiselet, oiselette,
Avez-vous vu un garçon et une fillette ?*

1 Combien y a-t-il de personnages dans cette formulette ? À qui s'adresse la question ? Qui la pose ? Que cherche celui qui la pose ?
Avec ta classe, recherche des scénarios d'histoires et de contes dans lesquels tu pourrais employer cette formulette.

2 À toi ! Écris une petite histoire où tu insèreras plusieurs fois cette formulette. Tu peux reprendre les idées de scénarios trouvées en classe.
Dispose ton brouillon comme tu as appris à le faire dans l'unité 2.

Des mots pour mieux écrire

Voir aussi :
Vocabulaire
Avec mon dictionnaire p. 235.

À partir d'un mot, on peut parfois former un autre mot qui veut dire « plus petit » ou « le petit de … ». Voici quelques exemples :
oiseau —> oiselet, oiselette   chat —> chaton
fille —> fillette   souris —> souriceau, souricette
garçon —> garçonnet   lapin —> lapereau

1 À partir des mots suivants, écris le mot qui signifie « plus petit » :
âne, lion, aigle, caisse, éléphant, goutte, cloche, renard, ours.

2 Essaie d'en trouver d'autres. Tu peux t'aider d'un dictionnaire.

Pistes de lecture

Qu'arrive-t-il au petit coq noir ? Tu peux lire la fin de l'histoire dans :

Histoires pour tous les jours, Nathan.

Un jour, Ali Baba découvre la formule magique des 40 voleurs pour rentrer dans leur grotte aux trésors…

Ali Baba et les 40 voleurs, dans *Les Mille et Une Nuits.*

Si tu as envie de découvrir d'autres histoires à formulettes, tu peux lire en bibliothèque :

Eugène Guillevic,
La Danse des korrigans,
La Farandole.

Yvon Mauffret,
La Nuit des korrigans, Hatier,
« Ma Première amitié ».

Grimm,
Outroupistache.

Je mets la ponctuation

 Bien mettre les points

J'observe

A. Un jour, un homme traversait un bois. Il trouva un loup pendu par le pied au haut d'un chêne. « Homme, dit le loup, tire-moi d'ici… »

J.-F. Bladé, *Dix Contes de loups*, © Nathan,
© Pocket pour la présente édition.

B. Le Loup se mit à courir de toute sa force par le chemin qui était le plus court, et la petite fille s'en alla par le chemin le plus long, s'amusant à cueillir des noisettes, à courir après des papillons, et à faire des bouquets des petites fleurs qu'elle rencontrait.

C. Perrault, *Le Petit Chaperon rouge*.

■ **1.** Combien y a-t-il de phrases dans chaque extrait ?

■ **2.** Quel est le texte le plus facile à dire à voix haute ? Pourquoi ?

Un texte se compose de plusieurs phrases. Une phrase finit par un point.
À l'écrit, en général, il vaut mieux couper son énoncé en phrases assez courtes. Mais on trouve parfois des phrases longues pour décrire en même temps plusieurs personnages ou plusieurs actions.

↘ Grammaire : **Les mots et leur place** p. 146.

Je m'exerce

■ **Recopie le texte en formant des phrases.**

Un homme avait deux enfants, et il avait un œuf qu'il avait partagé entre ses enfants, l'un voulut faire cuire sa moitié d'œuf, l'autre ne voulut pas manger la sienne, il prit sa moitié d'œuf et la couva, oui, il se mit à couver sa moitié d'œuf, au bout d'un temps, il en sortit une petite moitié de coq.

« La petite moitié de coq », extrait des *Contes*
merveilleux des pays de France, © Éd. Iona.

 **Utiliser d'autres signes de ponctuation**

J'observe

■ Regarde les signes de ponctuation dans ces deux répliques.
— Qui est là ? dit le loup.
— C'est moi !

■ **1.** Quels sont ces signes de ponctuation ? Qu'est-ce qui justifie leur emploi ?

■ **2.** Trouve d'autres exemples de ces signes dans *Le petit coq noir*. Ces exemples confirment-ils ta réponse à la question 1 ?

Pour couper le texte en phrases, il existe d'autres signes de ponctuation que le point. Le point d'interrogation indique que l'on pose une question.
Le point d'exclamation indique que l'on manifeste ses sentiments : étonnement, indignation, surprise, décision, etc. (Il correspond à plusieurs intonations de l'oral.)

Je m'exerce

■ **Remplace chaque étoile par le signe de ponctuation qui convient : . ! ou ?**

Petiton, enfermé dans le sac, se mit à crier :
— Au secours ✶ Au secours ✶
À ce moment passait un jeune homme avec un troupeau de mille porcs ✶
— Au secours ✶ Au secours ✶
Le porcher s'approcha :
— Mon ami, quels sont les gueux qui t'ont enfermé dans le sac ✶
— Ce sont deux valets du roi, qui me portent à leur maître ✶ Le roi veut me faire épouser sa fille, une princesse belle comme le jour et riche comme le Pérou ✶ Mais j'ai promis au bon Dieu de me faire prêtre ✶ Et jamais je n'épouserai la fille du roi ✶

D'après J.-F. Bladé, *Dix Contes de loups*, © Nathan,
© Pocket pour la présente édition.

Je réécris et j'améliore mon texte

Reprends le brouillon de ton histoire (voir p. 26) pour l'améliorer :

1 Relis ton texte et souligne ce que tu voudrais changer ou corriger. Utilise la grille de réécriture ci-dessous pour regarder dans ton texte ce qui va et ce qui ne va pas.

2 Réécris les passages soulignés. Travaille directement sur ton brouillon : rature et ajoute, comme tu l'as appris dans l'unité 2.
Ne recopie ton texte au propre que lorsque tu auras fait toutes les modifications et tous les ajouts nécessaires sur ton brouillon.

Voir aussi :
- Grammaire *Identifier les phrases déclaratives et interrogatives* p. 156.
- Grammaire *Identifier les phrases impératives et l'exclamation* p. 158.

1. Je coupe mes phrases si elles sont trop longues.
2. Je n'oublie pas la majuscule et le point de chaque phrase.
3. Je choisis la ponctuation qui convient le mieux (point, point d'interrogation, point d'exclamation).
4. Je vérifie que j'ai correctement présenté les formulettes.

Formulettes et comptines

Les formulettes et les comptines ont une origine très ancienne. Ce sont des sortes de formules magiques, qu'un personnage prononce pour trouver ou pour obtenir quelque chose. Voici, par exemple une comptine champenoise pour faire venir les escargots :

Escargot de Bourgogne,
Montre-moi tes cornes,
Je te dirai où est ton père
Je te dirai où est ta mère.
Si tu ne les montres pas,
Je ne te le dirai pas.

Comptines de langue française,
© Seghers.

Et voici une vieille formule de conjuration qu'on disait en Gascogne pour éloigner les loups !

Ventre vidé, ventre saoul
Sauf chez moi, va-t'en partout
Étrangler brebis et moutons,
Étrangler veaux, poulains, mules,
Sauf chez moi, va-t'en où tu voudras,
Va-t'en partout pour mal faire
Sauf dans ma maison,
Pater du loup,
Ventre vidé, ventre saoul
Sauf chez moi, va-t'en partout.

J.-F. Bladé, *Les Contes du vieux Cazaux,*
© Éd. Fédérop.

▶ **Rassemble des comptines que tu connais et fais-en un recueil.**

Expression orale

Bien dire

Catherine raconte une histoire à Vanessa. Mais Vanessa comprend certains mots de travers.

❶ Dans la vignette 1, quel est le mot que Vanessa ne comprend pas ? Qu'est-ce qu'elle change dans ce mot ?

❷ Dans la vignette 3, Vanessa se trompe sur un mot : lequel ? Quelle est la différence avec le mot utilisé par Catherine ?

❸ Dans la vignette 4, que reproche Vanessa à Catherine ?

❹ Comment Catherine réagit-elle dans la vignette 5 ?

❺ Joue cette scène avec un(e) camarade.

◆ **Des mots pour demander de « mieux dire » :**

Comment ?
Peux-tu répéter ?
Parle plus fort.
Articule.

◆ **Des mots pour mieux se faire comprendre :**

Je répète.
Écoute-moi bien.
Attends.
Fais bien attention.

● **Jouez la scène** à deux : tu es Catherine et ton(ta) camarade est Vanessa (ou inversement). Changez les mots que Vanessa ne comprend pas.

Par exemple : C'est l'histoire d'un petit garçon… Comment ? L'histoire d'un petit glaçon ?…

● **Groupez-vous par trois.**
Le premier dit un mot, les deux autres essaient de trouver des mots les plus ressemblants possible.

Par exemple : râteau, rideau, rameau… ; chameau, château…

Expression orale

Bien décrire (1)

Cette drôle de bicyclette a été conçue par Carelman, un inventeur d'objets introuvables.
Elle permet, d'après lui, d'avancer indifféremment dans les deux sens…

❶ Est-ce que tu vois une seule bicyclette ou bien deux bicyclettes ?

❷ Combien vois-tu de roues ? de pédales ? de guidons ? de selles ?

❸ Par groupes de deux, vous allez décrire cette bicyclette.

Commence par décrire ce qui est normal. Puis tu dis : « Mais il y a un certain nombre de choses étranges… » Ton(ta) camarade continue la description.

Terminez en disant si, d'après vous, on peut se servir de cet objet.

- **Invente un dessin** facile à réaliser, par exemple un rond dans un triangle avec un point au milieu, une maison rouge sur une montagne avec une cheminée qui fume… Tu peux aussi imaginer un objet introuvable.

- **Décris ton dessin** à deux camarades qui doivent le réaliser sans l'avoir vu.

- **Nommez un arbitre** qui décidera si tu as décrit avec précision ton dessin et si les autres ont bien écouté tes consignes.

Je raconte, tu racontes...

Horace

Il y avait une fois une famille qui habitait dans une petite maison au milieu de la forêt. C'était une grande famille : Arrière-grand-papa, Arrière-grand-maman, Grand-papa, Grand-maman, Papa, Maman, Paul et la petite Lulu.
Et avec eux vivait Horace.
Horace était un **ours** !

Un matin, Papa partit à la chasse
et, sur le chemin du retour, il rencontra
Arrière-grand-maman, Grand-papa, Grand-maman,
Maman, Paul et la petite Lulu.
Du plus loin qu'ils le virent, tous, ils lui crièrent :
« Devine ce qui est arrivé ! »
Et Papa dit :
« Qu'est-ce qui est arrivé ?
— Horace a mangé Arrière-grand-papa ! »
Alors Papa fou de colère s'écria :
« Je vais tuer Horace ! »
Mais ils protestèrent tant et si bien
qu'il n'eut pas le cœur de le faire.

20 Et le lendemain, Papa repartit à la chasse.
Sur le chemin du retour, il rencontra
Grand-papa, Grand-maman, etc.

....

....

D'après Alice M. Coats, *The Story of Horace*, D.R.

On appelle ce genre de récit une *randonnée* parce qu'il y a une liste et des répétitions qui font que celui qui écoute peut retenir le texte sans effort.

1 Fais la liste des personnages qui composent cette étrange famille. Tu vas ainsi découvrir comment le récit avance.

2 Pourquoi la famille proteste-t-elle quand Papa veut tuer Horace ? Imagine ce que disent les personnages.

3 Le récit n'est pas terminé ; tu vas compléter oralement la randonnée.
a) • Repère les pointillés.
• Apprends par cœur le dialogue qui doit être répété (lignes 11 à 17).
• Contrôle bien la liste des personnages quand tu raconteras.

b) Entraîne-toi à dire la randonnée. Attention, pour qu'elle soit amusante, il faut raconter cette histoire le plus vite possible !

Je raconte et j'écris une histoire répétitive

Voici la chute (c'est-à-dire la fin inattendue) de l'histoire d'Horace. Complète-la oralement, puis recopie-la.

Un matin, Papa partit à la chasse
et, sur le chemin du retour,
il rencontra .... !
Et Horace lui dit :
« .... ! »
Et Papa dit :
« Qu'est-ce qui est arrivé ?
— J'ai mangé .... »
Alors Papa terriblement en colère s'écria :
« .... ! »
Mais Horace protesta tant et si bien
que Papa n'eut pas le cœur de le faire.
**Et le lendemain,
c'est Horace qui** ....

D'après Alice M. Coats, *The Story of Horace*, D.R.

J'apprends à raconter une histoire

 ## Repérer les personnages

J'observe

■ Voici le début et la fin d'une randonnée.

Pour la retenir, il n'est pas nécessaire de l'apprendre par cœur ! Mais que faut-il absolument retenir ?

Voici la maison que Pierre a bâtie.
Voici la farine qui est dans le grenier de la maison que Pierre a bâtie.

……………………………………………

Voici Pierre qui a semé le grain qui a nourri le coq qui a réveillé le bon monsieur qui a arrêté le méchant brigand qui a battu la servante qui a trait la vache qui a corné le chien qui a étranglé le chat qui a attrapé le rat qui a mangé la farine qui est dans le grenier de la maison que Pierre a bâtie.

S. Cone Bryant, Comment raconter des histoires à nos enfants, © Nathan.

> Pour retenir certaines histoires, il suffit de se souvenir de la liste des personnages ou des objets, et de l'ordre dans lequel ils apparaissent.

Je m'exerce

■ a) Fais la liste des personnages de la randonnée ci-dessus (*Voici la maison que Pierre a bâtie…*). Essaie de reconstituer l'ensemble de l'histoire, puis de te la raconter à toi-même (ou à ton voisin), de mémoire.

■ b) Voici un passage d'une autre randonnée. Recopie-le en écrivant les noms des personnages à la place des numéros.

Le feu a bien voulu brûler la poutre. La (1) a bien voulu tuer le chat. Le (2) a bien voulu manger le rat. Le (3) a bien voulu ronger la corde. La (4) a bien voulu attacher le bœuf…

D'après L. Pineau, Les Contes du Grand-père, cité dans L'Oiseau-lyre, © Hachette.

 ## Repérer la structure de l'histoire

J'observe

■ Observe cette chanson traditionnelle du Languedoc :

Au bois de l'Alzonne, il y a un plan
Sur ce plan, il y a trois peupliers
Sur le plus élevé, il y a une branche
Sur cette branche, il y a cent feuilles
Entre les feuilles, il y a trois fleurs
Entre les fleurs, il y a un nid
Dans ce nid, il y a un œuf
Dans cet œuf, il y a un oiseau
Lorsque le vent du nord souffle, l'oiseau chante et dit : Je suis dans l'œuf, l'œuf dans le nid, nid dans les fleurs, fleurs entre les feuilles, feuilles sur la branche, branche sur le peuplier, peuplier sur le plan, le plan du bois de l'Alzonne.

Extrait des Contes merveilleux du pays de France, © Éd. Iona.

■ 1. Par quoi commence cette chanson ? Par quoi finit-elle ?

■ 2. Comment passe-t-on du début à la fin ? Selon toi, que faut-il bien retenir pour se rappeler facilement la chanson ?

> Pour retenir une randonnée, et bien d'autres histoires, on peut garder en mémoire le début et la fin, et, entre les deux, chacune des étapes.

Je m'exerce

■ Entraîne-toi à dire la chanson *Au bois de l'Alzonne* de mémoire. Tu as le droit de changer des mots, mais il faut bien retrouver la succession des étapes.

Pour t'aider, tu peux revoir dans ta tête la succession des scènes.

Le chêne de l'Ogre

L'on raconte qu'aux temps anciens il était un pauvre vieux qui s'entêtait à vivre et à attendre la mort tout seul dans sa masure. Il habitait en dehors du village. On lui avait traîné son lit près de la porte, et cette porte, il en tirait la targette à l'aide d'un fil. Or ce vieux avait une petite-fille, Aïcha, qui lui apportait tous les jours son déjeuner et son dîner.

La fillette, portant une galette et un plat de couscous, chantonnait à peine arrivée :

— Ouvre-moi la porte, ô mon père Inoubba !

Et le grand-père répondait :

5 — Fais sonner tes petits bracelets, ô Aïcha ma fille !

La fillette heurtait l'un contre l'autre ses bracelets et il tirait la targette[1]. Aïcha entrait, balayait la masure[2], aérait le lit. Puis elle servait au vieillard son repas, lui versait à boire. Après s'être longuement attardée près de lui, elle s'en retournait, le laissant calme 10 et sur le point de s'endormir. Mais un jour, l'Ogre aperçut l'enfant. Il la suivit en cachette jusqu'à la masure et l'entendit chantonner :

— Ouvre-moi la porte, ô mon père Inoubba !

Il entendit le vieillard lui répondre :

— Fais sonner tes petits bracelets, ô Aïcha ma fille ! […]

15 Le lendemain, peu avant que n'arrive la fillette, l'Ogre se présenta devant la masure et dit de sa grosse voix :

— Ouvre-moi la porte, ô mon père Inoubba !

— Sauve-toi, maudit ! lui répondit le vieux. Crois-tu que je ne te reconnaisse pas ?

20 L'Ogre revint à plusieurs reprises mais le vieillard, chaque fois, devinait qui il était. L'Ogre s'en alla finalement trouver le sorcier.

— Indique-moi le moyen d'avoir une voix aussi fine, aussi claire que celle d'une petite fille.

— Va, lui répondit le sorcier, enduis-toi la gorge de miel et 25 allonge-toi par terre au soleil, la bouche grande ouverte. Des fourmis y entreront et racleront ta gorge. Mais ce n'est pas en un jour que ta voix s'éclaircira et s'affinera !

1. targette : verrou.
2. masure : maison misérable.

L'Ogre fit ce que lui recommandait le sorcier : il acheta du miel, s'en remplit la gorge et alla s'étendre au soleil, la bouche ouverte. Une armée de fourmis entra dans sa gorge. […]

Le quatrième jour, sa voix fut aussi fine, aussi claire que celle de la fillette. L'Ogre se rendit alors chez le vieillard et chantonna devant sa masure :

— Ouvre-moi la porte, ô mon père Inoubba !

— Fais sonner tes petits bracelets, ô Aïcha ma fille ! répondit l'aïeul.

L'Ogre s'était muni d'une chaîne : il la fit tinter. La porte s'ouvrit. L'Ogre entra et dévora le pauvre vieux. Et puis il revêtit ses habits, prit sa place et attendit la petite fille pour la dévorer aussi. Elle vint. Mais elle remarqua, dès qu'elle fut devant la masure, que du sang coulait sous la porte. Elle se dit : « Qu'est-il arrivé à mon grand-père ? » Elle verrouilla la porte de l'extérieur et chantonna :

— Ouvre-moi la porte, ô mon père Inoubba !

L'ogre répondit de sa voix fine et claire :

— Fais sonner tes petits bracelets, ô Aïcha ma fille !

La fillette, qui ne reconnut pas dans cette voix celle de son grand-père, courut au village alerter ses parents.

— L'Ogre a mangé mon grand-père, leur annonça-t-elle en pleurant. J'ai fermé sur lui la porte.

Le père fit crier la nouvelle sur la place publique. Alors, chaque famille offrit un fagot et des hommes accoururent de tous côtés pour porter ces fagots jusqu'à la masure et y mettre le feu. L'Ogre essaya vainement de fuir… C'est ainsi qu'il brûla.

L'année suivante, à l'endroit même où l'Ogre fut brûlé, un chêne s'élança. On l'appela le « Chêne de l'Ogre ».

D'après Taos Amrouche, *Le Grain magique, Contes, Poèmes, Proverbes berbères de Kabylie*, © Éd. La Découverte.

❶ Qui est Aïcha ? Que fait-elle chaque jour ? Pourquoi ?

❷ Combien de fois la formule « Ouvre-moi la porte, ô mon père Inoubba ! » est-elle prononcée ? Par qui ?

❸ Combien de jours faut-il à l'Ogre pour se faire ouvrir la porte ? Pour quelle raison ?

❹ Pourquoi Aïcha se méfie-t-elle quand elle entend la réponse de l'Ogre, à la fin de l'histoire ?

❺ Ce conte ressemble à un conte de Perrault que tu connais bien. Lequel ? Qu'est-ce qui est pareil ? Qu'est-ce qui est différent (personnages, lieux, événements) ?

J'écris  et je raconte une histoire

Prépare-toi maintenant à raconter *Le chêne de l'Ogre* à un auditoire qui n'a pas lu l'histoire.

1 Pour t'aider à commencer, écris le début de l'histoire avec tes propres mots.
Relis le texte et note rapidement des mots qui t'aideront à retenir le déroulement.
N'apprends par cœur que la formule prononcée par la fillette et la réponse du grand-père. Tout le reste, dis-le avec tes propres mots.

2 Avant de te lancer, raconte-toi l'histoire dans ta tête. Vérifie que tu te souviens bien du déroulement.
Exerce-toi à changer ta voix pour faire parler l'Ogre.

Des mots pour mieux dire

1 Cherche dans *Le chêne de l'Ogre* les mots qui désignent Aïcha et son grand-père et complète le tableau suivant :

Aïcha	une petite fille, …
Le grand-père Inoubba	un pauvre vieux, …

2 Parmi ces mots, quels sont ceux qui indiquent l'âge des personnages et ceux qui indiquent sa parenté avec l'autre personnage ? Classe les mots dans ce second tableau :

Âge	le vieux, …	
Parenté	le grand-père, …	

Pistes de lecture

Un rat, un chat, un chien, et bien d'autres encore, vont aider Jack à bâtir une maison. Découvre-la donc !

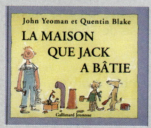

★John Yeoman et Quentin Blake, *La maison que Jack a bâtie*, Gallimard.

Des contes célèbres (Cendrillon, Barbe Bleue) écrits par C. Perrault pour ses enfants voilà déjà 300 ans !

★★★Charles Perrault, *Contes de ma mère l'Oye*, Folio junior.

★★Italo Calvino, *Romarine*, Kid Pocket.

★★★Nacer Khemir, *L'Ogresse*, Le Livre de Poche jeunesse.

★★★Rabah Bélamri, *Contes de l'Est algérien*, Publisud (2 volumes).

J'apprends à raconter une histoire

Repérer les lieux de l'action

J'observe

■ Observe cette photo d'une maison de Kabylie, en Algérie : c'est la région d'où provient le conte *Le chêne de l'Ogre*.

Décris la photo.

Pour bien raconter une histoire, il faut avoir en tête une image des lieux, une atmosphère. Cela aide à retenir l'histoire. Cela permet aussi à la personne qui écoute de se représenter, à son tour, le cadre de l'action.

Je m'exerce

■ a) Relis *Le chêne de l'Ogre* en relevant toutes les indications sur les lieux où se passe l'histoire.

■ b) Dessine le plan du village, comme tu l'imagines. Puis situe sur ton plan les maisons de tous les personnages et leurs trajets.

Repérer la chronologie de l'histoire

J'observe

■ Voici les étapes de l'histoire du *Chêne de l'Ogre*. Relève les mots et les expressions qui indiquent le « calendrier » des événements.

Mais un jour, l'Ogre aperçut l'enfant.
Le lendemain, l'Ogre se présenta devant la masure.
L'Ogre revint à plusieurs reprises.
Le quatrième jour, sa voix fut aussi fine, aussi claire que celle de la fillette.
L'année suivante, à l'endroit même où l'Ogre fut brûlé, un chêne s'élança.

Pour bien raconter une histoire, il faut avoir en tête le « calendrier » des événements. Certains mots et expressions permettent de marquer le déroulement du temps : « le lendemain, le quatrième jour, deux mois plus tard, etc. »

Je m'exerce

■ Voici les premières étapes de l'histoire du *Petit Poucet*. Remets à leur place ces indications de temps :

Un soir, Lorsqu'ils se virent seuls, De bon matin.

Le bûcheron dit : « Il faut aller perdre nos enfants dans la forêt. »
Le petit Poucet sortit et emplit ses poches de petits cailloux blancs.
On partit.
Les enfants se mirent à crier et à pleurer.

Je travaille et j'améliore mon récit

1 Essaie plusieurs manières de « travailler » ton récit du *Chêne de l'Ogre* (voir p. 36), comme le fait un vrai conteur :
– Tu te le racontes dans ta tête ou à mi-voix en te promenant dans la cour ou dans la rue.
– Tu t'enregistres au magnétophone et tu te réécoutes.
– Tu le racontes à quelqu'un qui ne connaît pas l'histoire.

2 Relis bien *Le chêne de l'Ogre* (pp. 34-35) pour vérifier ce que tu n'as pas bien su raconter. Tu peux t'aider de la grille ci-dessous.

3 À présent, tu pourras te lancer devant un public (enfants ou adultes, selon les circonstances).

1. J'ai bien respecté l'ordre d'apparition des personnages.
2. J'ai retenu par cœur la formule prononcée par Aïcha et la réponse du grand-père.
3. J'ai changé ma voix pour faire parler chaque personnage.
4. J'ai respecté le déroulement de l'histoire : le début et la fin, et, entre les deux, chacune des étapes.
5. J'ai utilisé différentes expressions pour marquer le déroulement des événements : « le lendemain, le quatrième jour… ».

Virelangues

Voici des *virelangues,* c'est-à-dire des comptines et des formulettes à répéter très vite pour se dérouiller la langue :

Le chasseur sachant chasser chasse bien sans son chien…

Ton thé t'a-t-il ôté ta toux ?…

En dialecte poitevin, un premier virelangue facile à dire :

Au bout du pont
La cane y coud
La poule y pond

Un second plus difficile :

LE PÈRE : « Mon enfant, décontredéca-découreille-moi* cette porte ! »

L'ENFANT : « Comment veux-tu que je te la décontredécadécoureille ? Mon grand-père avec son grand contre décadécoureilleur n'a jamais pu la contredécadécoureiller. »

Le coureil : système de fermeture de porte.

Extraits de « Les Virelangues », *Récits et Contes populaires du Poitou*, recueillis par C. Robert et M. Valière, © Gallimard.

Dis-moi pourquoi…

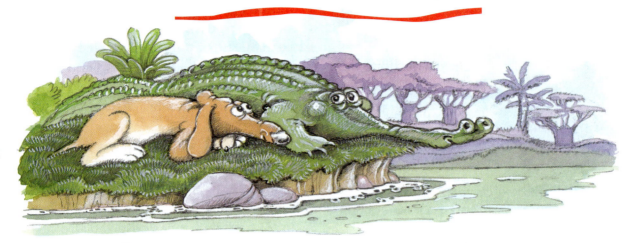

Voilà pourquoi le crocodile vit dans les rivières

Quand le monde était encore jeune et que les choses étaient autres, le crocodile et le chien étaient grands amis et partageaient la même demeure sur les berges d'un grand fleuve.

En ce temps-là, le crocodile avait la gueule toute petite, c'est à peine s'il pouvait manger et boire. Quant à mordre, il n'en était pas question. Et le chien n'était pas beaucoup mieux loti[1].

Un beau jour, le chien en eut assez de cette déplorable[2] situation. Il prit son couteau, alla trouver le crocodile et lui dit :

« Viens à mon aide, crocodile, fends-moi un peu le museau que j'aie une gueule suffisante pour pouvoir mordre convenablement. »

Le crocodile trouva l'idée fort bonne :

« Bien volontiers, chien ! Mais ensuite, tu me tailleras aussi le museau. »

« Bien entendu », promit le chien.

Le crocodile se mit aussitôt à l'œuvre et tailla à son ami une gueule qui lui permettait de mordre très bien. Il fit très attention, s'appliqua ; en vérité, c'était du bel ouvrage[3] et le chien fut très satisfait. Mais quand ce fut à son tour, il ne fit pas très attention et fendit à son ami le museau de si belle manière que ce fut miracle qu'il ne lui fendît pas la tête en deux.

1. *mieux loti* : favorisé.
2. *déplorable* : pénible, triste.
3. *du bel ouvrage* : du travail bien fait.

Le crocodile était furieux :

« Regarde-moi ça ! Mais qu'as-tu donc fait ! Je ne vais plus oser me montrer ! Tout le monde se moquera de moi ! Je ne pour-
25 rai supporter ce ridicule. J'aime mieux me cacher dans la rivière. Mais jamais je ne te pardonnerai. Je te préviens, si tu t'approches de la rivière, je te tirerai au fond de l'eau et je te dévorerai. »

Depuis ce jour, le crocodile a la gueule fendue jusqu'aux deux oreilles et il vit au fond de l'eau. Et si, par mégarde, le chien
30 s'aventure au bord de la rivière, il l'attrape, le tire dans l'eau et, sans merci, le dévore.

Extrait de *Les Plus Belles Histoires d'animaux*, © Librairie Gründ, Paris.

❶ Relis le titre de cette histoire. Pose-t-il une question ? Si oui, où trouveras-tu la réponse dans le texte ?

❷ À quelle époque cette histoire est-elle supposée se passer ?

❸ Qui sont les deux personnages de ce récit ? Que décident-ils de faire ? Pourquoi ?

❹ Lequel des deux animaux devient furieux ?
Selon toi, a-t-il de bonnes raisons d'être furieux ?

❺ À ton avis, est-ce une histoire vraie ou inventée ?

❻ Connaît-on l'auteur de cette histoire ? Pourquoi ?

J'écris ce qui a changé

❶ Lis ces exemples :
« Autrefois, le porc-épic avait des plumes,
Mais un jour, il croisa des hérissons,
Maintenant, il est couvert de piquants. »

« Autrefois, les perroquets étaient silencieux,
Mais un jour, ils rencontrèrent un singe parleur,
Maintenant, ils répètent tout ce qu'ils entendent. »

« Autrefois, Arthur rêvait d'être pompier,
Mais un jour, …
Maintenant, il a peur du feu. »

❷ À ton tour, invente des métamorphoses en reprenant la tournure :
« Autrefois, …
Mais un jour, …
Maintenant, … »

J'organise un récit

 Écrire le début du récit

J'observe

■ **1.** Comment comprends-tu le début de l'histoire du chien et du crocodile ? Cherche d'autres expressions que tu pourrais mettre à la place.

Quand le monde était encore jeune et que les choses étaient autres…

■ **2.** Lis ces débuts de contes et relève les expressions qui servent à démarrer le récit.

A. Un jour l'aigle dit au roitelet : « … »

B. Il y avait une fois, dans un village, un homme et une femme qui avaient autant d'enfants que de trous dans un crible.

C. En d'autres temps, la fille du roi était malade, et personne ne pouvait la guérir.

D. En ces temps-là, le bois d'Aubrac couvrait toutes les montagnes. Au pied du Puy du Gudet vivait un de ces ogres qui mangeaient les enfants.

E. Il y a de cela bien longtemps, vivait un pauvre bûcheron qui du matin au soir coupait du bois dans la forêt.

> *Un conte peut commencer par « Il était une fois », mais aussi par bien d'autres expressions comme « En ce temps-là », « Il y a de cela bien longtemps », « Un jour »…*

Je m'exerce

■ Voici le début d'un conte auquel il manque la première phrase. Écris-la.
Tu peux faire plusieurs propositions.

…… . Le vieux avait un petit coq, la vieille avait une poulette.
Or un jour que le coq et la poulette grattaient la terre, ils déterrèrent, le coq, un pois, et la poulette, un haricot.

N. Caputo, « Histoire du vieux, de la vieille, du pois et du haricot », *Contes des quatre vents*, © Nathan.

 **Organiser son texte en paragraphes**

J'observe

Quand le monde était encore jeune […], le crocodile et le chien étaient grands amis.

En ce temps-là, le crocodile avait la gueule toute petite, c'est à peine s'il pouvait manger et boire. […] Et le chien n'était pas beaucoup mieux loti.

Un beau jour, le chien en eut assez de cette déplorable situation. Il prit son couteau, alla trouver le crocodile…

■ **1.** Dans ce texte, combien vois-tu de paragraphes ? Qu'est-ce qui te permet de les reconnaître ?

■ **2.** Donne un titre à chacun d'eux.

■ **3.** Pourquoi a-t-on écrit ce texte avec des paragraphes ?

> *Un paragraphe commence toujours au début d'une ligne, le plus souvent après un espace (un « alinéa »). Il introduit une idée ou une action nouvelle.*

Je m'exerce

■ **a)** Dans le texte *Voilà pourquoi le crocodile…*, compte le nombre de paragraphes.

■ **b)** Retrouve les paragraphes dans le texte suivant, puis recopie-le.

Autrefois, tous les animaux vivaient ensemble. Quand arrivait le printemps, il y avait un grand bal. Et chacun y venait pour y danser toute la nuit. Ce jour-là, la cigale menait le bal. Elle jouait si bien du violon…

Le léopard faisant amitié avec le feu

Jadis, dans les temps très anciens, le léopard et le feu étaient bons amis. Le feu était alors jaune et rouge et le léopard avait un pelage blanc comme la neige des montagnes.

Chaque jour, dans sa fourrure blanche, le léopard allait
5 rendre visite à son ami le feu. Il s'asseyait auprès de lui, tenant conversation, puis s'en retournait. Mais le feu, lui, jamais ne se rendait chez son ami.

Un jour, le léopard demanda :

« Pourquoi ne viens-tu jamais me voir ? Moi, je viens ici
10 chaque jour, mais tu n'as jamais pénétré dans ma demeure. »

« Tu as raison, répondit le feu. Mais c'est mieux ainsi. »

Le léopard s'en étonna :

« Mais pourquoi ? Viens, je t'en prie ! »

« N'auras-tu pas peur ? » demanda le feu.
15 « Je n'aurai pas peur », répondit le léopard.

Le feu dit :

« Réfléchis un peu ! Quand une fois je me suis mis en route, rien ne m'arrête ni ne me fait retourner ! »

Mais le léopard insista :
20 « Viens, je t'en prie encore ! »

Et, en vérité, le soir, le feu quitta sa hutte pour se rendre chez le léopard. Il avançait à travers les herbes, il avançait à travers les fourrés, il avançait à travers les bois, allant toujours plus loin. Là où il passait, tout se mettait à flamber ; il ne laissait derrière lui que terre brûlée et champs de cendre. Il arriva ainsi auprès de la hutte où vivait le léopard. Voyant ce ravage, le léopard fut pris de peur.

« Arrête, mon ami le feu ! s'écria-t-il. Ou plutôt, retourne ! »
Mais le feu continua d'avancer :
« Ne t'avais-je pas dit qu'il fallait me craindre ? Ne t'avais-je pas dit que je ne recule jamais ? »
Et il arriva au seuil[1] de la hutte.
D'un coup, celle-ci ne fut plus que flammes ardentes[2]. Le léopard s'en échappa juste à temps. Il sauva sa vie mais garda jusqu'à la mort les traces laissées par la visite de son ami le feu. Les braises tombant sur son pelage blanc y avaient imprimé à jamais des taches noires. Et depuis, il a si peur du feu qu'il ne le fréquente plus et qu'il ne vit plus dans une hutte comme jadis.

Extrait de *Les Plus Belles Histoires d'animaux*, © Librairie Gründ, Paris.

1. **le seuil** : l'entrée.
2. **ardentes** : brûlantes.

1 Qui sont les personnages de ce récit ? Quel lien les unit ?

2 Pourquoi le léopard insiste-t-il pour que le feu vienne chez lui ?

3 À quel moment du texte devines-tu ce qui va arriver ?

4 Compare la fin de ce récit avec la fin du texte précédent (p. 40) : qu'ont-elles en commun ?

5 Modifie le titre de ce récit en prenant modèle sur le premier texte : « Voilà pourquoi… »

6 Les hommes ont toujours cherché à expliquer l'origine des choses. Ils ont inventé des histoires pour répondre aux questions qu'ils se posaient : on les appelle des récits « en pourquoi ».
Que penses-tu des explications que proposent les textes de cette unité (pp. 39-40 et 42-43) ?

J'écris un récit « en pourquoi »

1 À ton tour, tu vas imaginer un récit « en pourquoi ».
- Choisis un animal qui a une particularité physique ou un comportement qui t'étonne : la trompe ou les défenses de l'éléphant, le cou de la girafe, la fierté du paon, le perroquet bavard…
- Imagine à quoi cet animal pouvait ressembler *autrefois,* sans cette particularité. Cherche des événements qui expliquent sa transformation.

2 Écris ton récit. Ton texte devra commencer par :
« *Autrefois…* » ou « *Il y a bien longtemps…* »
et finir par : « *Depuis lors…* » ou « *Depuis ce temps-là…* »
N'oublie pas de donner un titre à ton récit !

Des mots pour mieux écrire

Voir aussi :
Vocabulaire
***Sens propre et sens figuré** p. 247.*

On utilise souvent des noms d'animaux pour parler, de manière imagée, des qualités ou des défauts d'une personne :

– *Quelle puce !*
– *C'est une vraie tête de mule !*
– *Il avance comme un escargot !*
– *On dirait une grande sauterelle.*
– *La voisine est une vieille chouette.*

1 Cherche, pour chaque expression, la particularité qui caractérise l'animal dont il est question.
Classe ces particularités en deux catégories :

Particularité physique	Comportement

2 Essaie de trouver d'autres expressions imagées. Pense par exemple aux particularités d'un âne, d'une fourmi, d'un lézard, d'une pie…

Pistes de lecture

Pourquoi personne ne porte plus le Caïman pour le mettre à l'eau ? Découvre-le dans ce livre.

▸▸ Blaise Cendras,
Petits contes nègres pour les enfants des blancs, Gallimard.

Pour les 365 jours de l'année, tu trouveras des réponses à tes questions : pourquoi la Terre est ronde ?…

▸▸ Muriel Bloch,
365 Contes des pourquoi et des comment, Gallimard.

Si tu as envie de savoir pourquoi le kangourou a une poche, le chameau une bosse…, lis ces drôles d'histoires !

▸▸▸ Rudyard Kipling,
Histoires comme ça,
Folio junior.

J'organise un récit

1. Utiliser les mots qui organisent le récit

J'observe

■ Retrouve ces passages dans *Voilà pourquoi le crocodile…* :

En ce temps-là, le crocodile avait…
Un beau jour, le chien en eut assez…
Le crocodile se mit aussitôt à l'œuvre…
Mais quand ce fut à son tour, il ne fit pas très attention…

■ Quel(s) mot(s) permet(tent) d'indiquer la succession des actions ou le passage à un nouvel épisode de l'histoire ?

Pour organiser les moments et les actions dans un récit, on dispose de toute une variété de mots et d'expressions : « alors, ensuite, pendant ce temps, le lendemain », etc.

Je m'exerce

■ a) Complète ce début de conte avec les mots qui conviennent : là-dessus, alors, mais, de temps à autre, un jour, puis.

Le chien dit … au varan : « Suis-moi et je t'apprendrai à parler. »
…, le chien fait monter le varan sur son dos et le conduit au village. Ils se promènent dans tous les coins, partout où ils espèrent trouver à manger.
…, ils reçoivent des coups de bâton. … le chien dit au varan : « Crie donc, aboie comme moi ! » … ils détalent au plus vite pour aller chercher ailleurs.
… le varan ne faisait toujours entendre qu'un sourd gémissement.

D'après A. Raponda-Walker, *Contes gabonais*, © Présence africaine.

■ b) Enrichis la liste de mots : cherche dans d'autres textes que tu as lus dans ce livre, ou aide-toi d'un dictionnaire.

2. Remonter le temps

J'observe

■ 1. Es-tu d'accord avec ces affirmations ?

« L'éléphant a un long nez. »
« La girafe a un long cou. »
« Le vautour est chauve. »

■ 2. À quel endroit d'un récit « en pourquoi » vont-elles figurer ?

■ 3. De quels mots seront-elles précédées ?

Pour inventer un récit « en pourquoi », on commence par la fin. On s'étonne devant la nature (par exemple devant les taches du léopard). Puis on cherche à remonter le temps, en imaginant un « autrefois » où c'était très différent.

On peut alors écrire une histoire qui commencera par : « Dans ce temps-là » (ou « Autrefois »…) et se terminera par « Depuis ce temps-là » (ou « Depuis lors »…).

Je m'exerce

■ Remets dans l'ordre ce résumé d'un récit « en pourquoi ».

1. Le renard arriva le premier et choisit la plus belle, la plus touffue.
2. Un jour, le bruit se répandit qu'il y aurait une foire où des queues seraient vendues.
3. Dans ce temps-là, les animaux n'avaient pas de queue.
4. Le chien arriva ensuite et trouva une queue qui le contenta.
5. Depuis ce temps-là, les bêtes ont toujours porté une queue.
6. Mais quand le cochon arriva, il ne restait plus qu'une petite queue en tire-bouchon.
7. Puis le chat, le cheval, la vache…

D'après N. Caputo, « La plus belle queue », *Contes des quatre vents*, © Nathan.

Je réécris et j'améliore mon texte

1 Reprends ton récit « en pourquoi » (voir p. 44). Fais-le lire à tes camarades en petit groupe et lis toi-même leurs histoires.

2 Pour analyser ton texte et celui des autres, sois particulièrement attentif aux éléments de la grille de réécriture ci-dessous.

Voir aussi :
➘ Conjugaison
Comment distinguer passé, présent, futur ?
p. 212.

1. Mon récit répond à une question que l'on peut se poser au sujet d'un animal : c'est un récit « en pourquoi ».
2. J'ai remonté le temps en imaginant comment était l'animal autrefois et j'ai utilisé les expressions « autrefois, depuis lors… ».
3. J'ai bien disposé mon récit en paragraphes.
4. J'ai organisé mon texte au moyen d'expressions comme « un jour, alors, ensuite, pendant ce temps », etc.
5. J'ai essayé de rendre mon récit amusant et original.

Récréation

Tu peux lire maintenant des réponses scientifiques à quelques questions sur les crocodiles :

Qu'est-ce qui fait sourire le crocodile ?

Même s'il en a l'air, un crocodile ne sourit jamais. Il ouvre toute grande sa gueule pour laisser échapper la chaleur de son corps et, ainsi, se rafraîchir.

Le crocodile partage-t-il ?

Lorsqu'un crocodile attrape une proie, une quarantaine de copains viennent la partager. Ils ne se battent pas, comme on pourrait le croire. Chacun aide son voisin à déchirer des petites bouchées faciles à avaler.

Quel reptile a la mère la plus attentive ?

La plupart des reptiles laissent leurs œufs ou leurs petits se débrouiller tout seuls. La maman crocodile, elle, protège son nid contre les oiseaux et autres animaux gourmands ; ensuite, elle aide ses bébés à sortir de leur coquille et les transporte dans sa gueule jusqu'à l'eau.

« Tortues, lézards et autres reptiles »,
Questions/Réponses, 6-9 ans, © Nathan.

6 Contes d'ici et d'ailleurs

C'était un loup si bête

Il avait très faim, ce loup… et il partit chercher quelque chose à manger.

Chemin faisant il rencontra une chèvre. Le loup s'arrêta et lui dit :

— Chèvre, chèvre, je vais te manger !

Et la chèvre répondit :

— Mais ne vois-tu donc pas, bon loup, que je suis maigre comme un clou ? Tu n'y songes pas ! Attends plutôt que je fasse un saut jusqu'à la maison, et je te ramènerai un de mes chevreaux ! Cela fera bien mieux ton affaire !

Le loup consentit[1] et la chèvre s'enfuit.

Il attendit longtemps, longtemps… Puis, perdant patience, il reprit son chemin.

Et voilà qu'il rencontra un mouton.

Le loup en fut tout content, et il lui cria :

— Où cours-tu donc, mouton ? Arrête-toi, je vais te manger !

Et le mouton répondit :

— Ne pourrais-tu pas choisir quelqu'un d'autre pour tes repas ? Ne sais-tu pas que je suis le meilleur danseur du monde ? Il serait vraiment dommage que je périsse[2]…

— Tu sais réellement danser ? s'étonna le loup.

— Comment donc, seigneur loup. Je vais te le prouver à l'instant, répondit le mouton.

Et il se mit à tournoyer et à décrire des cercles de plus en plus grands, si bien qu'à la fin il disparut.

1. *consentit* : accepta.
2. *périsse* : meure.

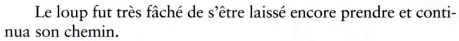

Le loup fut très fâché de s'être laissé encore prendre et continua son chemin.

Et voilà qu'il rencontra un cheval. Le loup courut à lui et lui dit :

— Cheval, je te mange sur-le-champ !

Et le cheval répondit :

— D'accord, d'accord… mais il faut que tu te renseignes d'abord pour savoir si tu as vraiment le droit de me manger…

— Comment ça ? demanda le loup.

— Sais-tu lire ? demanda le cheval.

— Mais bien sûr, dit le loup.

— Alors, dit le cheval, c'est très simple. Passe derrière moi et tu verras un écriteau sur lequel il est écrit si tu as le droit de me manger ou non…

Le loup passa donc derrière le cheval qui lui décocha un tel coup de pied sur la tête qu'il en resta étourdi pour le restant de sa vie.

Natha Caputo, extrait de *Conte kirghize*, *Contes des quatre vents*, © Nathan.

1 Que cherche le loup ?

2 Combien de rencontres le loup fait-il ? Retrouve-les dans le texte.

3 Comment se termine chacune des rencontres ?
L'ordre des rencontres peut-il être modifié ? Pourquoi ?

4 Que nous apprend le titre du texte ? Selon toi, le loup arrivera-t-il ou non à manger ?

5 Ce conte fait-il peur ? Connais-tu des contes de loup qui font peur ?

6 Est-ce un conte amusant ? Indique le passage que tu as trouvé le plus amusant.

J'écris un nouvel épisode

1 À quel moment dans le texte as-tu compris comment fonctionnait le récit ?

2 Imagine que le loup fait une autre rencontre. Où pourras-tu la situer dans le texte ? Quel animal rencontre-t-il ? Comment l'animal trompe-t-il le loup ?

3 Rédige en quelques lignes cet épisode.

J'imagine la suite d'un récit

Repérer les indices qui annoncent la suite

J'observe

■ Lis ce début de conte :

Il y avait, une fois, au bois de Gajan, un Loup qui se rendait malade à force de trop manger. Ce Loup s'en alla un jour à Miradoux trouver un grand médecin.
« Bonjour, Monsieur le médecin.
— Bonjour, Loup.
— Monsieur le médecin, je suis bien malade. Je voudrais une consultation, en payant, comme de juste. »
Le médecin fit tirer la langue au Loup.
« Loup, dit-il, tu te rends malade à force de trop manger. À partir d'aujourd'hui, il faut te limiter à sept livres de viande par jour. »
[…] En s'en retournant au Gajan, il passa à la boutique du forgeron de Castet-Arrouy et lui commanda une balance romaine pour peser, chaque jour, les sept livres de viande…

■ 1. Qui est le personnage principal ? Que sait-on de lui ? Est-ce que cela te permet d'imaginer la suite ?

■ 2. Selon toi, la balance aura-t-elle de l'importance dans l'histoire ?

Maintenant, lis la suite :

Au début, le Loup respecte son régime. Il emporte toujours sa balance à la chasse. Mais, un jour, il surprend une jument et une mule, et il a oublié sa balance.

« Bah, dit-il, je pèserai à vue d'œil. Quatre livres la jument, et trois livres la mule. »
Aussitôt, il les étrangla et les rongea jusqu'aux os.
Le soir même, le Loup creva.

J.-F. Bladé, *Dix Contes de loups*, © Nathan, © Pocket pour la présente édition.

■ 3. Cette fin correspond-elle à ce que laissaient attendre les indices du début ?

> Dans une histoire, les caractéristiques des personnages indiquées au début sont importantes pour la suite (par exemple, la bêtise ou la goinfrerie du loup…). D'autres indices encore peuvent annoncer la suite : une situation, un objet (par exemple, la balance).

Je m'exerce

Voici le début d'un autre conte.

■ a) Lis-le, puis repère les indices qui permettent d'imaginer la suite du récit.

■ b) Classe ces indices : personnages principaux, caractéristiques des personnages, objets importants, situations.

Quand la fille du diable eut quinze ans, tous les démons furent invités : les griffus, les fessus, les cornus, les biscornus. Ils lui firent trois cadeaux pour aller avec son genre de beauté : un collier d'araignées vivantes, des boucles d'oreilles en bave d'escargot, et une robe en bave de taureau. La fille du diable revêtit ces parures, et quelque temps après… elle tomba malade. Le diable, son père, […] convoqua tous les démons de l'enfer pour leur demander conseil.

E. Reberg, *La Belle Endiablée*, © Bayard éditions.

■ c) Imagine la suite : d'après toi, pourquoi la fille du diable est-elle tombée malade ?

Le diable va-t-il réussir à guérir sa fille ?

■ d) Voici un résumé de la suite de l'histoire. Correspond-il à ce que tu imaginais ?

Hélas, personne ne réussit à guérir la fille. Le diable alla chercher de l'aide sur Terre et promit d'offrir sa voiture à qui sauverait sa fille. Mais personne ne réussit ! Jusqu'au jour où un jeune homme qui aimait beaucoup voyager trouva le remède, grâce à une vieille sorcière… La fille du diable fut guérie et il partit en voyage… bien plus loin qu'il ne pensait !

Les cinq frères chinois

Il était une fois cinq frères chinois qui se ressemblaient comme cinq gouttes d'eau. Ils habitaient avec leur mère dans une maisonnette non loin de la plage.

L'Aîné des frères chinois pouvait avaler la mer. Le Second des
5 frères chinois avait un cou en fer. Le Troisième des frères chinois avait des jambes qui s'allongeaient… qui s'allongeaient… Le Quatrième des frères chinois ne pouvait pas être brûlé. Et le Cinquième des frères chinois pouvait retenir son souffle… indéfiniment.

Tous les matins l'Aîné des frères chinois partait à la pêche.
10 Quel que soit le temps, il rapportait toujours au village quantité de beaux et rares poissons qu'il vendait à bon compte[1] au marché.

Un jour, comme il revenait du marché, il rencontra un petit garçon qui lui demanda de l'emmener pêcher avec lui.

— C'est impossible, dit l'Aîné des frères chinois.

15 Mais le petit garçon le supplia tant et si bien qu'il finit par consentir[2].

— À une condition, dit-il, c'est que tu m'obéiras en tout et sur-le-champ.

— Oui, oui, le petit garçon le promit.

20 Le lendemain matin de bonne heure, l'Aîné des frères chinois et le petit garçon s'en allèrent à la plage.

— N'oublie pas de m'obéir en tout et sur-le-champ, dit l'Aîné des frères chinois. Reviens dès que je te ferai signe de revenir.

— Oui, oui, le petit garçon le promit.

Alors l'Aîné des frères chinois avala la mer. Les poissons se trouvèrent à sec, et la mer découvrit ses trésors. Le petit garçon était ravi. Il courait de-ci de-là, sur le fond de la mer, remplissant ses poches de coquillages bizarres, d'algues fantastiques et de galets étranges.

30 Tout en retenant la mer dans sa bouche, l'Aîné des frères chinois fit sa récolte de poissons près du bord. Bientôt, il se sentit fatigué. C'est très difficile de retenir la mer ! Alors, il fit signe au petit garçon de revenir bien vite, mais le petit garçon fit comme si

1. à bon compte : à faible prix.
2. consentir : accepter.

Complète le texte

C'est l'histoire de ~~trois~~ cinq _____ qui
habitent dans le même _____ . _____
Les _____ frères ont des _____ . L' _____
pêche en étant _____ et ramassant les
_____

Mais un _____ , un _____ garçon qui
l'accompagnait _____ . Alors
le pêcheur but _____ à avoir la tête
_____ . Heureusement, son _____ prit
sa place.

termine le résumé

de rien n'était. L'Aîné des frères chinois agita les bras comme pour dire : « Reviens ! » C'est le petit garçon qui s'en moquait ! Il s'éloigna davantage.

Alors l'Aîné des frères chinois sentit que la mer montait en lui et fit des gestes désespérés pour rappeler le petit garçon. Mais le petit garçon lui fit des grimaces et s'enfuit encore plus loin.

L'Aîné des frères chinois retint la mer si longtemps qu'il croyait éclater. Mais tout à coup la mer déborda de sa bouche, retourna à sa place… et le petit garçon disparut.

Quand l'Aîné des frères chinois revint seul au village, on l'arrêta et on le mit en prison. Il fut jugé et condamné à être décapité[3]. Le matin de l'exécution, il dit au juge :

— Juge, je voudrais bien aller dire adieu à ma mère.

— Ce n'est que juste, dit le juge.

Alors l'Aîné des frères chinois s'en alla chez sa mère et le Second des frères chinois retourna au village à sa place.

Une grande foule était rassemblée sur la place du marché, pour assister à l'exécution.

Le bourreau saisit son sabre et frappa un grand coup. Mais le Second des frères chinois se releva et sourit. C'était celui qui avait un cou en fer ! On pouvait bien essayer de le décapiter ! Tout le monde était mécontent et on décida qu'il fallait le noyer. Le matin de l'exécution, le Second des frères chinois dit au juge :

— Juge, je voudrais bien aller dire adieu à ma mère.

— Ce n'est que juste, dit le juge.

Alors le Second des frères chinois s'en alla chez sa mère et le Troisième des frères chinois retourna au village à sa place.

On le fit monter à bord d'un navire qui leva l'ancre aussitôt et fit voile vers la haute mer. […]

Claire Huchet, *Les Cinq Frères chinois*, © 1984, Sénevé Jeunesse, Buchet/Chastel Pierre Zech Éditeur.

3. **être décapité** : avoir la tête coupée.

1 Les cinq frères chinois ont deux caractéristiques : lesquelles ?

2 Pourquoi l'Aîné des frères ne voulait-il pas emmener le petit garçon avec lui à la pêche ?

3 Selon toi, l'Aîné des frères est-il coupable de la disparition du petit garçon ?

4 Que demande-t-il au juge ?

5 L'Aîné des frères chinois est condamné à avoir la tête coupée, mais l'exécution échoue. Pourquoi ? Sous l'influence de qui la condamnation est-elle modifiée ?

6 Quel est le frère qui remplace celui qui doit être noyé ?

J'écris la suite d'une histoire

1 Le récit des *Cinq Frères chinois* (pp. 50-51) est incomplet. Si tu te souviens, dans l'ordre, des différents dons des cinq frères, tu peux déjà imaginer la suite de l'histoire. Qu'est-ce qui doit rester pareil ? Que faut-il que tu imagines ?

2 Par groupes de trois, inventez des scénarios pour la suite de l'histoire. Répartissez-vous les épisodes : le Troisième frère, le Quatrième, le Cinquième. Pensez aux variations nécessaires à chaque épisode.

3 Il faut aussi trouver une chute, c'est-à-dire une fin. Inventez-la.

Des mots pour mieux écrire

Voici une liste de mots ou d'expressions qui permettent d'indiquer l'enchaînement des événements. En les employant, tu éviteras de répéter « et, et puis… ».

le lendemain	alors	tout à coup
le jour suivant	mais	bien plus tard
trois mois après	ensuite	c'est pourquoi

1 Trouve dans cette liste deux expressions possibles pour commencer la phrase : « … de bonne heure, l'Aîné des frères chinois et le petit garçon s'en allèrent à la plage » (lignes 20-21).

2 Quels sont les deux mots ou expressions de cette liste le plus souvent utilisés dans *Les Cinq Frères chinois* ? Note-les afin de les utiliser pour inventer la suite de l'histoire.

Pistes de lecture

Le grand méchant loup n'est pas toujours le plus fort. D'autres animaux lui donnent une bonne leçon…

Un poisson magique réalise les souhaits de la femme du pêcheur… Attention à ne pas trop lui en demander !

◆◆ Jean-François Bladé, *Dix contes de loups*, Kid Pocket.

◆◆◆ Grimm, *Le Pêcheur et sa femme*, dans *Les Trois Plumes et douze autres contes*, Folio junior.

◆◆ Mitsumasa Anno raconte à sa façon *Le Pêcheur et sa femme*, Circonflexe.

◆◆◆ Pouchkine, *Conte du pêcheur et du petit poisson*, dans *Contes de Pouchkine*, Éditions du Sorbier.

J'imagine la suite d'un récit

1. Répéter une situation plusieurs fois

J'observe

■ Voici un extrait d'un conte de Grimm, *Les deux frères.*

Comme ils n'avaient plus rien à manger, l'un des deux chasseurs dit : « Il nous faut tirer du gibier, sans quoi nous aurons faim », il chargea son fusil et regarda autour de lui. Et ayant vu un vieux lièvre s'en venir en courant, il le mit en joue, mais le lièvre s'écria :
*Gentil chasseur, laisse-moi la vie
Et je te donnerai deux petits.*

Il disparut d'un bond dans le fourré et amena deux petits ; les petits animaux jouaient si gaiement et étaient si gentils que les chasseurs n'eurent pas le cœur de les tuer. Ils les gardèrent avec eux et les petits lièvres leur emboîtèrent le pas.

Peu après un renard passa devant eux à vive allure, ils voulurent l'abattre, mais le renard s'écria :
Gentil chasseur…

D'après Grimm, Contes, traduction M. Robert, © Folio Gallimard.

■ 1. Qu'est-ce qui se répète exactement de la même manière dans cet extrait ?
■ 2. Qu'est-ce qui change ?

Dans les contes, il est fréquent qu'une même situation soit répétée plusieurs fois, parfois avec les mêmes mots.

Je m'exerce

■ Imagine la suite de l'histoire. Que peut-il se passer ?

2. Imaginer la fin

J'observe

■ Voici la fin d'un conte de Grimm, *Le vaillant petit tailleur.*

Quand les serviteurs entendirent le tailleur parler ainsi, ils furent pris d'une grande frayeur, ils détalèrent comme s'ils avaient la chasse infernale à leurs trousses, et pas un ne voulut plus se risquer à l'attaquer. C'est ainsi que le petit tailleur devenu roi le resta toute sa vie.

Grimm, Contes, traduction M. Robert, © Folio Gallimard.

■ 1. Qu'arrive-t-il aux personnages ?
■ 2. Pour qui l'histoire se finit-elle bien ?

Dans les contes merveilleux, en général, la fin est heureuse pour le héros, et malheureuse pour ses ennemis.

Je m'exerce

■ Voici le début d'un conte. Il arrivera bien des aventures au héros. Mais peux-tu, dès à présent, imaginer la fin du conte ?

Il était une fois une pauvre femme qui mit au monde un petit garçon, et […] on lui prédit qu'à l'âge de quatorze ans, son fils épouserait la fille du roi. Il advint que bientôt après, le roi se rendit au village. […] Le roi, qui avait le cœur méchant et que la prophétie mit en colère, alla trouver les parents, se donna l'air tout à fait aimable, et leur dit : « Pauvres gens, confiez-moi votre enfant, je veux me charger de lui. » […] Le roi le mit dans une boîte et partit à cheval avec lui, jusqu'au bord d'une eau profonde. Alors il y jeta la boîte en se disant : « J'ai débarrassé ma fille de ce prétendant inattendu. »

Grimm, « Le diable aux trois cheveux d'or », Contes, traduction M. Robert, © Folio Gallimard.

Je réécris et j'améliore mon texte

1 Reprends le texte que tu as écrit (voir p. 52) et échangez vos différents épisodes dans le groupe. Avez-vous respecté le don de chacun des trois derniers frères ?

2 Avez-vous rédigé une fin heureuse à votre histoire ?

3 Relis et corrige ton propre brouillon avec la grille suivante :

1. Dans mon épisode apparaît un nouveau frère chinois, qui remplace le précédent.
2. Mon épisode est construit sur le modèle suivant : le condamné va dire au revoir à sa mère ; un nouveau frère prend sa place ; l'exécution échoue ; on décide de l'exécuter autrement…
3. J'ai utilisé les bonnes expressions pour construire mon récit en indiquant l'enchaînement des événements : « le lendemain, mais, alors… ».
4. Je suis allé à la ligne pour marquer les nouveaux paragraphes.

Récréation

▶ Entraîne-toi à dire ce poème :

Le pélican

Le capitaine Jonathan,
Étant âgé de dix-huit ans,
Capture un jour un pélican
Dans une île d'Extrême-Orient.

Le pélican de Jonathan,
Au matin, pond un œuf tout blanc
Et il en sort un pélican
Lui ressemblant étonnamment.

Et ce deuxième pélican
Pond, à son tour, un œuf tout blanc
D'où sort, inévitablement,
Un autre qui en fait autant.

Cela peut durer pendant très longtemps
Si l'on ne fait pas d'omelette avant.

Robert Desnos, *Chantefables et Chantefleurs,
Contes et Fables de toujours,*
© Librairie Gründ, Paris.

Expression orale

Expliquer

*Léa raconte à son père une histoire qu'elle a lue à l'école.
Son père ne connaît pas du tout cette histoire.*

❶ Combien de fois le père de Léa ne comprend-il pas ce qu'elle lui raconte ?

❷ Qu'est-ce que son père ne comprend pas dans la vignette 2 ?

❸ Qu'est-ce qu'il ne comprend pas dans la vignette 5 ?

❹ Pourquoi le père a-t-il du mal à comprendre l'histoire que lui raconte sa fille ?

◆ **Des mots pour dire qu'on ne comprend pas :**
– *Je ne comprends pas.*
– *Mais enfin, de qui (de quoi) s'agit-il ?*
– *Où et quand cela s'est-il passé ?*
– *Peux-tu préciser… ?*

◆ **Des mots pour expliquer :**
– *Attends, je vais t'expliquer.*
– *Écoute-moi bien, tu vas comprendre.*
– *C'est arrivé au moment où…*
– *Cela se passait exactement à…*

● **Choisis un de tes camarades** et raconte-lui une histoire qui t'est arrivée et qu'il ne connaît pas. Chaque fois qu'il ne comprend pas qui fait quoi, où et quand cela se passe, il a le droit de t'interrompre. Il marque 1 point si c'est de ta faute. S'il obtient plus de 3 points, c'est lui qui gagne. Nommez un arbitre.

● **Changez les rôles** et recommencez.

Expression orale
Bien décrire (2)

❶ Combien de personnages vois-tu sur cette photo ? Est-ce que tous sont des êtres vivants ?

❷ À quel endroit est prise cette photo ? D'où est-elle prise ?

❸ Ce que tu vois sur le mur pourrait te faire penser à un miroir. Pourquoi ?

❹ Dans quelle position les personnages sont-ils les uns par rapport aux autres ? Comment sont vêtus les personnages vus de dos ? Et les autres ?

❺ Essaie de décrire cette scène à ton voisin avec précision. Si ton voisin n'est pas d'accord avec ta description, il corrige ou complète.

● **Faites des groupes** de quatre élèves. Le premier invente une scène et la décrit avec précision à deux autres élèves. Ils doivent ensuite mimer cette scène, sans parler : leurs gestes et leur position doivent suffire à faire comprendre la scène à la classe. Si elle n'y arrive pas, le quatrième élève arbitre : il doit décider si c'est la faute de celui qui a décrit la scène ou de ceux qui l'ont imitée.

Bilan 1

Voici quelques questions pour faire le bilan de ce que tu as appris dans les unités 1 à 6. Cherche d'abord les réponses dans ta tête. Tu peux ensuite aller regarder dans ce livre, dans tes cahiers, tes productions...

Je fais le point sur ce que j'ai lu

❶ Tes lectures de la rentrée à Noël

Classe les textes que tu as lus par genre.

A. Des contes traditionnels
B. Des récits d'aujourd'hui
C. Des lettres
D. Des jeux, des documents...

1. Le jeu des trois fleurs
2. La sorcière et le commissaire
3. Le club des secrets
4. Lettre d'anniversaire
5. La chèvre dans la cabane du loup
6. Le petit coq noir
7. Horace
8. Le chêne de l'ogre
9. Voilà pourquoi le crocodile vit dans les rivières
10. Le léopard faisant amitié avec le feu
11. C'était un loup si bête
12. Les cinq frères chinois

❷ Vrai ou faux ?

Réponds par vrai ou faux.

	VRAI	FAUX
1. Quand on a compris une histoire, on est capable de dire où se passe l'histoire, qui sont les personnages et ce qui leur arrive.		
2. Dans le texte de P. Gripari, la sorcière transforme le commissaire en rat.		
3. Lewis Carroll écrit une lettre d'anniversaire à son personnage Alice.		
4. L'histoire du chêne de l'ogre se passe en Afrique.		
5. Autrefois, raconte-t-on, le crocodile et le léopard avaient une toute petite gueule.		
6. C'est le troisième des cinq frères chinois qui a un cou en fer.		

Réponses : 1V ; 2F ; 3F ; 4V ; 5V ; 6F.

Si tu as plus de 4 bonnes réponses : → Bravo ! Tu es un lecteur attentif.
Si tu as 3 ou 4 bonnes réponses : → C'est bien.
Si tu as moins de 3 bonnes réponses : → C'est moyen. Interroge-toi : as-tu répondu trop vite ? As-tu bien lu ou relu les textes de ton livre ?

❸ Ta lecture préférée

Écris pourquoi tu l'as aimée.

Pour t'aider, tu peux parler des personnages (te ressemblent-ils, ou bien aimerais-tu leur ressembler ?) ; de ce qui se passe (l'histoire t'a-t-elle tenu en haleine ? étais-tu impatient de connaître la suite ?) ; du ton (l'histoire était-elle drôle ? émouvante ?) ; du genre (aimes-tu lire des histoires vraies ? aimes-tu lire des contes ?)...

Bilan 1

Je fais le point sur ce que j'ai écrit

❹ Ce que tu sais faire
Choisis les bonnes réponses.

1 Pour recopier sans erreur, il faut :
a. recopier une seule lettre à la fois.
b. copier cent fois les mots.
c. photographier des groupes de mots dans sa tête.
d. penser aux majuscules.

2 Quand on fait un brouillon, il faut :
a. sauter une ligne sur deux.
b. éviter les ratures.
c. laisser une marge.
d. signer.

3 Dans un poème ou une formulette :
a. on écrit la première lettre d'une autre couleur.
b. on va à la ligne à la fin de chaque vers.
c. on met en général une majuscule au début de chaque vers.
d. on met un point à la fin de chaque vers.

4 Pour raconter une histoire comme un conteur, il faut :
a. l'apprendre par cœur.
b. se représenter dans sa tête les lieux, les personnages et la suite des événements.
c. la lire à haute voix.
d. la recopier.

5 Pour inventer un récit en pourquoi :
a. on commence par « Il y a très longtemps... ».
b. on commence par « Il était une fois ».
c. on finit par « Depuis lors... ».
d. on finit par « Ils vécurent heureux et eurent beaucoup d'enfants ».

Réponses : 1 c et d ; 2 a et c ; 3 b et c ; 4 b ; 5 a et c.

Si tu as plus de 10 bonnes réponses : → Bravo ! Pas besoin de stylo magique pour toi !

Si tu as entre 5 et 10 bonnes réponses : → C'est bien. Pour améliorer ton score, relis les conseils de ton manuel lorsque tu n'as pas su bien faire quelque chose.

Si tu as moins de 5 bonnes réponses : → Moyen. As-tu bien réfléchi avant de répondre ?

❺ Ce que tu as compris et appris
Complète avec les mots qui conviennent.

1 Une phrase commence par...... et se termine par...... .

2 Pour exprimer sa surprise, on termine une phrase par...... .

3 Pour présenter clairement une liste, on ...... après chaque élément.

4 Pour améliorer son brouillon, on corrige ce qui ne va pas, mais on ...... aussi des phrases ou des paragraphes.

5 Des mots et expressions comme « alors, ensuite, le soir même, le lendemain, quelques jours plus tard », etc., indiquent ...... des événements dans un récit.

Réponses : 1. une majuscule, un point. 2. un point d'exclamation. 3. va à la ligne. 4. ajoute. 5. l'ordre ou la succession.

Si tu as 3 bonnes réponses ou plus : → C'est bien ! Tout ce que tu as retenu te sera utile pour bien écrire.

Si tu as moins de 3 bonnes réponses : → C'est moyen. Retourne chercher les bonnes réponses dans ton livre.

❻ Le texte que tu as écrit et dont tu es le plus fier
Explique pourquoi tu en es fier.
Pour t'aider, tu peux parler du sujet qui t'a intéressé (pourquoi ?) ; des réactions de tes camarades et des personnes qui l'ont lu ; de ce qu'il t'a fait apprendre ; du plaisir que tu as pris en écrivant...

Ton bilan personnel
Fais maintenant la liste de ce que tu sais, et de ce que tu sais faire de nouveau en français depuis le début de l'année et qui te paraît important pour bien écrire.

L'île aux mots

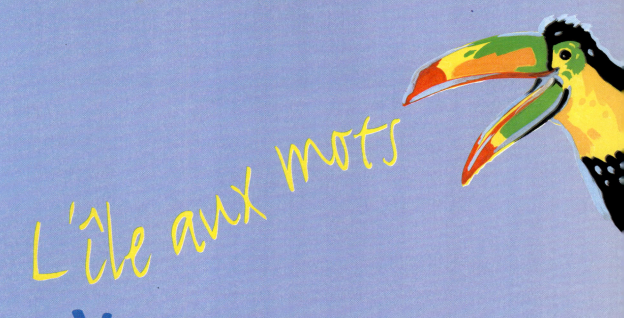

Voici la nouvelle année. Tu retrouves L'île aux mots. Tu vas, jusqu'à Pâques, lire et découvrir :
— des poèmes autour des quatre éléments ;
— des textes et des documents dans lesquels les animaux se métamorphosent ;
— des récits avec des personnages qui parlent, font des rencontres, vivent ;
— enfin, tu sauras tout ce que raconte la couverture d'un livre.

● Prépare-toi ensuite à écrire un court poème, le compte rendu de tes expériences scientifiques, des portraits, un dialogue, l'histoire d'une amitié...

Alors bonne année dans L'île aux mots !

Période 3

	7 L'eau, le feu, la terre, l'air	**8** Métamorphoses	**9** Les uns et les autres
Je lis	Intermède p. 61 Je fis un feu… p. 62 La nuit il y a des arbres p. 62	Comment un cocon est-il fait ? p. 69	Petit-Féroce est au régime p. 77
J'écris	J'écris un poème avec des répétitions p. 62	J'écris une légende p. 70	J'écris un portrait (1) p. 78
J'observe et je m'exerce	J'écris un poème p. 63	J'observe et je décris avec précision p. 71	Je crée un personnage p. 79
Je lis	Au bord de l'eau verte p. 64 Il était une feuille p. 65	La naissance des insectes p. 72	Samani, l'Indien solitaire p. 80
J'écris	J'écris des poèmes p. 66	J'écris, je décris p. 72	J'écris un portrait (2) p. 82
J'observe et je m'exerce	J'écris un poème p. 67	J'observe et je décris avec précision p. 75	Je fais entrer en scène un personnage p. 83
Récréation	Pourquoi je vis… p. 68	Le crapaud p. 76	La lampe ; le clown p. 84
Expression orale	Raconter – Donner son avis (1) pp. 85-86		

Période 4

	10 Désirs et rêves	**11** Mon amie la baleine	**12** Des livres à lire
Je lis	Fou de football p. 87	Amos et Boris (1) p. 95	Des couvertures de livres p. 103
J'écris	J'écris un dialogue (1) p. 88	J'écris le récit d'une rencontre p. 96	J'écris un texte de présentation p. 104
J'observe et je m'exerce	Je fais parler les personnages dans un récit p. 89	Je nomme un personnage p. 97	J'apprends à résumer un récit p. 105
Je lis	Le rêve rouge p. 90	Amos et Boris (2) p. 98	Des couvertures de livres p. 106
J'écris	J'écris un dialogue (2) p. 92	J'écris une histoire d'amitié p. 100	J'écris et je réalise une couverture de livre p. 108
J'observe et je m'exerce	Je fais parler les personnages dans un récit p. 93	Je fais agir mes personnages p. 101	Je construis une couverture de livre p. 109
Récréation	De l'autre côté du miroir p. 94	Le lion et le rat p. 102	L'élixir qui fait grandir ! p. 110
Expression orale	Convaincre – Donner son avis (2) pp. 111-112		
Bilan (2)	Je fais le point sur ce que j'ai lu – Je fais le point sur ce que j'ai écrit pp. 113-114		

7 L'eau, le feu, la terre, l'air…

Intermède

Une barque s'en va sur l'eau
                sur l'eau
Comme fait la feuille du saule
Comme ta joue à mon épaule
5 Comme la paupière à l'œil clos
Une barque s'en va sur l'eau
                sur l'eau
Comme fait la feuille du saule

Elle fend sans heurt[1] et sans bruit
10   sans bruit
La rivière profonde et noire
Qui tant ressemble la mémoire
Et comme la mémoire fuit
Elle fend sans heurt et sans bruit
15   sans bruit
La rivière profonde et noire […]

Louis Aragon, extrait de « Intermède », *Les Poètes*, © Gallimard.

1. heurt : *choc, coup.*

❶ Ferme les yeux et écoute ce poème. Quelles images t'apparaissent ?

❷ Lis-le à ton tour silencieusement. Quels sont les mots répétés plusieurs fois ? Aimes-tu ces répétitions ?

❸ Qu'est-ce qu'un « intermède » ? En quoi ce titre convient-il au poème ?

❹ À quoi est comparée la barque dans la première strophe ?

❺ Dans la seconde strophe, que représente « elle » (vers 9 et 14) ?

❻ À quoi est comparée la rivière ? Qu'est-ce qui, dans le poème, « fuit comme la mémoire » (vers 13) ?

Je fis un feu…

Je fis un feu, l'azur m'ayant abandonné,
Un feu pour être son ami,
Un feu pour m'introduire dans la nuit d'hiver,
Un feu pour vivre mieux. […]
5 Je vécus au seul bruit des flammes crépitantes,
Au seul parfum de leur chaleur […]

Paul Eluard, extrait de « Pour vivre ici »,
Le Livre ouvert, © Gallimard.

La nuit il y a des arbres

La nuit
Il y a des arbres
Où le vent s'arrête
Sans bruit se déshabille

5 Et au matin les gens de la vallée
Disent avec un sourire
Cette nuit le vent s'est calmé

Paul Vincensini, *Qu'est-ce qu'il y a ?*,
© Le Cherche Midi Éditeur.

❶ Choisis un poème et entraîne-toi à le dire. Quand tu le connais bien, cherche avec tes camarades une façon d'en communiquer l'atmosphère :

a) « Je fis un feu… » : en essayant de faire entendre les flammes, avec mélancolie ou avec espoir…

b) « La nuit il y a des arbres » : chuchoté ou dit sur le ton de la conversation…

❷ Propose d'autres manières de dire ces textes et essaie-les.

❸ Le poète est-il présent de la même façon dans les deux textes ?

J'écris un poème avec des répétitions

Choisis un mot ou un groupe de mots répété dans les poèmes que tu as lus (« Comme », « Un feu pour », etc.) ou un mot que tu aimes.

❶ Recopie les mots plusieurs fois, les uns au-dessous des autres : tu as le début de tes vers.

❷ Invente ensuite la fin de chacun de ces vers, puis le premier et le dernier vers, si tu souhaites qu'ils soient différents.

J'écris un poème

 ## Donner un rythme

J'observe

■ Lis le poème suivant.

Pan ! Pan ! Pan ! Qui frappe à ma porte ?
Pan ! Pan ! Pan ! C'est un jeune faon
Pan ! Pan ! Pan ! Ouvre-moi ta porte
Pan ! Pan ! Pan ! Je t'apporte un paon
Pan ! Pan ! Pan ! Ouvre-moi ta porte
Pan ! Pan ! Pan ! J'arrive de Laon
Pan ! Pan ! Pan ! Mon père est un gnou
Né on ne sait où,
Un gnou à queue blanche
Qui demain dimanche,
Te fera les cornes,
Sur les bords de l'Orne.

Robert Desnos, « Le Gnou », *Chantefables et Chantefleurs, Contes et fables de toujours*, © Librairie Gründ, Paris.

■ Compte les syllabes de chaque vers. Que constates-tu ?
(Remarque que, le plus souvent, le « e » à la fin de certains mots se prononce à l'intérieur des vers mais pas à la fin des vers.)

Dans la plupart des poèmes, il y a des régularités dans la longueur des vers. C'est ce qui crée le rythme, lorsque l'on dit le poème.

➤ Orthographe : *Les consonnes finales muettes* p. 184.

Je m'exerce

■ a) Entraîne-toi à dire « Le Gnou » en marquant bien le rythme. Aide-toi en frappant dans tes mains.

■ b) Cherche d'autres poèmes très rythmés et dis-les en les « scandant ». Par exemple, ce passage de Victor Hugo :

La forêt, comme agrandie
Par les feux et les zéphyrs,
Avait l'air d'un incendie
De rubis et de saphirs.

Victor Hugo, *Chansons des rues et des bois*.

 ## Disposer en strophes

J'observe

■ 1. Observe « Intermède » (p. 61) et dis combien le poème comporte de vers.

■ 2. Observe la disposition des trois poèmes (pp. 61-62). Un poème est écrit d'un seul bloc, les autres pas. Lesquels ? Comment sont-ils organisés sur l'espace de la page ?

Un poème est souvent divisé en strophes. Une strophe est un ensemble de vers avec la même disposition. Chaque strophe est séparée des autres par un espace.

Je m'exerce

■ a) Indique le début de chaque strophe du poème suivant :

Laisse-moi jouer
encore… encore…
surprendre le soleil
agrandir les trous
entre les feuilles.
Laisse-moi jouer
encore… encore…
autoriser la pluie
à me décorer de l'Ordre
de la Goutte au Nez.
Laisse-moi jouer
encore… encore…
admirer la nuit
emplir les ombres
sans en renverser.
Laisse-moi jouer
encore… encore…
avec mes cheveux blancs
accourus en silence
me regarder rentrer.

Pef, « Laisse-moi jouer… », *Attrapoèmes*, © Gallimard.

■ b) Lis d'autres poèmes. Recopie les passages que tu aimes en respectant leur présentation en vers et en strophes.

7 L'eau, le feu, la terre, l'air…

Au bord de l'eau verte

Au bord de l'eau verte, les sauterelles
      sautent ou se traînent,
ou bien sur les fleurs des carottes frêles[1]
      grimpent avec peine.

5 Dans l'eau tiède filent les poissons blancs
      auprès d'arbres noirs
dont l'ombre sur l'eau tremble doucement
      au soleil du soir.

Deux pies qui crient s'envolent loin, très loin,
10   loin de la prairie,
et vont se poser sur des tas de foin
      pleins d'herbes fleuries.

Trois paysans assis lisent un journal
      en gardant les bœufs
15 près des râteaux aux manches luisants que
      touchent leurs doigts calleux[2].

Les moucherons minces volent sur l'eau,
      sans changer de place.
En se croisant ils passent puis repassent,
20   vont de bas en haut.

Je tape les herbes avec une gaule[3]
      en réfléchissant
et le duvet des pissenlits s'envole
      en suivant le vent.

Poème D.R.

1. **frêles :** *fragiles.*
2. **calleux :** *durs et épais.*
3. **gaule :** *longue perche.*

---

❶ Dis tout ce que tu as envie de dire sur ce poème : ce que tu imagines, ce que tu vois, ce que tu ressens…

❷ Où est le poète ?
Qu'est-il peut-être en train de faire ? Relève les mots qui peuvent l'indiquer.

❸ Relève dans les huit premiers vers les mots qui te font penser à la lumière et ceux qui évoquent plutôt l'ombre.

❹ Chaque strophe présente un nouvel aspect du paysage. Résume chacune d'elles d'un mot ou d'un groupe de mots.

Il était une feuille

Il était une feuille avec ses lignes
Ligne de vie
Ligne de chance
Ligne de cœur
5 Il était une branche au bout de la feuille
Ligne fourchue signe de vie
Signe de chance
Signe de cœur
Il était un arbre au bout de la branche
10 Un arbre digne de vie
Digne de chance
Digne de cœur
Cœur gravé, percé, transpercé,
Un arbre que nul jamais ne vit.
15 Il était des racines au bout de l'arbre
Racines dignes de vie
Vignes de chance
Vignes de cœur
Au bout des racines il était la terre
20 La terre tout court
La terre toute ronde
La terre toute seule au travers du ciel
La terre.

Robert Desnos, *Fortunes*, © Gallimard.

❶ Dis tout ce que tu as envie de dire sur la façon dont est écrit ce poème.

❷ « Ligne de vie, ligne de chance, ligne de cœur » : ces expressions appartiennent au vocabulaire des voyantes qui lisent l'avenir dans les lignes de la main. Cherche ce que sont les lignes de vie, de chance, de cœur.

❸ Ce poème pourrait-il être divisé en strophes ? Quelles seraient les limites des différentes strophes ? Pourquoi ?

❹ De quoi le cœur transpercé, sculpté dans le tronc d'un arbre (vers 13), est-il le symbole ?

❺ Par quel élément de la nature ce texte nous mène-t-il du ciel à la terre ?

❻ L'imagination est souvent mise en mouvement par le spectacle des éléments : l'eau, le feu, la terre, l'air…
Cherche, dans chacun des poèmes de cette unité, l'élément naturel qui a inspiré l'auteur.

 L'eau, le feu, la terre, l'air…

J'écris des poèmes

1 Choisis un des poèmes que tu as lus. Recopie chaque mot du poème sur un petit carton (ou recopie le poème et découpe-le en étiquettes). Mélange les cartons et utilise-les pour écrire un nouveau texte. Tu peux laisser des mots de côté, en ajouter comme tu le souhaites… Écris d'abord au brouillon.

2 Lis le début d'« Intermède » à voix haute en marquant bien le rythme. Scande le rythme en frappant doucement sur ta table. Scande ensuite le même rythme en remplaçant les paroles par des « la la la ».

Une barque s'en va sur l'eau, sur l'eau
Comme fait la feuille du saule…

Lorsque tu as bien le rythme dans l'oreille, essaie de mettre tes propres paroles sur ce rythme. Écris les petits poèmes ainsi inventés.

Des mots pour mieux écrire

Voir aussi :
Vocabulaire
Synonymes et sens voisin
p. 237.

1 Le ciel, en poésie, c'est souvent « l'azur » (relis par exemple le premier vers de « Je fis un feu… »). C'est aussi « le firmament, l'horizon, l'espace infini, la voûte céleste, le royaume des astres… »
Cherche de même des synonymes poétiques du feu et de l'eau.

2 Si tu veux compléter ta recherche, voici des mots qui décrivent le feu. Classe-les en trois catégories : les différents aspects du feu, les appareils à feu, les effets du feu.
la flamme, la flambée, l'étincelle, le fourneau, la lampe, l'incendie, le tison, les cendres, la lumière, le poêle, les braises, les crépitements, le phare, le flambeau, la chaleur, la fumée, la brûlure.

Pistes de lecture

Des poèmes et des documents pour t'expliquer comment la nature se transforme au printemps.

Laurence Ottenheimer,
Le Livre du printemps,
Découverte cadet Gallimard.

Si tu as envie de découvrir d'autres poèmes sur les formes de l'eau : les nuages, les lacs, la pluie…

L'Eau en poésie,
Folio junior en poésie, Gallimard.

Laurence Ottenheimer,
Le Livre de l'été,
Découverte cadet Gallimard.

Jacques Charpentreau,
Poèmes d'aujourd'hui pour les enfants de maintenant,
Les Éditions ouvrières.

L'Arbre en poésie,
Folio junior en poésie, Gallimard.

J'écris un poème

 **Comparer, utiliser des images**

J'observe

■ Voici les deux premiers vers d'un poème que tu connais bien maintenant.

Une barque s'en va sur l'eau
　　　　　　　　sur l'eau
Comme fait la feuille du saule

■ 1. Il y a ici une comparaison : quels sont les objets comparés ?

■ 2. Quels sont les points communs qui permettent de comparer ces objets ?

■ 3. À quoi cette comparaison te fait-elle penser ?

> La poésie utilise volontiers les comparaisons : on établit un rapport entre un objet et un autre, et souvent on fait apparaître ainsi un aspect caché des choses. (Par exemple la barque est aussi légère, fragile et silencieuse qu'une feuille sur l'eau…)

Je m'exerce

■ a) Cherche toutes les comparaisons dans « Intermède » (p. 61). Dis à chaque fois ce qui est comparé et quel mot indique qu'il y a comparaison.

■ b) Parfois, il peut aussi y avoir comparaison sans qu'aucun mot ne l'annonce : à quoi la feuille est-elle ici comparée ?

Il était une feuille
avec ses lignes
Ligne de vie
Ligne de chance
Ligne de cœur.

 **Faire voir, faire entendre**

J'observe

■ Voici la deuxième et la troisième strophe de « Au bord de l'eau verte ». Relis-les.

Dans l'eau tiède filent les poissons blancs
　　　　　　auprès d'arbres noirs
dont l'ombre sur l'eau tremble doucement
　　　　　　au soleil du soir.

Deux pies qui crient s'envolent loin, très loin,
　　　　　　loin de la prairie,
et vont se poser sur des tas de foin
　　　　　　pleins d'herbes fleuries.

■ 1. Dans quelle strophe le promeneur voit-il quelque chose ? Que voit-il ?

■ 2. Dans quelle strophe entend-il quelque chose ? Qu'entend-il ?

> Écrire un poème, ce peut être communiquer au lecteur des sensations, des impressions : ce qu'on voit, ce qu'on entend, un détail auquel on a été sensible…

Je m'exerce

■ a) Observe (p. 62) la structure du poème « La nuit il y a… ».

■ b) Sur ce modèle, invente un poème qui commencera par « Le matin il y a… » ou « Dans ce pays il y a… ».

N'oublie pas de faire voir le paysage et entendre ce que disent les gens.

La nuit
Il y a …
…
…

Et au matin les gens …
Disent …
…

Je réécris et j'améliore mon texte

1 Parmi les petits poèmes que tu as écrits (voir p. 66), choisis-en un. Modifie-le ou étoffe-le en utilisant les ressources de la fiche « Des mots pour mieux écrire » (voir p. 66).

2 Maintenant, relis ton poème en t'aidant de la grille suivante. Améliore-le au fur et à mesure que tu découvres des points qui ne sont pas satisfaisants.

1. J'ai utilisé des comparaisons, des images.
2. J'ai fait voir ou entendre mes sensations.
3. J'ai disposé mon poème en vers, et si nécessaire en strophes.
4. Les vers sont réguliers, avec un rythme qui revient de la même façon plusieurs fois.
5. J'ai mis une majuscule au début de chaque vers.

Récréation

▶ Aimes-tu ce petit poème ? À quoi te fait-il penser ?
Cherche d'autres photos ou images pour l'illustrer.

Pourquoi je vis

Pour toucher le sable.
Voir le fond de l'eau.
Parce que c'est joli.

Boris Vian, D.R.

8 Métamorphoses

Comment un cocon est-il fait ?

— Oncle Cyrus ! crie Tibérius. Vite, venez voir !
Le savant et son neveu ont décidé de s'attaquer ensemble au ménage de la cave. C'est ainsi que Tibérius a fait une découverte.
— Qu'as-tu trouvé ? demande Cyrus.
5 — Regardez, là, un cocon.
— Probablement un papillon de nuit qui a réussi à s'infiltrer jusqu'ici.
— Regardez comme la chenille semble bien à l'abri. Tonton, comment est fait un cocon ?
10 — C'est une sorte d'enveloppe, tu as remarqué ?
— Oui. Un peu comme les enveloppes de plastique dans lesquelles ma mère range les manteaux d'hiver.
— Ton image est juste. Pourquoi Cyclamène fait-elle cela, dis-moi ?
15 — Euh… Pour les mettre à l'abri.
— La chenille fait la même chose : elle se met à l'abri.
— Pourquoi ? Elle a peur d'être bouffée par les mites ?
— Elle se met, en effet, à l'abri des prédateurs[1], répond Cyrus sans réagir à l'humour un peu douteux de son neveu.
20 — Comment ?
— C'est la chenille qui produit elle-même le fil de soie qui lui sert à tisser son cocon. La soie est une substance à base de protéines que sécrètent[2] les araignées et certains insectes. Elle passe par de petits tubes avant d'être expulsée[3] sous forme de filaments.
25 L'animal sécrète de deux à six fils à la fois. Ils se soudent ensemble et donnent un fil très solide. C'est lui qui sert à tisser toiles et cocons. Un tel fil peut avoir un kilomètre de long.
— Impressionnant !
— Ce que tu vois ici, c'est une chrysalide.
30 — C'est-à-dire ?

La chenille dans son cocon.

La chenille fabrique son fil.

1. prédateurs : animaux qui se nourrissent de proies.
2. sécrètent : produisent.
3. expulsée : chassée de l'endroit où elle était.

Le papillon sort du cocon.

— Une chenille dans un cocon, explique Cyrus.

— Et elle y restera longtemps, dans son cocon ?

— Jusqu'à ce qu'elle devienne adulte, répond Cyrus. […] Une fois devenu adulte, l'insecte brise le cocon et sort de son enveloppe.

35 — Et alors il commence sa nouvelle vie ?

— L'adulte va quitter son abri et chercher à se reproduire. Il donnera naissance à d'autres chenilles. Elles passeront l'été à se gaver[4] et, le temps venu, tisseront à leur tour un cocon.

— Et le cycle recommencera. Que fait-on de ce cocon, oncle 40 Cyrus ?

— Laisse-le où il est, va. Remontons, j'en ai assez, dit le savant.

Christiane Duchesne et Carmen Marois, Cyrus,
L'Encyclopédie qui raconte, Éditions Québec/Amérique Jeunesse,
coll. Kid/Quid, 1996.

4. **se gaver** : manger abondamment.

❶ Que font les deux personnages de cette histoire dans la cave ?

❷ Qui est Cyclamène ? Que fait-elle ?

❸ À quoi sert le cocon ?

❹ Comment la chenille fait-elle son cocon ?

Retrouve dans le texte le passage qui te donne l'ensemble des informations.

❺ Quel insecte va sortir de la chrysalide observée par Tibérius et Cyrus ? Les personnages le savent-ils à coup sûr ?

❻ Quel est le titre de cette unité ? Cherche la définition exacte de ce mot.

J'écris une légende

Observe ces trois dessins :

❶ Remets ces dessins dans l'ordre.

❷ Retrouve, dans le texte, les mots qui correspondent à chaque dessin.

❸ Choisis un dessin. Écris une légende pour donner une information précise sur ce dessin.

J'observe et je décris avec précision

1. Rédiger une légende qui informe et explique

J'observe

A.

Après 21 jours d'incubation, c'est l'éclosion de l'œuf.

B. Pour qu'un œuf de poule se transforme en poussin, il faut le maintenir à une température constante d'environ quarante degrés : c'est l'**incubation**.
Le 21ᵉ jour d'incubation, le poussin brise sa coquille : c'est l'**éclosion**.

Sciences et Technologie CM, Nouvelle collection Tavernier, © Bordas, Paris, 1995.

■ **Compare le document A (un dessin avec sa légende) et le texte B. Que remarques-tu ?**

> Une légende est un message court qui informe et explique. Bien rédiger la légende d'un dessin ou d'une photo, c'est faire des choix pour attirer l'attention du lecteur sur ce qu'on veut lui faire comprendre.

Je m'exerce

■ **À partir de ce texte, rédige une légende qui informe et qui explique le dessin.**

Au cours de l'été, la couleuvre femelle dépose dans un trou une cinquantaine d'œufs à coquille molle, d'environ 25 mm de long. Elle les abandonne. À l'éclosion, qui a lieu à l'automne, les jeunes couleuvres mesurent de 16 à 19 cm de long.

Sciences et Technologie CM, © Nathan.

2. Employer des mots précis

J'observe

■ **Lis ce texte :**

C'est la chenille qui produit elle-même le fil de soie qui lui sert à tisser son cocon. La soie est une substance à base de protéines que sécrètent les araignées et certains insectes. Elle passe par de petits tubes avant d'être expulsée sous forme de filaments.

■ **1. Quels sont les mots difficiles à comprendre lorsqu'on n'est pas spécialiste ?**

■ **2. Pourquoi l'auteur les a-t-il employés malgré tout ?**

> Pour bien informer et expliquer, il faut employer des mots précis (par exemple des termes scientifiques).

Je m'exerce

■ **Remplace les mots en italique dans le texte par le terme scientifique qui convient. Tu peux utiliser deux fois le même mot.**

Liste des mots : sécrète, cocon, prédateurs, fil de soie.

La chenille se met à l'abri dans une *enveloppe* pour se protéger de ses *ennemis*. Pour tisser son *enveloppe*, elle *fabrique* du *fil* très solide et très long.

8 Métamorphoses

La naissance des insectes

PAPILLONS ET COCCINELLES

Les insectes pondent en grande quantité des œufs minuscules. Des larves naissent de ces œufs : dans la majorité des cas, elles sont très différentes des adultes, comme chez les coccinelles ou les papillons.

Œuf de papillon : 1,5 mm de diamètre. Œuf de coccinelle : 2 mm de long.

Les larves se nourrissent des plantes.

1ᵉʳ jour
Le machaon pond ses œufs un par un sur des plantes.

La larve, appelée chenille, commence à apparaître.

10ᵉ jour 5 h
Avec ses mâchoires, la chenille perce l'œuf.

10ᵉ jour 7 h
La chenille sort de l'œuf, son corps grossit.

Les couleurs vives signalent qu'il y a du poison.

18ᵉ jour
La chenille se nourrit de feuilles et grandit.

Les œufs sont pondus en petits paquets de quinze à vingt.

1ᵉʳ jour
La coccinelle pond souvent ses œufs sous une feuille.

Les œufs sont devenus bruns.

6ᵉ jour
Juste avant l'éclosion, les œufs changent de couleur.

7ᵉ jour
Les œufs éclosent ensemble ; les larves changent d'endroit.

La larve n'a pas d'ailes.

21ᵉ jour
La larve mange beaucoup et grossit.

❶ Quels sont les insectes présentés dans ce document ? Pourquoi peut-on comparer leurs transformations ?

❷ Que devient la chenille dans la chrysalide ?

❸ Entre le 35ᵉ jour et le 36ᵉ jour, que devient la coccinelle ?

❹ Pourquoi certaines indications de temps sont-elles mises en couleur dans ce document ?

Puis les larves deviennent des nymphes qui se mettent au repos.
À l'état de nymphe, l'insecte se change en adulte : des ailes apparaissent et son corps se transforme pour devenir un insecte parfait.
À la fin, sa vieille peau se craquelle et l'adulte émerge, comme s'il sortait d'un œuf.

Le machaon

La chrysalide est fixée à la plante par un fil de soie.

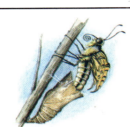

35ᵉ jour
La chenille se transforme peu à peu en chrysalide.

50ᵉ jour
Le papillon adulte sort de la chrysalide.

Ses ailes sont ouvertes, sèches et très colorées.

La coccinelle

Ancienne enveloppe de la nymphe.

Au début de sa vie, la coccinelle est jaune.

28ᵉ jour
La larve se change lentement en nymphe.

35ᵉ jour
De l'enveloppe de la nymphe sort la coccinelle adulte.

36ᵉ jour
Il faut 24 heures à la coccinelle pour devenir rouge.

Devenue adulte, elle pondra dans quelques semaines.

---

5 Selon toi, quelle partie du document peut-on mettre en relation avec le texte page 69 ?

6 Quelle vignette correspond le plus au cocon trouvé par Tibérius dans la cave ?

7 Pour présenter la métamorphose de la chenille en papillon, que préfères-tu : le texte (p. 69) ou le document ci-dessus ?

8 Trouves-tu les mêmes informations dans les deux ?

J'écris, je décris

1 Place quelques graines de lentilles ou de cresson sur un coton imbibé d'eau. Tu vas pouvoir facilement observer leur croissance.

2 Écris un compte rendu simple de tes observations. Tu peux faire ce travail en groupe.

3 Réalise ensuite quelques illustrations avec leur légende pour accompagner le compte rendu.

Des mots pour mieux écrire

Voir aussi :
Vocabulaire
Avec mon dictionnaire p. 235.

Voici une liste de mots :
une feuille, une plante, la germination, une enveloppe, la racine, une tige, pousser, planter, semer, un cotylédon, fleurir, sortir de, se développer, la croissance, une fleur, un bourgeon, un germe.

1 Recherche dans un dictionnaire la définition des mots que tu ne connais pas.

2 Classe ces mots en deux groupes :
a) ceux qui permettent de nommer précisément des éléments ;
b) ceux qui décrivent l'évolution des éléments observés.

Pistes de lecture

Si tu as envie de découvrir la magie du monde des insectes : leurs amours, leur travail et leurs luttes…

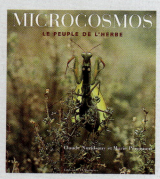

★★ Claude Nuridsany et Marie Perennou, *Microcosmos, le peuple de l'herbe,* Éditions de La Martinière.

Toute la famille Burkett partage la passion des animaux. As-tu envie de lire certaines de leurs expériences ?

★★ Molly Burkett, *Blaireaux, grives et compagnie,* Castor Poche Flammarion.

★★ *Copain des bois,* Milan.

★★ Un magazine : *Wapiti.*

★★ *La Vie des plantes,* coll. « Jeunes Découvreurs », Larousse.

★★★ *La Hulotte,* n° 53 : *Le Crapaud accoucheur.*

J'observe et je décris avec précision

 **Mettre en ordre une description**

J'observe

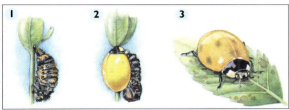

A. 35ᵉ jour
De l'enveloppe de la nymphe sort la coccinelle adulte.

B. 36ᵉ jour
Il faut 24 heures à la coccinelle pour devenir rouge.

C. 28ᵉ jour
La larve se change lentement en nymphe.

■ 1. Retrouve quelle légende correspond à chaque dessin.

■ 2. Pourquoi les illustrations sont-elles dans cet ordre ?

Pour décrire un événement ou un phénomène, on doit respecter un ordre logique ou chronologique (l'ordre du temps qui passe).

Je m'exerce

■ Trouve l'ordre dans lequel tu dois recopier ces légendes pour qu'elles correspondent aux dessins.

A. La larve mange beaucoup et grossit.

B. Juste avant l'éclosion, les œufs changent de couleur.

C. Les œufs de la coccinelle éclosent ensemble.

 **Indiquer le moment : les étapes**

J'observe

■ Relève les indications de temps qui figurent dans ces légendes.

A. La graine de pois est mise à germer le 10 janvier.

B. Deux jours plus tard, la racine commence à pousser.

C. Le 14 janvier, après l'enracinement, la tige apparaît.

Lorsqu'on fait une observation scientifique, on peut indiquer le temps qui s'écoule de deux façons : soit en indiquant la date et l'heure (par exemple : « 10ᵉ jour, 7 heures »), soit en situant une observation par rapport à une autre (« après l'enracinement… »).

➤ Conjugaison : **Utiliser le présent de l'indicatif** p. 214.

Je m'exerce

■ Remets dans l'ordre ces différentes étapes de la naissance des renardeaux et complète avec les bonnes dates :

14 mars, 5 h – 20 mars – 1ᵉʳ avril – 15 avril.

… : Première sortie des renardeaux. Oreilles dressées, ils réagissent au moindre frémissement de la nature.

… : Les petits passent leur temps à dormir et à téter.

… : Non, ce n'est pas un poisson d'avril ! Ils ont ouvert les yeux.

… : La renarde que nous observons depuis le mois de janvier a mis au monde cinq petits. Leur nez est aplati et leurs oreilles sont tombantes.

8 Métamorphoses

Je réécris et j'améliore mon texte

1 Compare ton compte rendu d'observation avec ceux de tes camarades. Avez-vous bien expliqué toutes les étapes de la croissance de la plante ?

2 Avant de recopier ton travail au propre, vérifie que tu as bien respecté les éléments de cette grille de réécriture.

1. J'ai employé des mots précis.
2. J'ai respecté l'ordre chronologique (l'ordre du temps qui passe).
3. Les légendes qui accompagnent mes dessins sont courtes.
4. J'ai donné des indications de temps (dates, étapes…).

Récréation

Le crapaud

Né d'une pierre, il vit sous une pierre et s'y creusera un tombeau.
Je le visite fréquemment, et chaque fois que je lève sa pierre, j'ai peur de le retrouver et peur qu'il n'y soit plus.
Il y est.
Caché dans ce gîte sec, propre, étroit, bien à lui, il l'occupe pleinement, gonflé comme une bourse d'avare. Qu'une pluie le fasse sortir, il vient au-devant de moi. Quelques sauts lourds, et il me regarde de ses yeux rougis.
Si le monde injuste le traite en lépreux, je ne crains pas de m'accroupir près de lui et d'approcher du sien mon visage d'homme.
Puis je dompterai un reste de dégoût, et je te caresserai de ma main, crapaud !
On en avale dans la vie qui font plus mal au cœur.
Pourtant, hier, j'ai manqué de tact. Il fermentait et suintait, toutes ses verrues crevées.

— Mon pauvre ami, lui dis-je, je ne veux pas te faire de peine, mais, Dieu ! que tu es laid !
Il ouvrit sa bouche puérile et sans dents, à l'haleine chaude, et me répondit avec un léger accent anglais :
— Et toi ?

Jules Renard, *Histoires naturelles*.

Les uns et les autres

Petit-Féroce est au régime

Vous vous souvenez de moi ? Je m'appelle Petit-Féroce. J'ai les cheveux noirs, une jolie massue fabriquée par mon papa Grand-Féroce et un gentil ronronge apprivoisé, tout brun, avec des oreilles pointues, de longues longues dents et une queue interminable.

5 Nous habitons une caverne magnifique, au bord du lac de la Lune, pas loin de la grande forêt.

Dans le lac, on ramasse les lapinois et on les mange, dans la forêt, on pêche des carpoches et on les mange.

Comment ? C'est le contraire ? Tant pis : l'essentiel c'est de 10 croquer tout ce qui ne vous croque pas d'abord, avant que ce que vous voulez croquer et qui veut aussi vous croquer vous croque vous.

Vous comprenez ?

Aujourd'hui, dans une clairière de la forêt, mon petit frère
15 Sifflotin et moi nous dégustons un énorme morceau de trompe de mammouth.

Le gros défaut des mammouths, c'est qu'il n'y a qu'une trompe de mammouth par mammouth, dommage !

Et le gros défaut de ma meilleure amie, Cerise-qui-mord,
20 la fille du sorcier de notre tribu, qui a des cheveux rouges et de jolis yeux verts, c'est qu'elle a PARFOIS mauvais caractère et TOUJOURS des idées bizarres.

Paul Thiès, *Petit-Féroce est un génie*, © Rageot-Éditeur.

❶ Qui parle dans ce texte ? Qu'est-ce qui te permet de le savoir ?

❷ Ce personnage ressemble-t-il à une personne réelle ? Te paraît-il sympathique ?

❸ Quels sont les autres personnages de cette histoire ? Dresses-en la liste. Relève pour chacun d'entre eux un détail qui sert à l'évoquer.

❹ Selon toi, à quoi ressemblent les lapinois et les carpoches (lignes 7-8) ?

❺ À quelle époque se passe cette histoire ?
Retrouve les passages du texte qui te permettent de répondre.

❻ Avec de tels personnages, à quelle histoire t'attends-tu ?

J'écris un portrait (1)

❶ Regarde bien cette BD.
Combien y a-t-il de personnages ? Avec tes camarades, cherche des détails qui caractérisent chacun d'eux.

❷ Choisis l'oiseau ou le mille-pattes. Puis écris trois lignes pour lui donner un nom et faire son portrait.

Je crée un personnage

Donner une identité

J'observe

■ **1.** Dans le texte *Petit-Féroce est au régime*, tu as relevé les noms de tous les personnages. Ces noms te sont-ils familiers ? Que t'apprennent-ils sur les personnages de l'histoire ?

■ **2.** Dans ces deux extraits, de quelle nature sont les personnages ?

A. Il était une fois tout là-bas, tout en bas, il était une fois un iceberg, immense et magnifique. Il dominait le monde, sûr de sa force et de sa beauté.
— Regardez-moi ! disait-il aux phoques et aux orques, aux guillemots et aux manchots. Regardez comme je suis beau, comme je suis haut !

Y. Mauffret, « L'iceberg », *L'Ogre des mers*,
© Rageot-Éditeur.

B. Il était une fois un rouge-gorge qui s'appelait Robin. C'était un rouge-gorge heureux. Il vivait dans un grand jardin entouré de hauts murs, à proximité de la mer, avec sa femme Robine, et des tas de petits robineaux et robinettes qui s'envolaient à la fin de la saison.

Y. Mauffret, « Le rouge-gorge et l'albatros »,
L'Ogre des mers, © Rageot-Éditeur.

Quand on crée un personnage, on lui donne un nom.
Dans une histoire, un personnage peut être un être humain, un animal, un objet ou un élément de la nature.

Je m'exerce

■ Complète ce texte de façon à créer un personnage de ton choix.

C'était un(e) … qui s'appelait … . Il (elle) vivait dans une petite ville appelée Gala. Tous les jours, il (elle) … .

Décrire le personnage

J'observe

■ Dans le texte *Petit-Féroce est au régime*, relève les détails des portraits du ronronge et de Cerise-qui-mord.
Pourrais-tu les dessiner ?

Un personnage qu'on invente peut ressembler plus ou moins à une personne, un animal ou un objet réel. Pour permettre au lecteur de bien se le représenter (le voir dans sa tête), on donne certains détails de son portrait.

Je m'exerce

■ **a)** Lis ce texte, puis relève le nom des éléments qui existent dans la réalité.

C'était un autobus. Enfin, pas vraiment, parce qu'il n'avait que deux roues. C'était plutôt un vélo. Mais pas tout à fait, à cause de son hélice. En réalité, c'était un hélicoptère.
Avec une cheminée qui crachait de la fumée, comme une locomotive à vapeur.

B. Friot, extrait de « Autobus »,
Nouvelles Histoires pressées, coll. « Zanzibar »,
© Éd. Milan, 1992.

■ **b)** Cet étrange « personnage » peut-il exister dans la réalité ?
Peut-il exister dans une histoire ?

Samani, l'Indien solitaire

1. *Algonquin :
d'une tribu
d'Amérique du
Nord, au nord-
ouest du fleuve
Saint-Laurent.*

Samani est un jeune Indien Algonquin[1] de la région des grands lacs d'Amérique du Nord, les yeux noirs comme la nuit, la peau dorée et cuivrée, de taille haute et les muscles saillants… Il est déjà presque un homme. Son corps d'adolescent promet à la tribu
5 un robuste guerrier. Pourtant ses yeux semblent toujours fixer le vide ! Il est habile à la chasse, où il sait être plus silencieux qu'un serpent et percevoir le moindre signe du gibier. Ses mains sont expertes à lancer le harpon, et sa flèche file droite et sûre vers le lièvre ou le daim ; mais cependant son regard est plein de tristesse.
10 Samani ne participe plus aux jeux et aux danses des siens. Il s'efforce de vivre seul et sans ami, car il a décidé de quitter la tribu. C'est pour cela qu'il endurcit son corps et s'exerce à traquer le gibier. Et pourtant, il y a quelques années encore, ce n'était qu'un enfant comme les autres qui aimait rire et jouer. S'il n'avait jamais
15 connu sa mère, morte en le mettant au monde, son père et ses tantes avaient fait en sorte d'atténuer son chagrin par des soins attentifs.

Il vivait alors heureux et avait de nombreux compagnons de jeu avec lesquels il se mesurait à la course, la nage, la lutte ou rivalisait d'adresse à la crosse et de perspicacité au mocassin.

Puis, le drame est arrivé qui a modifié toute sa vie, qui a bousculé son bonheur et changé ses pensées les plus intimes.

Un soir que les Anciens étaient réunis autour du grand feu pour des décisions importantes, l'enfant espiègle a voulu les imiter.

25 Il a rassemblé ses camarades dans une tente puis il est allé voler quelques tisons² au foyer central. Il a porté ensuite une brassée de bois sec et a fait pétiller le feu autour des autres enfants émerveillés. Les flammes sont montées, lumineuses comme un bouquet d'étoiles et chaudes au point de rougir les joues des petits
30 guerriers. Le jeu fut alors de singer les adultes.

Samani fit semblant de bourrer d'écorce de saule rouge le long morceau de bois qui faisait office de pipe, le présenta aux six directions de l'univers et aspira trois longues bouffées avant de l'offrir par sa droite au cercle des enfants dont les yeux brillaient
35 de contentement. Ce cérémonial accompli – qui précédait rituellement toute décision importante – la discussion s'engagea, entrecoupée de grimaces et de rires sonores.

Mais soudain, alors que l'un d'eux contrefaisait la voix chevrotante d'un vieux guerrier, une flamme a léché les grandes ten-
40 tures de cuir du wigwam³. En quelques minutes, celui-ci ne fut qu'un gigantesque brasier. Samani et ses amis sortirent pour appeler de l'aide mais plusieurs petits restèrent prisonniers des flammes. Le vent chaud de l'été soufflait ce soir-là sur le campement. Le feu se communiqua et les tentes brûlèrent les unes après les
45 autres. Les hommes tentèrent de lutter mais leur combat fut vain.

Le père de Samani, cherchant à sauver ce qu'il pouvait dans les wigwams en flammes, reçut une lourde perche de bois sur le sommet du crâne et resta inanimé au milieu du brasier. Nul ne put l'en arracher.

Michel Piquemal, *Samani, l'Indien solitaire*, © Sedrap.

2. tisons : morceaux de bois en partie brûlés.
3. wigwam : tente.

Lis le début du texte jusqu'à « mocassin » (ligne 20).

❶ Qui est Samani ?
Essaie de le dessiner avec les informations que tu trouves au début du texte (lignes 1 à 9).

❷ Qu'est-ce qui distingue Samani des autres enfants de la tribu ?

❸ Sait-on pourquoi il a décidé de quitter sa tribu ?

Lis maintenant la suite du texte.

❹ La seconde partie du texte explique pourquoi Samani est maintenant un enfant différent des autres. Retrouve le paragraphe qui l'annonce.

❺ Qu'apprend-on de nouveau ici ?

❻ Que faisait Samani le jour du drame ?

❼ Selon toi, Samani a-t-il raison de vouloir quitter sa tribu ?

J'écris un portrait (2)

1 Parmi ces images, choisis un personnage et essaie de le décrire de façon suffisamment précise pour que tes camarades le retrouvent.

2 À toi d'écrire.
Tu as choisi un personnage qui sera le héros d'une petite histoire. Invente puis rédige le début de cette histoire en présentant ton personnage. N'oublie pas de lui donner un nom et de le décrire physiquement.

Des mots pour mieux écrire

Voir aussi :
Vocabulaire
Pour décrire une personne p. 241.

Dans *Samani, l'Indien solitaire,* on trouve différentes expressions du visage : « les yeux pleins de tristesse », « une grimace », « un rire sonore ». Voici d'autres mots et groupes de mots pour décrire un visage : *gai, mélancolique, espiègle, grave, un sourire enjoué, les yeux dans le vague, les yeux embués de larmes, les yeux rieurs…*

1 Continue la liste.

2 Mettez-vous en groupes puis cherchez dans des revues, des catalogues, sur des photos, dans des albums ou des BD, des représentations de visages auxquelles vous ferez correspondre l'une de ces expressions.

Pistes de lecture

En écoutant les conseils de ce chat espiègle, une petite fille va faire un tas de bêtises !

Thomas découvre les secrets de jeunesse de son grand-père lors d'un voyage. Complicité, tendresse, émotion…

Chloé se raconte dans son journal intime : un véritable ami !

Shirley Isherwood, **Monsieur Mitaine**, Flammarion.

Yvon Mauffret, **Pépé la Boulange**, L'École des Loisirs.

Sandrine Pernusch, **Mon je-me-parle**, Casterman.

Je fais entrer en scène un personnage

 **Situer un personnage**

J'observe

■ 1. Relis le début du texte page 80. Relève les informations qui te permettent de situer Samani : où et avec qui habite-t-il ?

■ 2. Lis ce début de récit. Relève tout ce que tu apprends sur le personnage. Qu'est-ce qui est amusant ?

Le 17 janvier à 18 heures 30 le jeune Jean-Pierre Binda, dit Jip, âgé de huit ans, habitant à Milan dans la maison de ses parents, 175 rue Settembrini, bâtiment 14, alluma la télévision, fit glisser ses pieds hors de ses souliers, et se pelotonna dans un fauteuil de similicuir vert, prêt à savourer le film au programme, dans la série des Aventures de Plume Blanche.

G. Rodari, *Jip dans le téléviseur*, D.R.

Lorsqu'on présente un personnage, on donne des informations sur sa vie : on peut par exemple dire où et quand il vit, avec qui il habite, ce qu'il fait…

Je m'exerce

■ a) Dans le texte ci-dessus, remplace les indications de lieu et de temps par d'autres expressions, mais sans changer complètement le sens.

Tu peux choisir parmi les indications suivantes (attention aux intrus) :

un soir d'automne, un jour d'hiver, en plein hiver, le matin de bonne heure, en fin d'après-midi, le soir après dîner, dans une grande ville, à la campagne, dans un village, dans un siège confortable, sur un canapé.

■ b) Quelle différence y a-t-il entre le texte que tu as écrit et le premier ?

 **Faire vivre un personnage**

J'observe

■ 1. Lis et recopie les verbes et les expressions qui désignent ce que font les personnages.
Sur le balcon de la grange, le grand-père de Benoît est occupé à sculpter une souche de pin. De son couteau, il fait sauter les écailles de bois tendre. Assis sur ses talons, Benoît se donne des chiquenaudes pour chasser les copeaux qui tombent dans ses boucles.

M.-C. Helgerson, *Dans les cheminées de Paris*, © Castor Poche Flammarion.

■ 2. Relève dans cet extrait les actions du personnage qui illustrent son caractère.

En descendant les escaliers qui mènent à la cuisine, Millie fredonne une petite chanson. Elle saute d'une marche à l'autre, toute joyeuse. Millie est joyeuse parce qu'elle vient d'arriver chez Granny.

A.-M. Chapouton, *Millie et la petite clé*, © Castor Poche Flammarion.

Lorsqu'on fait entrer en scène un personnage, on peut dire avec précision ce qu'il fait. On montre ainsi un peu son caractère.

Je m'exerce

■ Complète ce texte comme tu le veux en choisissant des mots dans la liste qui suit. Explique tes choix à tes camarades.

Il était une fois un … du nom de …, connu pour sa grande … et sa … . Mais il avait la passion du … . Il … souvent et … de plus en plus. Ayant … tous ses biens, il décida de devenir … chez un … … .

Liste des mots : jeune homme, vieil homme, Carlo, Marin, gentillesse, dureté, avarice, générosité, jeu, foot, jouait, gagnait, perdait, placé, perdu, gardien, métayer, riche, pauvre, fermier, banquier.

Je réécris et j'améliore mon texte

Reprends le début de ton histoire (voir p. 82) et améliore-le.

1 Tu peux l'enrichir des expressions que tu as trouvées dans la fiche « Des mots pour mieux écrire » (p. 82).

2 Assure-toi également que tu as bien respecté les éléments de cette grille de réécriture.

1. J'ai donné un nom à mon personnage.
2. J'ai bien mis une majuscule à son nom.
3. J'ai choisi les détails de son portrait qui me semblent importants pour le décrire et le connaître.
4. J'ai dit où et quand il vit.
5. J'ai choisi de dire ou de ne pas dire ce qu'il fait, de décrire ou non son caractère.

Voir aussi :
Grammaire
Dans la phrase
p. 154.

Récréation

Il y a très longtemps, aux VIIe-VIe siècles avant J.-C., un poète grec, Ésope, a écrit des fables dans lesquelles toutes sortes de personnages (des êtres humains, des plantes, des objets) nous parlent de nous-mêmes. Voici une de ces fables :

La lampe

Une lampe gorgée d'huile se vantait de briller d'un éclat supérieur au soleil. Un sifflement, un souffle du vent : elle s'éteint. On la rallume et on lui dit : « Éclaire, lampe, et tais-toi ; l'éclat des astres ne connaît pas d'éclipse. »
Que l'éclat d'une vie glorieuse ne t'enfume pas d'orgueil : rien de ce qui s'acquiert ne nous appartient en propre.

Ésope, *Fables*.

Maintenant, que penses-tu de ce portrait ?

Le clown

Une tête hirsute, aux cheveux roux, surgit entre ses jambes… C'était Bubu. La bouche large comme un tiroir, deux carrés blancs autour des yeux, une tomate en guise de nez, Bubu tapait sur une boîte de conserve avec une cuillère. Pour le faire taire, Zanzi lui donna une claque, un jet d'eau sortit de son oreille droite. Une autre claque et c'est de son oreille gauche que jaillit une fontaine.

Henri Troyat, *La Grive*, © Plon.

Expression orale

Raconter

Le père de Jacques vient d'acheter un petit bateau à moteur.
Ils partent tous les deux pêcher en mer.

❶ Que nous apprennent les deux premières vignettes ?

❷ Est-ce qu'elles montrent beaucoup de mouvement et d'action ?

❸ Quels sont les premiers mots de la vignette 3 ? Quel événement survient ?

❹ Comment l'histoire se termine-t-elle dans la vignette 6 ?

◆ **Des mots pour commencer à raconter :**
Ce jour-là...
Un beau jour...
C'était un dimanche...
Par une belle matinée...

◆ **Des mots pour introduire un événement inattendu :**
Tout à coup...
Soudain...
Brusquement...
D'un seul coup...
C'est alors que...

◆ **Des mots pour finir l'histoire :**
Finalement...
À la fin...
Pour finir...
En définitive...
En fin de compte...

● **Groupez-vous par trois.** L'un de vous commence à raconter cette histoire : « Par un beau dimanche ensoleillé, Tiphaine est tranquillement en train de pique-niquer sur l'herbe au bord d'un ruisseau... ». Le deuxième raconte la suite en disant : « Tout à coup... ». Le troisième finit l'histoire en disant : « Finalement... ».

Expression orale
Donner son avis (1)

ATTENTION : DÉGÂTS DES EAUX !

Elle était abondante, limpide, gratuite. L'eau est devenue rare, trouble et chère. Les agriculteurs se plaignent d'en manquer, les citadins plébiscitent l'eau minérale. Son prix ne cesse de grimper. Et dans certaines régions du monde, l'eau, enjeu de rivalités transfrontalières, pourrait être prétexte de guerres.

Le Nouvel Observateur, 5-11 juin 1997, n° 1700.

❶ Qu'est-ce qu'on me montre ? Qu'est-ce qu'on me dit ?
– Je vois de l'eau ....
– Je vois aussi plusieurs objets : ....
– Je lis en titre : .... Cela veut dire que c'est l'eau qui fait des dégâts ou que c'est nous qui faisons des dégâts à l'eau ?
– Je lis aussi que c'était pareil autrefois ou différent autrefois ?

❷ Qu'est-ce que j'en pense ?
– Ai-je déjà vu des scènes de ce genre ? Où ?
– Qu'est-ce qui peut avoir provoqué cette pollution ?
– Que pourrait-on faire pour empêcher cela ? Et pour réparer les dégâts ?

❸ Je donne mon avis :
– Pour moi, le responsable c'est ....
– Pour empêcher cela, on pourrait ....

• **Groupez-vous par trois.**
Deux élèves choisissent chacun un point de vue : ❶ ou ❷. Discutez ensemble pour défendre votre position, en essayant de convaincre l'autre que vous avez raison. Le troisième élève est l'arbitre : il écoute et dit à la fin lequel a le mieux défendu son point de vue.

❶ La terre, les mers, les rivières sont assez grandes pour qu'on puisse jeter les déchets n'importe où. Ils disparaîtront avec le temps.

❷ Si on jette les déchets n'importe où, on fait courir de graves dangers à la nature.

• **Changez les rôles** et recommencez.

Désirs et rêves

Fou de football

Bruno, le nouveau venu, adore le foot. Son désir le plus ardent est de s'intégrer à l'Ajax d'Alexandre, la glorieuse équipe des enfants du quartier. Réussira-t-il à s'imposer lors du grand match contre le Real d'Isidore ? Bruno joue comme gardien de but, et la fin du match approche…

Mais c'est alors que Bruno commit une erreur épouvantable.

Il plongea dans les pieds d'Isidore mais rata le ballon et ne réussit qu'à clouer Isidore au sol.

Il ne restait plus que deux minutes de jeu, et Bruno offrait à ses adversaires un penalty. Si Isidore marquait, le Real allait gagner le match, et ce serait entièrement la faute de Bruno. Il fallait éviter cela à tout prix !

Bruno se sentait tout petit. La cage lui semblait immense, la foule retenait son souffle. Quant à Alexandre et son équipe, ils s'étaient retournés. Ils préféraient ne pas regarder !

Ils savaient qu'ils étaient battus. Hélas, Isidore n'avait jamais raté un penalty de sa vie.

Coup de sifflet. L'aura ? L'aura pas ? L'a-t-il ? Il l'a. Bruno a sauvé le but !!!

Une formidable ovation[1] s'éleva de la foule, mais les prouesses de Bruno ne s'arrêtèrent pas là !

Il envoya le ballon haut, très haut au-dessus de la tête du gardien de but du Real qui s'était avancé pour regarder tirer le coup de réparation, et le ballon vint atterrir au fond des filets.

Après un moment de stupeur, la foule se déchaîna.

L'arbitre siffla la fin du match. Grâce à Bruno, l'Ajax d'Alexandre avait battu le Real d'Isidore par quatre buts à trois.

« Sacré vieux Bruno, s'exclama Alexandre. Tu es un vrai héros.

— Bru-no, Bru-no, Bru-no ! » scandait la foule et ils le portèrent en triomphe pour un tour d'honneur.

1. ovation : acclamation.

Bruno vit ses parents l'acclamer et il leur fit un signe de la main. Comme ils étaient fiers de lui !

« Est-ce que vous voudrez encore de moi au prochain match ? demanda Bruno.

— Tu parles, répliqua Alexandre, nous ne pourrions plus jouer sans toi. »

Et ceci fut le meilleur moment de la journée de Bruno.

Colin McNaughton, *Fou de football*, traduction Jean-Paul Lacombe, coll. Folio benjamin, © Gallimard.

1 Qu'est-ce qu'un penalty ? À quel moment du match a-t-il été sifflé ? Qui est responsable du penalty ?

2 Remets les événements dans l'ordre :
a) Les parents de Bruno sont fiers de leur fils.
b) Bruno commet une faute et l'équipe adverse tire un penalty.
c) Bruno est définitivement accepté dans l'équipe d'Alexandre.
d) Bruno rattrape la balle.
e) Bruno renvoie la balle dans le but adverse et marque le but de la victoire.

3 Quel est le meilleur moment de la journée de Bruno ? Pourrait-il y avoir d'autres moments très forts dans cette journée ?

J'écris un dialogue (1)

Calvin, le garçon, et Hobbes, le tigre, jouent au base-ball. Ils se disputent.

Bill Watterson, *Calvin et Hobbes, Adieu monde cruel*, © Presses de la Cité.

Calvin dit :
« Un point ?? La balle m'est passée trois mètres au-dessus de la tête !
Hobbes répond :
— ...... »

Continue ce dialogue. Tu peux prendre modèle sur la présentation des dialogues du texte que tu viens de lire.

Je fais parler les personnages dans un récit

 **Donner la parole aux personnages**

J'observe

■ Voici deux façons de raconter la fin de *Fou de football*.

A. Bruno a été accepté définitivement comme membre de l'équipe. Et ceci fut le meilleur moment de la journée de Bruno.

B. « Est-ce que vous voudrez encore de moi au prochain match ? demanda Bruno.
— Tu parles, répliqua Alexandre, nous ne pourrions plus jouer sans toi. »
Et ceci fut le meilleur moment de la journée de Bruno.

■ Quelle différence y a-t-il entre ces deux textes ? Lequel préfères-tu ? Pourquoi ?

Lorsqu'on raconte une histoire, on peut faire parler directement les personnages, pour que le lecteur ait l'impression d'assister à la scène.

Je m'exerce

■ Voici le brouillon d'un texte écrit par Cindy. Insère ces paroles de personnages pour améliorer son brouillon :

Alors Julie lui a dit :
— Taratata ! Non, on ne t'ouvrira pas !
Donc, j'ai demandé à Julie :
— Dis-moi, on ne pourrait pas quand même la laisser entrer ?

J'étais allée chez Julie, une copine, et on était dans sa chambre. Au moment où on allait jouer, on a entendu frapper à la porte. C'était sa petite sœur, Géraldine, qui voulait jouer avec nous. On ne voulait pas, parce qu'elle nous embête toujours. Mais Géraldine s'est mise à pleurer. Moi, cela m'a rendue triste : ça m'a fait penser à moi quand j'étais petite car, avec ma grande sœur, c'était pareil.

 **Utiliser les guillemets et les tirets**

J'observe

■ Lis ce passage extrait de *Fou de football*.

L'arbitre siffla la fin du match. Grâce à Bruno, l'Ajax d'Alexandre avait battu le Real d'Isidore par quatre buts à trois.
« Sacré vieux Bruno, s'exclama Alexandre. Tu es un vrai héros.
— Bru-no, Bru-no, Bru-no ! » scandait la foule et ils le portèrent en triomphe pour un tour d'honneur.

■ **1.** Quelles sont les paroles prononcées par les personnages ? Quels indices dans la ponctuation permettent de le savoir ?

■ **2.** Cherche un autre endroit où l'on a des guillemets dans *Fou de football*. Dis à quels moments on ouvre les guillemets et à quels moments on les ferme.

■ **3.** Qu'indique le tiret dans le passage ? À quel moment va-t-on à la ligne ?

*Lorsqu'on rapporte les paroles des personnages dans un récit, on utilise des guillemets et des tirets.
On emploie les guillemets pour encadrer les paroles rapportées.
On emploie les tirets pour indiquer que ce n'est plus le même personnage qui parle.
On va à la ligne à chaque réplique.*

Je m'exerce

■ Rétablis les guillemets et le tiret qui manquent dans cet extrait.

Bruno mourait d'envie de se joindre à eux. Pourquoi ne vas-tu pas jouer avec eux ? lui demanda sa mère.
Je ne les connais pas. Ils ne m'accepteront pas, répliqua Bruno.

C. McNaughton, *Fou de football*, traduction Jean-Paul Lacombe, coll. Folio benjamin, © Gallimard.

Le rêve rouge

Les confitures, c'était la grande spécialité de la maman de Rosalie. Chaque année, en grande cérémonie, elle faisait six fois douze pots, c'est-à-dire soixante-douze. Il y en avait douze de cerises, douze de fraises, douze de framboises, douze de mûres, douze de groseilles et douze de cassis. Quel remue-ménage dans la maison pour préparer les fruits, les mélanger au sucre, les verser dans la grosse marmite de cuivre ! Et comme ça sentait bon dans la maison ! Un délice !

Dans la salle à manger était un placard où tous les pots étaient rangés. Défense aux enfants de l'ouvrir. D'ailleurs le placard était fermé à clé ; Rosalie, qui était une petite curieuse, mourait d'envie de savoir où sa maman cachait la clé. Pas pour ouvrir le placard. Oh non ! juste pour savoir.

Un jour, elle s'est glissée à plat ventre sous la table de la salle à manger et elle a attendu que sa maman vienne chercher un pot. Elle l'a vue qui accrochait la clé à un clou dissimulé entre le mur et le buffet.

Le lendemain, les parents étaient invités à dîner chez des amis. Macha[1] faisait ses devoirs. Rosalie n'avait pas envie de travailler, ni de lire, ni même de s'amuser. Elle n'avait envie que d'une seule chose : voir les pots de confiture. Pas en manger. Oh non ! Seulement les regarder.

Elle décroche la clé, elle ouvre le placard. Une splendeur. Tous les pots avec leur étiquette, rangés comme des soldats dans leur uniforme rouge, et les soldats semblent dire à Rosalie : « Goûte-moi ! Goûte-moi ! »

Rosalie résiste à la tentation pendant dix longues secondes. Puis elle plonge son doigt dans un pot, un seul. Puis dans un autre, puis dans un autre encore. Juste un doigt. Ça ne se verra pas, oh non ! Mmm ! la framboise... Mmm ! le cassis... Mmm ! la fraise... Mmm !

1. Macha : la sœur de Rosalie.

Le soir, à dîner :

— Tu n'as pas faim, demande la nounou, est-ce que tu serais malade ?

35 — Non, dit Rosalie, je suis fatiguée.

Et elle monte se coucher. Oh ! comme elle a mal au ventre !

Plus tard, lorsque les parents rentrent, ils voient de la lumière dans la chambre des filles. Macha dort, mais Rosalie gémit, elle se tourne et se retourne dans son lit.

40 — J'ai fait un mauvais rêve, maman.

— Bòje moï[2] ! Rosatchka est toute pâle, elle a la scarlatine, dit la nounou, vite, madame, appelez le docteur !

— De quoi as-tu rêvé ? demande la maman.

— J'étais tombée dans un trou, tout autour de moi était 45 rouge, dit Rosalie.

Elle n'ose pas regarder sa maman. Tout à coup, elle se penche en avant et elle vomit.

La maman regarde ce qui est sorti de la bouche de Rosalie. Elle renifle. Elle court au placard à confitures. Et que voit-elle ? 50 Six pots à moitié vides…

Elle revient et s'assied au bord du lit de Rosalie qui cache sa figure sous la couverture.

— Cette fois, je ne vais pas te punir, Rosatchka, dit-elle d'une voix douce, parce que tu t'es punie toi-même. Mais ne fais plus 55 jamais de rêves rouges ou alors, moi, je te ferai rêver de la plus grosse fessée du monde.

Michel Vinaver, *Les Histoires de Rosalie*,
© Castor Poche Flammarion.

2. *Bòje moï !* : Mon Dieu ! en russe.

1 Comment s'appelle le personnage principal de cette histoire ? Quel autre prénom lui donne sa nounou ?

2 L'enfant est-elle malade ? Pourquoi ? T'est-il déjà arrivé une histoire du même genre ?
Que penses-tu de l'attitude de la maman ?

3 Est-ce que Rosalie est punie ? De quelle façon ?

4 Explique le titre : « Le rêve rouge ». Recherche d'autres titres possibles.

5 Lis à haute voix avec tes camarades la fin du texte (à partir de la ligne 32 : « Le soir, à dîner… »).
Combien y a-t-il de personnages ?
Retrouvez les paroles de chacun, puis répartissez-vous la lecture.
Trouvez des voix qui conviennent aux situations.

J'écris un dialogue (2)

Voici une mésaventure de Léo et Christophe :

1 Les bulles de cette bande dessinée sont vides. Imagine les paroles échangées entre les différents personnages. Écris-les.

2 Transforme ensuite cette BD en récit. N'oublie pas d'insérer dans ton récit les paroles des personnages.

Des mots pour mieux écrire

Voir aussi :
▸ Vocabulaire
Synonymes et sens voisin p. 237.
Éviter de répéter un mot p. 238.

1 Compare ces trois phrases :
   La nounou dit : « Rosalie est toute pâle. »
   La nounou demande : « Tu n'as pas faim ? »
   Rosalie répond : « Non, je suis fatiguée. »
Quels sont les verbes employés pour introduire les paroles des personnages ? Est-ce qu'il est possible de les employer les uns à la place des autres ?

2 Voici une liste de verbes proches du verbe « dire ». Essaie de classer ces verbes en deux groupes :
a) ceux qui signifient « parler tout bas » ;
b) ceux qui signifient « parler très fort ».
   susurrer, hurler, vociférer, chuchoter, gueuler, acclamer, murmurer, crier, marmotter, s'exclamer, scander.

Pistes de lecture

Entre Jo et sa mère, c'est une grande histoire de passion, de disputes et de tendresse.

★Tomi Ungerer, *Pas de baiser pour maman,* L'École des Loisirs.

Ce célèbre petit héros suédois est premier au hit-parade des bêtises : sauras-tu toutes les compter ?

★★Astrid Lindgren, *Zozo la Tornade,* Le Livre de Poche jeunesse.

★★Comtesse de Ségur, *Les Malheurs de Sophie,* Folio junior.

★★Nicolas de Hirsching, *Treize gouttes de magie,* Bayard Poche.

★★Astrid Lindgren, *Les Nouvelles Farces de Zozo la Tornade,* Le Livre de Poche jeunesse.

Je fais parler les personnages dans un récit

Indiquer qui parle (1)

J'observe

■ **Relis ce passage du *Rêve rouge* :**

Les pots de confiture semblent dire à Rosalie : « Goûte-moi ! Goûte-moi ! »

■ **1.** Qui parle ? Quel sont les verbes qui l'indiquent ? Où sont-ils placés (par rapport aux paroles prononcées) ?

■ **2.** Quelles remarques peux-tu faire sur la ponctuation ?

Pour indiquer quel personnage parle, on peut utiliser la construction suivante :
X dit (raconte, demande, etc.) : « … »

Je m'exerce

■ **a)** Dans le dialogue suivant entre Luc et Sidonie, ajoute les indications nécessaires pour qu'on sache bien quel personnage parle. N'oublie pas la ponctuation.

« C'est madame Traboulet, l'épicière ! C'est drôle qu'elle entre ici, elle habite au-dessus.
— Dis donc, Luc, tu as vu le drôle de paquet qu'elle trimballe ? »

J. Alessandrini, « Mystère et Chocolat »,
coll. Bayard Poche, *J'aime lire*, n° 11.

■ **b)** Même exercice avec ce dialogue entre Laurent et Nicolas.

« Hé, Nicolas, bonjour !
— Bonjour, Laurent. Tu viens faire du vélo ?
— Non, j'ai des devoirs.
— T'es pas marrant !
Tu les feras demain… »

Indiquer qui parle (2)

J'observe

■ **Relis ces passages du *Rêve rouge* :**

— De quoi as-tu rêvé ? demande la maman.
— J'étais tombée dans un trou, […], dit Rosalie.
— Tu n'as pas faim, demande la nounou, est-ce que tu serais malade ?
— Non, dit Rosalie, je suis fatiguée.

■ **1.** Quels sont les personnages qui parlent ? Quels mots l'indiquent ?

■ **2.** La place et la présentation de ces mots sont-elles les mêmes que dans les exemples ci-contre ?

■ **3.** Quelles remarques fais-tu sur la ponctuation ?

On peut indiquer de plusieurs manières quel personnage parle. On utilise aussi les constructions suivantes :
« … », dit X
« …, dit X, … »
Dans la dernière construction, le groupe de mots « dit X » est appelé une incise.

Je m'exerce

■ **a)** Reprends le dialogue ci-contre entre Luc et Sidonie. Précise qui parle à chaque fois, mais en utilisant des incises :
« …, dit Luc/Sidonie, … »

■ **b)** Même exercice avec le dialogue entre Laurent et Nicolas. N'hésite pas à varier les verbes indiquant quel personnage parle.

■ **c)** Reprends cet extrait de *Fou de football*. Modifie la manière d'indiquer qui parle dans chaque réplique. Sois attentif à la façon dont tu utilises guillemets et tirets.

« Est-ce que vous voudrez encore de moi au prochain match ? demanda Bruno.
— Tu parles, répliqua Alexandre, nous ne pourrions plus jouer sans toi. »

Je réécris et j'améliore mon texte

Reprends ton brouillon de l'histoire de Léo et Christophe (p. 92). Tu vas essayer de la rendre plus intéressante, plus claire et, si nécessaire, plus correcte.

1 Enrichis ton texte en te servant de ta fiche « Des mots pour mieux écrire » (p. 92).

2 Puis corrige ton brouillon à l'aide de cette grille de réécriture.

1. Je vais à la ligne dans le dialogue pour chaque nouveau personnage.
2. J'ajoute un tiret en début de ligne pour indiquer qu'une nouvelle personne parle.
3. J'encadre l'ensemble du dialogue par des guillemets.
4. J'insère des verbes précisant qui parle selon les modèles de la p. 93.
5. Je varie les verbes indiquant qui parle.

Voir aussi :
➘ Conjugaison
Des personnes, des terminaisons p. 206.
Radical et terminaison p. 208.

Récréation

As-tu entendu parler d'*Alice au pays des merveilles* ? La vie est bien difficile pour Alice, dans un monde à l'envers, « de l'autre côté du miroir ».

« Je vous prendrais, certes, à mon service, avec le plus grand plaisir, déclara la Reine. Quatre sous par semaine, et confiture tous les autres jours.
Alice ne put s'empêcher de rire, tandis qu'elle répondait :
– Je ne désire pas entrer à votre service et je n'aime guère la confiture.
– C'est de la très bonne confiture, insista la Reine.
– En tout cas, *aujourd'hui*, je n'en veux pas. À aucun prix.
– Vous n'en auriez pas, même si vous en vouliez *à tout prix*, répliqua la Reine. La règle est en ceci formelle : confiture demain et confiture hier – mais jamais confiture aujourd'hui.
– On doit bien quelquefois arriver à confiture aujourd'hui, objecta Alice.
– Non, ça n'est pas possible, dit la Reine. C'est confiture tous les *autres* jours. Aujourd'hui, cela n'est pas un des *autres* jours, voyez-vous bien.
– Je ne vous comprends pas, avoua Alice. Tout cela m'embrouille tellement les idées ! »

Lewis Carroll, *De l'autre côté du miroir*, traduction H. Parisot, © Aubier-Flammarion, 1971.

Mon amie la baleine

Amos et Boris (1)

Amos le souriceau habitait près de l'océan. Il aimait l'océan. Il aimait l'odeur de l'air marin. Il aimait les bruits du ressac[1], les vagues qui déferlent et les galets qui roulent. Il pensait beaucoup à l'océan et s'interrogeait sur les lieux lointains situés de l'autre côté de l'eau.

Un jour, Amos commença à construire un bateau sur la plage. Il y travaillait pendant la journée et, la nuit, il étudiait la navigation. […]

Le six septembre, par un temps très calme, il attendit que la marée haute eût presque atteint son bateau ; alors, déployant toute sa force, Amos le poussa à l'eau, grimpa à bord et prit la mer. […]

Une nuit, dans une mer phosphorescente[2], il s'émerveilla de voir des baleines souffler de l'eau lumineuse ; plus tard, couché sur le pont de son bateau, regardant l'immense ciel étoilé, le minuscule Amos, petit point vivant dans le vaste univers vivant, se sentit en harmonie complète avec cet univers. Accablé par la beauté et le mystère de ce qui l'entourait, il roula sur lui-même et, du pont de son bateau, tomba dans l'eau. […]

Et il se trouvait là ! Où ? Au milieu de l'immense océan, à quinze cents[3] kilomètres au moins de la côte la plus proche. […] Il décida de flotter ; nageant à la verticale et espérant que quelque chose – qui sait quoi ? – surviendrait pour le sauver. […]

Mais ses forces l'abandonnaient. Il se demanda ce qu'il ressentirait s'il se noyait. Serait-ce long ? Serait-ce vraiment terrible ? Son âme irait-elle au ciel ? Y trouverait-elle d'autres souris ?

Comme Amos se posait ces affreuses questions, il vit une énorme tête jaillir de l'eau. C'était une baleine.

— Quelle sorte de poisson es-tu donc ? demanda-t-elle. Tu dois être d'une espèce unique !

— Je ne suis pas un poisson, répondit Amos. Je suis une souris, un mammifère, la forme supérieure de la vie. Je vis sur terre.

1. *ressac :* agitation des vagues qui s'écrasent sur la côte.
2. *phosphorescente :* qui émet de la lumière.
3. *quinze cents :* mille cinq cents.

— Nom d'une palourde et d'une seiche ! s'exclama la baleine. Moi aussi, je suis un mammifère, bien que je vive dans la mer. Je m'appelle Boris.

Amos se présenta et raconta à Boris comment il en était venu à se trouver là, au milieu de l'océan. [...]

— Quelle autre baleine, sur tous les océans du monde, a jamais eu l'occasion de rencontrer une créature aussi bizarre que toi ! dit Boris. Monte à bord, s'il te plaît.

Et Amos grimpa sur le dos de Boris.

— Es-tu sûr d'être un mammifère ? demanda Amos. Tu sens plutôt le poisson.

Boris la baleine se mit à nager, portant Amos le souriceau sur son dos.

45

❶ Qui est Amos ?

❷ Comment Amos est-il décrit au début du récit (lignes 1 à 5) ? Cette description a-t-elle de l'importance pour la suite ?

❸ À quel moment est-on très inquiet pour Amos ? Quels sont les mots qui indiquent la gravité de la situation ?

❹ Un autre personnage apparaît ensuite. Comment s'appelle-t-il ?

Quel est le seul trait commun entre les deux personnages ?

❺ Comment Amos est-il sauvé de la noyade lorsqu'il tombe dans l'eau ?

❻ La rencontre entre Amos et Boris sera le début d'une amitié. Connais-tu d'autres histoires sur l'amitié entre deux personnages très différents ? Aimes-tu ces histoires ? Explique pourquoi.

J'écris le récit d'une rencontre

❶ Observe cette image. Il s'agit là aussi d'une rencontre d'où naîtra une grande amitié. Rappelle-toi la scène avec tes camarades :
– Qui sont les personnages ?
– D'où viennent-ils ?
– Comment se rencontrent-ils ?

❷ Rédige en quelques lignes le récit de cette rencontre.

Je nomme un personnage

1 Éviter les répétitions

J'observe

■ **1. Relis ce passage d'*Amos et Boris* :**

Comme Amos se posait ces affreuses questions, il vit une énorme tête jaillir de l'eau. C'était une baleine.
— Quelle sorte de poisson es-tu donc ? demanda-t-elle.

■ **a) Quel personnage « il » désigne-t-il ? Qui désigne « elle » ?**

■ **b) Remets le nom des personnages à la place de « il » et de « elle ». Quelle est la meilleure version du texte ?**

■ **2. Relève les mots qui désignent M. Targette.**

Monsieur Targette a vraiment l'air patraque. Il se tient le ventre, et il fixe des yeux la tablette de chocolat.
— Excusez-moi, monsieur, mais…
Le bonhomme ne la laisse pas s'expliquer, il se jette sur la tablette.

J. Alessandrini, « Mystère et Chocolat »,
coll. Bayard Poche, *J'aime lire*, n° 11.

Pour éviter de répéter trop souvent le nom d'un personnage, on le remplace par un pronom, ou parfois par un autre nom.

Je m'exerce

■ **Replace dans ce passage les mots qui désignent les personnages :** les petites, elles, il, il.

Delphine et Marinette, qui voulaient faire une surprise à leurs parents, décidèrent de garder le secret sur les études du bœuf blanc. Plus tard, quand … serait savant, … auraient plaisir à voir l'étonnement de leur père. Les débuts furent plus faciles que … n'avaient osé l'espérer. En moins de quinze jours, … eut appris à lire les lettres.

M. Aymé, « Les Bœufs », *Les Contes du chat perché*,
© Gallimard.

2 Nommer clairement un personnage

J'observe

■ **1. Le petit Zozo adore Alfred.
Essaie de trouver qui désigne chacun des pronoms « il » et « lui ».**

Quand il ne travaillait pas et avait du temps libre, il lui apprenait plein de trucs utiles ; comment seller un cheval ou comment priser ; oui ça n'était pas spécialement utile et il n'essaya qu'une seule fois. Mais il essaya quand même car il voulait faire tout ce qu'il faisait.

■ **2. Compare avec cette autre version du même texte. Laquelle des deux versions est compréhensible ? Pourquoi ?**

Quand Alfred ne travaillait pas et avait du temps libre, il apprenait à Zozo plein de trucs utiles ; comment seller un cheval ou comment priser ; oui ça n'était pas spécialement utile et Zozo n'essaya qu'une seule fois. Mais il essaya quand même car il voulait faire tout ce qu'Alfred faisait.

A. Lindgren, *Les Nouvelles Farces de Zozo la Tornade*, Le Livre de Poche, © Hachette.

Quand on remplace le nom d'un personnage par un pronom, le personnage désigné doit rester clairement identifiable.

Je m'exerce

■ **Utilise des pronoms pour limiter les répétitions tout en gardant le texte clair.**

Marie et Vanessa font toujours ensemble le chemin de l'école. Marie et Vanessa arrivent rue Pasteur. Mais la petite sœur de Marie s'impatiente : « On va arriver en retard, proteste la sœur de Marie.
— Pars toute seule, répond Marie.
— Tu sais que maman ne veut pas, dit la sœur de Marie. »

Amos et Boris (2)

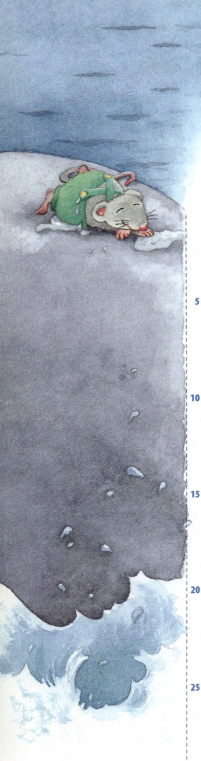

Quel soulagement de se sentir sain et sauf ! Amos se coucha au soleil. Éreinté[1], il s'endormit bientôt.

Mais soudain Amos se retrouva de nouveau dans l'eau, bien réveillé, crachotant, s'agitant en tous sens. Ayant oublié qu'elle avait un passager, la baleine avait plongé ! Réalisant son erreur, elle fit surface si brutalement qu'Amos fut projeté dans les airs.

Il se fit mal en retombant dans l'eau et se mit à crier, donnant mille coups de poing à la baleine avant de se souvenir qu'elle lui avait sauvé la vie. Alors, il remonta sur son dos. À partir de ce jour-là, chaque fois que Boris voulait plonger, il prévenait Amos qui en profitait pour prendre un bon bain.

Nageant parfois à grande vitesse, parfois lentement et tranquillement, se reposant parfois et échangeant des idées ou s'arrêtant pour dormir, ils mirent une semaine à atteindre la côte proche de la maison d'Amos. Pendant ce temps-là, une profonde admiration réciproque grandit entre eux. Boris admirait la finesse, la délicatesse, le toucher léger, la petite voix, le rayonnement du souriceau. Amos admirait le volume, la noblesse, la puissance, la volonté, la belle voix et la bienveillance[2] généreuse de la baleine.

Ainsi ils devinrent amis. Chacun racontait à l'autre sa vie, ses ambitions. Ils partageaient leurs secrets les plus graves. Boris s'intéressait beaucoup à la vie terrestre et regrettait de ne pouvoir en faire l'expérience. Amos était séduit par les récits de la vie sous-marine que la baleine lui faisait. Il avait plaisir à prendre de l'exercice en courant de long en large sur le dos de sa compagne. Quand il avait faim, il mangeait du plancton. Une seule chose lui manquait : l'eau douce.

Vint le moment de se dire au revoir. Ils étaient près du rivage.
— Je souhaite que nous soyons amis pour toujours, dit Boris. Non : nous *serons* amis pour toujours même si nous ne pouvons rester ensemble. Tu dois vivre sur terre et je dois vivre en mer. Pourtant, je ne t'oublierai jamais.
— Et tu peux être sûr que je ne t'oublierai jamais *non plus*, dit Amos. Je te serai toujours reconnaissant de m'avoir sauvé la vie. Souviens-toi que si jamais tu avais besoin de mon aide, je serais plus qu'heureux de te l'apporter.

1. **éreinté :** très fatigué.
2. **bienveillance :** gentillesse, bonté.

Comment pourrait-il jamais aider Boris ? Amos n'en savait rien. […]

Bien des années après les événements que nous venons de raconter, […] survint une des plus fortes tempêtes du siècle, l'ouragan Yetta. Et il se trouva que Boris fut jeté sur la rive par une lame de fond[3] et s'échoua sur le rivage même où demeurait Amos. Il arriva également qu'Amos se rendit à la plage pour examiner les dégâts causés par l'ouragan Yetta ; la tempête s'était apaisée et Boris gisait[4] sur le sable, se desséchant au chaud soleil, éprouvant le besoin urgent de replonger dans l'eau. […]

Amos se précipita vers Boris. Boris ne put que regarder Amos.

— Amos, aide-moi, dit la baleine-grosse-comme-une-montagne à la souris-grosse-comme-une-poussière. Je crois que je vais mourir si je ne retourne pas bientôt dans l'eau.

Amos regarda Boris avec une pitié extrême. Il se rendit compte qu'il fallait réfléchir très vite et agir plus vite encore. Brusquement, il disparut.

« J'ai peur qu'il ne puisse pas m'aider, se dit Boris. Malgré toute sa bonne volonté, que peut faire quelqu'un d'aussi petit ? »

Tout comme Amos s'était jadis senti solitaire au milieu de l'océan, Boris la baleine se sentait également seule, étendue sur la plage. Elle était certaine qu'elle allait mourir. Alors qu'elle s'y préparait, Amos revint en courant, accompagné des deux plus grands éléphants qu'il avait pu trouver.

Sans perdre de temps, ces deux éléphants se mirent à pousser l'énorme corps de Boris de toutes leurs forces. Ils parvinrent à le retourner, enduit de sable, et le roulèrent vers la mer. […]
Au bout de quelques minutes, Boris la baleine était déjà dans l'eau, baignée de vagues, et elle ressentait leur merveilleuse humidité. […]

Elle se retourna vers Amos, qui était perché sur la tête du premier éléphant. Des larmes coulaient sur les joues de la grosse baleine. Le souriceau avait lui aussi les larmes aux yeux.

William Steig, *Amos et Boris*, coll. Folio benjamin, © Flammarion.

3. lame de fond : vague soudaine et violente qui vient du fond de l'eau.
4. gisait : était étendu, sans mouvement.

1 On pourrait découper ce texte en deux épisodes. Lesquels ? Cherche la phrase qui annonce le second épisode.

2 Donne un titre à chaque épisode.

3 Par quels mots désigne-t-on Amos et Boris aux lignes 12 à 19 ?

4 Qu'est-ce que l'amitié d'après ce texte ? Qu'en penses-tu ?

J'écris une histoire d'amitié

1 Trouve deux personnages très différents l'un de l'autre (par exemple une vache et une puce, un chat et une souris…).
Tu vas imaginer une rencontre entre eux et une petite aventure d'où naîtra une grande amitié. Recherche des idées avec tes camarades.

2 Rédige ton histoire. Tu peux t'aider de ces pistes pour écrire :
a) Quel malheur arrive-t-il à l'un de tes personnages ?
b) Quel danger court-il ?
c) Comment le second personnage entre-t-il en scène ?
d) Comment vient-il en aide à son ami ?
e) Comment se termine ton histoire ?

Des mots pour mieux écrire

1 Voici des mots et des expressions autour du couple « jamais/toujours » et autour du couple « oublier/se souvenir » :
– *éternellement, à aucun moment, sans cesse, constamment, jamais de la vie, à jamais…*
– *se rappeler, négliger, délaisser, se désintéresser, penser à…*
Continue le classement, puis essaie de trouver d'autres mots :

jamais	toujours	oublier	se souvenir
à aucun moment			se rappeler

2 En utilisant ton classement, trouve d'autres manières de dire : « Je ne t'oublierai jamais. »

Pistes de lecture

Un jour, un habitant des contrées sous-marines décide de gagner la terre, pour se faire de nouveaux amis.

Abel, la souris, se retrouve perdu sur une île déserte. Ses aventures débutent quand il veut rentrer chez lui…

◆ Randall Jarrell,
Des animaux pour toute famille,
L'École des Loisirs.

◆◆ William Steig,
L'Île d'Abel,
Folio junior.

◆ William Steig,
La Surprenante Histoire du docteur De Soto,
Flammarion.

◆◆ William Steig,
Dominic,
Folio junior.

◆◆◆ Marcel Aymé,
La Patte du chat,
dans *Les Contes du chat perché.*

Je fais agir mes personnages

 ## Faire rebondir le récit

J'observe

■ À la page 95, Amos tombe à la mer. Il espère d'abord que quelqu'un va venir le sauver. Puis ses forces l'abandonnent et il perd espoir. On a très peur pour lui.

De la même manière, à quel moment de la seconde partie de l'histoire (p. 99) a-t-on très peur pour Boris ?

Une histoire est souvent d'autant plus intéressante que le lecteur tremble pour les personnages : ils doivent donc courir des dangers, rencontrer des obstacles…

Je m'exerce

■ Voici, dans le désordre, des morceaux d'un scénario. Choisis certaines de ces propositions et mets-les dans l'ordre qui te convient, afin de tenir le lecteur en haleine.

a) Pierre, Samir et Céline, trois cousins, passent leurs vacances au bord de la mer.
b) Ils entendent le bruit d'un moteur, ils crient. Mais le bruit s'éloigne.
c) Ils font du canot pneumatique.
d) Ils n'osent pas demander au « pirate » de les aider.
e) Un orage se lève. Leur canot est poussé loin de la côte, leurs pagaies sont emportées.
f) Ils abordent sur un îlot inhabité.
g) Sur l'île, ils rencontrent un homme à l'allure de pirate. Cet homme transporte une caisse.
h) Quand ils veulent repartir, leur canot n'est plus sur la plage.
i) La nuit tombe, le courant les entraîne, ils sont désespérés.
j) La nuit tombe, ils sont seuls sur l'île. Ils ont froid et peur.

 ## Trouver une fin

J'observe

■ Voici trois fins de récits.

A. — Au revoir, chère amie, cria Amos d'une petite voix aiguë.
— Au revoir, cher ami, gronda Boris en disparaissant dans les vagues.
Ils savaient qu'ils ne se rencontreraient sans doute plus jamais. Ils savaient aussi que jamais ils ne s'oublieraient.
W. Steig, *Amos et Boris,* coll. Folio benjamin, © Gallimard.

B. Agathe, vexée, dit à son frère :
— Eh bien, moi, je ne retournerai plus jamais à la pêche !
Rémi regarde le ciel du matin :
— Moi, j'y retournerai. Je veux revoir l'Océanor.
M.-H. Delval, *Le Mystère de l'Océanor,* © Bayard presse.

C. Ici finit, pour l'instant, l'histoire de la famille Campagnol et du châtaignier.
Y. Pommaux, *La Destinée de la famille Campagnol…,* © Éd. du Sorbier, Paris, 1993.

■ 1. Parmi ces fins, quelles sont celles où :
– on sait ce qu'il advient des personnages pour le reste de leur vie ?
– l'histoire peut rebondir et se poursuivre ?
– on trouve des commentaires et des impressions ?
– on trouve encore autre chose ?

■ 2. Trouve d'autres fins de romans ou de contes que tu as lus et classe-les.

Quand on raconte une histoire, il faut savoir s'arrêter et « clore » le récit. On peut le faire de nombreuses manières différentes.

Je m'exerce

■ Reprends le scénario que tu as construit dans la colonne de gauche. Termine-le en trouvant plusieurs fins possibles.

Je réécris et j'améliore mon texte

1 Reprends le brouillon de ton histoire d'amitié (voir p. 100).
Lis-la à ton voisin.
En fonction des réactions de ton voisin, essaie d'améliorer avec lui ton récit (à quels moments a-t-il été intéressé ? à quels moments son intérêt a-t-il faibli ?).

2 Utilise cette grille de réécriture avant de recopier ton histoire au propre (essaie de la taper sur un ordinateur s'il y en a à l'école).

1. J'ai varié la façon de désigner mes personnages en alternant leur nom, des pronoms, d'autres groupes nominaux…
2. Mes personnages sont clairement désignés : le lecteur sait toujours de qui il est question.
3. J'ai fait rebondir le récit au moins une fois : le personnage principal court un danger, rencontre un obstacle…
4. J'ai trouvé une fin : on sait comment les personnages se sortent de leur aventure, on tire la leçon de ce qui est arrivé…

Voir aussi :
Grammaire
Identifier et utiliser les pronoms personnels p. 172.

Récréation

Le lion et le rat

Il faut, autant qu'on peut, obliger tout le monde,
On a souvent besoin d'un plus petit que soi.

    Entre les pattes d'un lion
Un rat sortit de terre assez à l'étourdie.
Le roi des animaux, en cette occasion,
Montra ce qu'il était, et lui donna la vie.
    Ce bienfait ne fut pas perdu.
    Quelqu'un aurait-il jamais cru
    Qu'un lion d'un rat eût affaire ?
Cependant il advint qu'au sortir des forêts
    Ce lion fut pris dans des rets*,
Dont ses rugissements ne purent le défaire.
Sire rat accourut, et fit tant par ses dents
Qu'une maille rongée emporta tout l'ouvrage.

    Patience et longueur de temps
    Font plus que force ni que rage.

Jean de La Fontaine, *Fables*, II, 11.

*rets : *filet.*

Des livres à lire

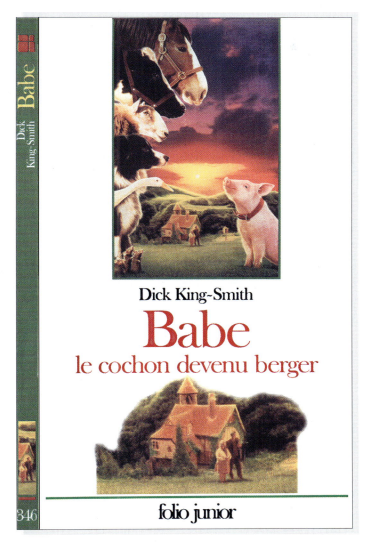

© Gallimard.

❶ Regarde la couverture de livre reproduite ci-dessus. Quel est le titre de ce livre ? Quel est le nom de son auteur ?

❷ Qu'est-ce qui, dans le titre, annonce l'histoire ?

❸ À partir des images, que peux-tu supposer de l'histoire ? Qu'est-ce qui te donne envie de la lire ?

❹ Qu'y a-t-il d'autre sur la couverture ?

❺ Comment appelle-t-on la partie verticale qui se trouve sur le côté d'un livre ?

❻ Y trouves-tu des informations nouvelles sur le livre ?

❼ Selon toi, à quoi sert cette partie de la couverture ?

Le fermier Arthur Hogget, en gagnant un petit cochon dans une foire, ne se doutait pas qu'il s'agissait d'un cochon exceptionnel. A peine arrivé à la ferme, le jeune animal, nommé Babe, fait la connaissance de Ficelle, une chienne de berger qui l'adopte. Babe se fait des amis dans la basse-cour, mais c'est surtout la manière dont Ficelle s'occupe des moutons qui éveille sa curiosité. Le fermier Hogget doit lui-même reconnaître que Babe possède des dons peu communs chez un cochon et il décide d'en faire le premier « cochon de berger » !

Traduit de l'anglais par Anne Blanchet

Dick King-Smith
Babe
le cochon devenu berger

© Gallimard.

❶ Regarde attentivement la « quatrième de couverture », c'est-à-dire le verso de la couverture.
a) Y a-t-il des éléments que tu connais déjà ? Lesquels ?
b) Que trouves-tu de nouveau ?

❷ Lis à présent le texte. Y trouves-tu des réponses à tes suppositions ?

❸ Relis le texte et vois comment il est fait. Y trouves-tu :
a) une présentation des personnages ?
b) les lieux de l'action ?
c) le résumé du début de l'histoire ?
d) la fin de l'histoire ?

❹ Pourquoi, selon toi, ne donne-t-on pas le résumé de toute l'histoire ?

J'écris un texte de présentation

❶ Dans l'unité 11, tu as lu l'histoire d'Amos et Boris. Tu vas faire une courte présentation de ce récit, qui pourrait figurer sur la « quatrième de couverture » du livre. Tu peux t'inspirer du modèle ci-dessus.
À quel moment faut-il s'arrêter dans la présentation de cette histoire ?

❷ Entraîne-toi oralement, puis rédige le texte.

J'apprends à résumer un récit

 ### Retenir les informations les plus importantes

J'observe

■ Selon toi, comment obtient-on le meilleur résumé d'une histoire :
a. en recopiant une phrase sur quatre ?
b. en triant les événements et en gardant les plus importants ?
c. en recopiant le début ?
d. en reproduisant toute l'histoire ?

Résumer un texte, c'est n'en garder que les informations les plus importantes et les organiser pour qu'elles s'enchaînent bien.

Je m'exerce

■ a) Lis *Le loup et le violoneux* et sélectionne dans la liste de droite les huit phrases les plus importantes pour comprendre l'histoire.

■ b) Recopie-les au brouillon.

■ c) Modifie-les pour qu'elles s'enchaînent bien et pour qu'on puisse identifier correctement les personnages.

Le loup et le violoneux

Un jour, un violoneux de Charionde emmena quelques jeunes filles danser à Pierre-Grosse. Vers la fin de la veillée, les jeunes filles décidèrent de rentrer toutes seules, tandis que le violoneux, prolongeant la soirée, ne prit le chemin du retour qu'un peu plus tard. Mais voilà qu'en traversant le bois des Amoureux, il rencontra un loup. Il se demandait comment il allait sortir de ce mauvais pas quand, en se retournant, il effleura les cordes de son violon. À ce bruit, le loup fit un saut en arrière. Le violoneux dit : « Le violon lui fait peur », et il se mit à jouer de son instrument tout au long du chemin. En arrivant à l'oratoire de Saint-Claude, à Saint-Véran, il monta à l'intérieur de l'édifice où, pour se défendre, il se mit à faire de grands moulinets avec sa canne.
Pendant ce temps, le père et la mère du violoneux rêvaient qu'un loup poursuivait leur fils. « Il faut aller voir », se dirent-ils et, munis d'une lanterne, ils se rendirent à l'oratoire. Apercevant de la lumière, le loup s'enfuit.

Récits et contes populaires du Dauphiné,
recueillis par C. Joisten, © Gallimard.

1. Un jour, un violoneux emmène quelques jeunes filles danser.
2. Ils sont de Charionde.
3. Ils vont à Pierre-Grosse.
4. C'est la fin de la veillée.
5. Les jeunes filles décident de rentrer toutes seules.
6. Le violoneux prolonge la soirée.
7. Il ne prend le chemin du retour qu'un peu plus tard.
8. En chemin, il rencontre un loup.
9. C'est en traversant le bois des Amoureux.
10. Il se demande comment il va sortir de ce mauvais pas.
11. En se retournant, il effleure les cordes de son violon.
12. À ce bruit, le loup fait un saut en arrière.
13. Le violoneux dit : « Le violon lui fait peur. »
14. Il se met à jouer de son instrument tout au long du chemin.
15. Il arrive à l'oratoire de Saint-Claude, à Saint-Véran.
16. Il monte à l'intérieur de l'oratoire.
17. Pour se défendre, il se met à faire de grands moulinets avec sa canne.
18. Pendant ce temps, le père et la mère du violoneux rêvent qu'un loup poursuit leur fils.
19. « Il faut aller voir », se disent-ils.
20. Ils se munissent d'une lanterne.
21. Ils se rendent à l'oratoire.
22. Apercevant de la lumière, le loup s'enfuit.

Les souris de Sansonnet

Dick King-Smith
Illustrations d'Alice Dumas

A-t-on jamais vu un chat qui, comme Sansonnet, refuse de croquer les souris qu'il pourchasse ? ■ Une souris peut-elle devenir l'animal de compagnie d'un chat ? ■ Un chat est-il encore un chat s'il préfère parler plutôt que chasser ? ■ Cette insupportable et ingrate souris de Josépha finira-t-elle par décourager la patience du plus dévoué des amis ? ■ L'histoire d'une amitié aux rebondissements aussi tumultueux que comiques.

Couverture illustrée par Pierre-Marie Valat

LECTURE JUNIOR • GALLIMARD JEUNESSE

A 55120 catégorie 3
ISBN 2-07-055120-2
9 782070 551200

© Gallimard Jeunesse.

Irina Drozd,
publié chez Albin Michel, D.R.

LES AVENTURES DE RÉMI GAUTHIER

Mardi-Gras

Les lendemains de fête sont toujours un peu durs, mais là, ça tourne au vinaigre quand un petit camarade de Rémi est retrouvé mort assassiné. Une enquête douloureuse pour Rémi Gauthier mais un roman policier passionnant, à déguster goulûment quand la télé est éteinte.

Maquette : Didier Thimonier.
Illustrations : Hervé Guitton.

9 782226 030566

A partir de 12 ans
ISBN 2 226 03056-5

faux ami
Geva Caban
illustré par Daniel Maja

« Ce soir-là, un jour impair, c'est moi qui devais l'appeler. (...) Quand mon père m'a dit : "je t'emmène au restaurant", je n'ai pas pu répondre que je ne pouvais pas. On est sortis. C'est pour ça que tout m'a échappé, l'inconnu, la poudre, la peur : l'histoire de mon copain. Ce que je sais, je l'ai su à la fin. »

Intercepter un appel qui ne vous est pas destiné est parfois très dangereux.

Collection Souris noire, © Syros.

❶ Retrouve les titres et les auteurs de ces trois livres.

❷ Qu'apprends-tu sur ces livres en lisant les textes de quatrième de couverture ?

❸ *Les souris de Sansonnet* : Pourquoi, selon toi, la plupart des phrases sont-elles ici des questions ?

❹ *Mardi-Gras* : Relève le passage qui donne une opinion sur le livre.

❺ *Faux ami* : Une partie du texte est entre guillemets. Pourquoi ?

❻ À partir de ces exemples et d'autres couvertures de romans, récapitule ce qu'on peut trouver dans un texte de quatrième de couverture.

❼ Selon toi, à quoi sert la présentation qu'on trouve ainsi à la fin d'un livre ? En général, est-ce que tu la lis avant ou après le roman lui-même ?

J'écris et je réalise une couverture de livre

Reprends l'histoire que tu as écrite dans l'unité 11. Tu l'as recopiée ou tapée soigneusement sur un ordinateur. Tu l'as peut-être déjà illustrée. Que dirais-tu de lui donner l'allure d'un vrai livre que tu feras lire à tes amis ? Pour cela, il faut réaliser la couverture.

1 Pour la première page de couverture, tu dois trouver un titre et une illustration. Inspire-toi de la page 103 ou d'un livre de ton choix.

2 Le plus délicat est la « quatrième de couverture ». Travaille ton texte pour qu'il donne une idée du contenu du livre et surtout qu'il provoque la curiosité et l'envie de lire !

Des mots pour mieux écrire

Pour donner envie de lire un livre, on peut en dire du bien. Voici une liste de jugements relevés sur des « quatrièmes de couverture ».

Une histoire construite avec originalité et délicatesse.
Un récit inoubliable, fort et captivant.
Un livre vrai et beau.   Une œuvre douce et poétique.
Un classique indispensable.   Une extraordinaire aventure.

Voir aussi :
Grammaire
Identifier les adjectifs qualificatifs p. 166.

1 Classe ces mots en deux colonnes dans le tableau suivant :

histoire	originale
récit	inoubliable
……	……

2 Continue ce tableau en t'aidant d'un dictionnaire ou en regardant d'autres couvertures à la bibliothèque.

Pistes de lecture

Un livre passionnant qui raconte sa propre histoire, de sa création à sa fabrication.

▸▸Claude Lapointe, *Le Livre du livre*, Découverte cadet, Gallimard.

Dans ces journaux, tu peux trouver des critiques de livres pour enfants :

▸▸*Mon Quotidien, Journal des enfants, Les clés de l'actualité junior.*

Je construis une couverture de livre

 ## Trouver un bon titre

J'observe

■ Voici des titres de romans :
La dernière pluie
L'expédition perdue
Dico dingo
L'œil du loup
Gare au carnage, Amédée Petipotage !
La guerre du feu
Lapoigne et l'ogre du métro
Vingt mille lieues sous les mers

Coll. Pleine Lune et Demi-lune, © Nathan.

■ 1. Quels titres éveillent ta curiosité et te donnent envie d'ouvrir le livre ?

■ 2. Essaie de dire, dans les titres que tu as retenus, ce qui a provoqué ton intérêt : le sujet, une expression amusante, un mot qui fait naître le suspense, une association bizarre, une rime, ou autre chose encore ?

Pour donner envie de lire un livre, il faut commencer par choisir un titre attirant : une expression amusante ; un mot évoquant l'aventure, le suspense ; une rime…

Je m'exerce

■ a) Fabrique des titres de romans. Pour t'aider, pars de titres que tu connais.
– *La dernière pluie.* Garde le début : « Le dernier » (ou « La dernière »), et ajoute un nom tiré au hasard dans le dictionnaire. Essaie plusieurs fois. Garde les titres les plus réussis.
– *Lapoigne et l'ogre du métro.* Commence par un nom propre. Continue par : « et » + un nom de personnage extraordinaire + « de », « du » ou « de la » avec un nom de lieu. Ça peut donner : *Sébastien et le géant de l'école, Latremblote et la fée du supermarché*, etc.

■ b) Pour chaque titre inventé, dis de quel genre de roman il s'agit : policier, aventures, science-fiction, amitié, humour…

 ## Inciter à lire : la quatrième de couverture

J'observe

■ Voici comment se termine la présentation d'*Amos et Boris* (voir unité 11), au dos du livre :

Une histoire et des images en parfaite harmonie, à lire et à relire à tout âge. Un classique indispensable.

■ 1. Combien y a-t-il de phrases ?

■ 2. Ces phrases ont-elles un verbe conjugué ?

■ 3. Quelles sont les principales qualités du récit *Amos et Boris*, selon cette présentation ?

Pour donner envie de lire un livre, on peut terminer la présentation en insistant sur les qualités de ce livre. On peut employer des phrases courtes, sans verbe conjugué, pour frapper l'attention du lecteur.

Je m'exerce

■ Transforme ces textes sur le modèle précédent (des phrases sans verbe) pour une quatrième de couverture :

a) Pour *La sorcière et le commissaire* (voir pp. 8-9) :
Ce conte est très drôle. La sorcière ne fait pas peur, c'est une sorcière pour rire.

b) Pour *Petit-Féroce* (voir pp. 77-78) :
Tous ceux qui aiment rire adoreront ses aventures préhistoriques burlesques !

c) Pour *Fou de football* (voir pp. 87-88) :
Ce récit tiendra en haleine tous les passionnés de sport.

➤ Grammaire : *Identifier le nom complément d'un autre nom* p. 168.

Je réécris et j'améliore mon texte

Reprends le texte de quatrième de couverture que tu as préparé pour ton livre (voir p. 108).

1 Vérifie qu'il présente bien ton histoire et donne envie de la lire.

2 Aide-toi de la grille de réécriture suivante et des expressions que tu as trouvées dans ta fiche « Des mots pour mieux écrire » p. 108.

1. J'ai choisi un titre attirant et je l'ai replacé sur la quatrième de couverture.
2. Mon texte présente l'histoire sans dévoiler la fin.
3. J'ai insisté sur les qualités du livre.
4. J'ai précisé le nom de l'auteur.
5. Mon illustration donne envie de lire le livre.

Récréation

▶ Quel événement cette affiche annonce-t-elle ?
Comment la comprends-tu ? À quoi te fait-elle penser ?

Expression orale

Convaincre

Arthur veut que son père le laisse aller jouer chez son copain Jérôme. Le papa d'Arthur n'aime pas beaucoup Jérôme ; il pense qu'il est paresseux et capable de faire beaucoup de bêtises.

❶ Au début, est-ce que le père d'Arthur est d'accord ?

❷ À la fin, est-ce qu'il accepte qu'Arthur aille jouer chez Jérôme ?

❸ Dans la vignette 3, Arthur parvient-il à rassurer son père ?

❹ Quels sont les deux arguments d'Arthur qui lui permettent de convaincre son père ?

◆ **Des mots pour demander, convaincre :**

S'il te plaît... Je t'en prie...
Écoute-moi. Je te promets. Je te jure.
Je t'assure. Sois gentil(le).

◆ **Des mots pour accepter, refuser :**

D'accord... Bon, je veux bien !
Ah non ! Certainement pas !
Il n'en est pas question !

● **Inventez une scène** de ce genre à deux : Célia veut que sa mère la laisse aller avec son amie Amélie acheter des rollers au supermarché ou voir un film pour adultes au cinéma.

● **Essayez de trouver** tous les arguments pour que Célia obtienne ce qu'elle veut.

● **Jouez la scène.**

Expression orale
Donner son avis (2)

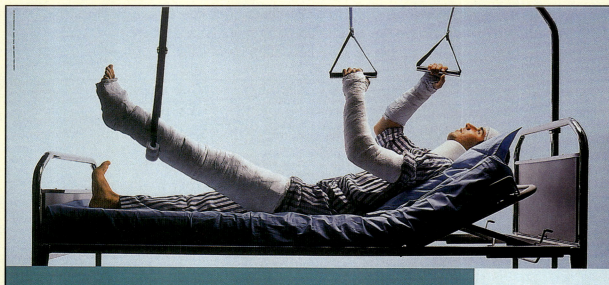

Vous avez déjà essayé de lire en conduisant ?

RATP — LA MEILLEURE FAÇON D'AVANCER

❶ Qu'est-ce qu'on me montre ? Qu'est-ce qu'on me dit ?
– Je vois un monsieur qui ....
– Il a certainement dû avoir ....
– Je lis sous la photo : ....
Ai-je déjà vu des personnes lire en conduisant ?

❷ Qu'est-ce qu'on veut que je comprenne ?
– Pourquoi le personnage a-t-il eu un accident ?
– Quel moyen de transport aurait-il pu prendre pour éviter cet accident ?

❸ Je donne mon avis :
– Si on veut lire en se déplaçant, alors il vaut mieux ...... plutôt que ....
– Lorsqu'on conduit, il ne faut pas faire certaines choses. Par exemple : ....
– Lorsque je prends le métro (ou le train), ce n'est pas seulement parce que j'ai envie de lire : je peux aussi ....

● **Groupez-vous par trois.**
Vous allez discuter sur le thème suivant :
« *Avez-vous déjà essayé de manger en conduisant ? Prenez donc le train !* »

Deux élèves défendent chacun un avis différent. L'un doit défendre le train parce qu'il permet de manger sans risque d'accident ; l'autre doit montrer que l'on peut manger en conduisant. Le troisième élève écoute, puis donne finalement son avis.

● **Changez les rôles et les verbes** (boire, téléphoner) et recommencez.

Bilan 2

Voici à nouveau quelques questions pour faire le bilan des unités 7 à 12 et te permettre d'évaluer ton travail. Cherche d'abord les réponses dans ta tête. Puis, si besoin, vérifie ou recherche dans tes cahiers et dans ton manuel les réponses qui te manquent.

Je fais le point sur ce que j'ai lu

❶ Tes lectures de Noël à Pâques

Classe les textes que tu as lus par genre.

A. Des poèmes
B. Des contes
C. Des extraits de romans et des récits
D. Des textes documentaires
E. Des textes explicatifs

1. Intermède
2. Je fis un feu…
3. La nuit il y a des arbres
4. Au bord de l'eau verte
5. Il était une feuille
6. Comment un cocon est-il fait ?
7. La naissance des insectes
8. Petit-Féroce est au régime
9. Samani, l'Indien solitaire
10. Fou de football
11. Le rêve rouge
12. Amos et Boris

❷ Vrai ou faux ?

Réponds par vrai ou faux.

	VRAI	FAUX
1. Une chenille n'a rien à voir avec une larve.		
2. L'histoire de Petit-Féroce se passe au Moyen Âge.		
3. Samani était un enfant espiègle, jusqu'à ce que se produise un drame.		
4. Le meilleur moment de la journée de Bruno, c'est quand ses parents l'acclament.		
5. L'histoire de Rosalie se passe en Angleterre.		
6. Sur le dos de Boris, une seule chose manque à Amos : l'eau douce.		

Réponses : 1.F ; 2.F ; 3.V ; 4.F ; 5.F ; 6.V.

Si tu as plus de 5 bonnes réponses : ➡ Bravo ! Tu es un lecteur attentif.
Si tu as moins de 3 bonnes réponses : ➡ As-tu bien réfléchi avant de répondre ? Es-tu allé rechercher dans les textes les questions dont tu avais oublié la réponse ?

❸ Ta lecture préférée

Écris pourquoi tu l'as aimée. Justifie ton choix.

Bilan 2

Je fais le point sur ce que j'ai écrit

❹ Ce que tu sais faire
Choisis les bonnes réponses.

1 Pour rédiger une légende explicative il faut :
a. chercher des comparaisons.
b. utiliser le passé simple.
c. choisir des mots précis.
d. écrire des paragraphes.
e. écrire une phrase simple.

2 Dans une poésie, on peut utiliser des comparaisons pour :
a. suggérer.
b. décrire, faire voir.
c. expliquer.
d. communiquer des sensations.

3 On parle de « strophes » à propos :
a. de contes.
b. de chansons.
c. de récits.
d. de poèmes.

4 Pour rendre un récit avec des personnages vivant et intéressant, on peut :
a. faire courir des dangers aux personnages.
b. insérer des dialogues, faire parler les personnages.
c. mettre beaucoup de comparaisons dans un texte.
d. trouver une fin originale.

5 Le texte de quatrième de couverture peut être :
a. une lettre.
b. un extrait.
c. un résumé complet.
d. un résumé incomplet.

Réponses : 1 c et e ; 2 a, b, c et d ; 3 b et d ; 4 b ; 5 b et d.

Si tu as plus de 7 bonnes réponses : ➡ Bravo ! Tu es un élève très sérieux.

Si tu as entre 4 et 7 bonnes réponses : ➡ C'est bien. Mais tu devrais revoir quelques pages de ton livre.

Si tu as moins de 4 bonnes réponses : ➡ C'est moyen. Tu manques d'attention, tu penses à autre chose ou tu ne comprends pas à quoi te servent les exercices.

---

❺ Ce que tu as compris et appris
Complète avec les mots qui conviennent.

1 Le mot « comme » sert à introduire ....

2 Une strophe est ....

3 Pour présenter un dialogue, on utilise ...... et ....

4 Une incise se situe ...... les paroles rapportées.

5 Les verbes qui introduisent les paroles des personnages (comme « il cria », « il chuchota ») donnent des indications au lecteur sur ....

Réponses : 1. une comparaison ; 2. un ensemble de vers séparés par un blanc ; 3. des guillemets et des tirets, en allant à la ligne à chaque réplique ; 4. après les paroles rapportées ou au milieu ; 5. la manière dont ils les prononcent.

Si tu as plus de 4 bonnes réponses : ➡ Bravo ! Tu as acquis des savoirs qui te seront utiles.

Si tu as moins de 3 bonnes réponses : ➡ C'est moyen. Encore un effort pour acquérir des savoirs utiles en français pour la lecture et l'écriture ! Qu'en penses-tu ?

❻ Le texte que tu as écrit et dont tu es le plus content
Explique pourquoi tu en es content.

Pour t'aider : As-tu l'impression d'écrire plus facilement qu'au début de l'année ? Arrives-tu à te relire ? Quand tu revois les textes que tu as écrits cette année, as-tu le sentiment d'avoir progressé ? En quoi ?

Ton bilan personnel
Fais maintenant la liste de ce que tu sais et de ce que tu as appris cette année et qui te paraît important pour bien écrire.

L'île aux mots

La fin de l'année approche. L'île aux mots t'accompagne. Jusqu'aux vacances, tu vas lire et découvrir :
— les pages d'un journal intime et d'un carnet de voyage ;
— des bandes dessinées et des récits qui te plongeront en plein Moyen Âge ;
— des livres qui t'inviteront à voyager en France et dans le monde.

● Prépare-toi ensuite à écrire un journal de voyage, à inventer une aventure du temps passé, à présenter ta région comme dans un guide.

Bonnes vacances et à bientôt au CM1 avec L'île aux mots !

Période 5

	13 Voyager, écrire	**14** À travers le temps	**15** Invitation au voyage
Je lis	Le journal de Sarah Templeton p. 117	Une aventure de Johan p. 125	Promenades en Alsace p. 133
J'écris	J'écris un fragment de journal p. 118	J'écris un épisode de récit historique (1) p. 126	J'écris la légende d'une carte p. 134
J'observe et je m'exerce	Je raconte mon expérience p. 119	Je donne une couleur historique à un récit p. 127	Je donne les bonnes informations p. 135
Je lis	Carnet de bord p. 120	Le vrai prince Thibault p. 128	L'Arctique p. 136
J'écris	J'écris un journal de voyage p. 122	J'écris un épisode de récit historique (2) p. 130	J'écris un extrait de guide de voyage p. 138
J'observe et je m'exerce	Je raconte mon expérience p. 123	Je raconte un récit au passé p. 131	Je donne mon avis sur un lieu p. 139
Récréation	J'écris p. 124	Lancelot, chevalier de la Table ronde p. 132	Bons et mauvais génies p. 140
Expression orale	Suggérer, persuader – Donner son avis (3) pp. 141-142		

Voyager, écrire

Le journal de Sarah Templeton

27 avril 1845
Bonjour, mon cher journal,

Je me présente. Je m'appelle Sarah Templeton. Hier, c'était mon anniversaire : j'ai eu dix ans, et c'est ma grand-mère Alicia
5 qui m'a fait cadeau de toi ! Je suis très heureuse de t'avoir car je vais te faire mes confidences pendant notre grand et long voyage. Quel voyage ?

Eh bien, cher journal, nous quittons notre ferme pour partir dans l'Ouest, papa, maman, et mon petit frère Thomas qui a six
10 ans. Tous les voisins disent que la famille Templeton a attrapé « la fièvre de l'Ouest ».

Cela me fera de la peine de quitter notre ferme, ici, dans le Missouri. Quand je regarde notre maison avec les rosiers du jardin et les champs tout autour, et le moulin à vent, c'est comme
15 une grosse pierre qui pèse sur mon cœur lorsque je pense que je ne les verrai plus jamais. Mais nous devons partir. Papa dit qu'il ne peut plus vendre notre blé et notre maïs à bon prix. Et que là-bas, en Californie, c'est un peu la Terre promise à Moïse dans la Bible, et que nous y ferons fortune. Mon oncle Édouard, le frère
20 de papa, est déjà installé à San Francisco et il nous attend. Il a acheté des terres, là-bas, dans une belle vallée toute verte, où tout pousse si bien qu'on peut faire plusieurs récoltes dans la même année.

28 avril

Cher journal,

Je suis triste parce que, finalement, grand-mère Alicia ne vient pas avec nous. Elle est très âgée, et le voyage serait trop dur pour elle. Grand-mère va retourner dans l'Est, dans l'État du Vermont où elle est née. Elle me dit souvent : « Sarah, je veux revoir l'océan. Je veux l'entendre et le revoir avant de mourir. Ce sera un grand bonheur. » Mais elle dit peut-être ça pour que je ne sois pas trop malheureuse.

J'ai peur de ce voyage mais je ne veux le montrer ni à maman ni à papa. Je vois bien qu'ils essaient de se donner du courage. Souvent le soir, assis devant la cheminée, ils se tiennent par la main et se regardent dans les yeux avec de petits sourires tristes. Heureusement que je t'ai, toi mon cher journal.

J'ai une pochette spéciale pour le voyage, cousue et brodée de fleurs par maman. Je t'y serrerai avec mes trois plumes pour écrire, deux petits pots d'encre et un sachet de pétales de rose séchés de notre jardin. Comme cela, de temps en temps, je pourrai sortir le sachet et sentir le parfum de chez nous.

Cher journal, je te garderai toujours auprès de moi.

Leigh Sauerwein, Le Journal de Sarah Templeton, coll. Foliot cadet,
© Gallimard Jeunesse.

❶ Qui tient la plume dans ce journal ?

❷ À qui s'adresse Sarah ? Retrouve les expressions qui te permettent de répondre.

❸ Qui a offert son journal à Sarah ? Est-ce un cadeau bien choisi ?

❹ À quoi se prépare Sarah ?

❺ Que ressent Sarah :
– l'attrait de l'aventure ? la peur ?
– le regret de quitter sa maison ?
– l'envie de faire fortune ?
– la tristesse de quitter sa grand-mère ?
Justifie tes réponses en citant le texte.

❻ Selon toi, son journal est-il un réconfort pour Sarah ? Quel rôle joue-t-il ?

J'écris un fragment de journal

À la fin du texte, Sarah écrit :
J'ai une pochette spéciale pour le voyage, cousue et brodée de fleurs par maman. Je t'y serrerai avec mes trois plumes pour écrire, deux petits pots d'encre et un sachet de pétales de rose séchés de notre jardin.

Et toi, si tu partais vers l'Ouest avec les pionniers, quel serait ton bagage ? Qu'emporterais-tu ?

Je raconte mon expérience

 ## Raconter au présent

J'observe

■ Observe les verbes dans ces deux passages du *Journal de Sarah Templeton* :

A. Nous quittons notre ferme pour partir dans l'Ouest.

B. Je suis triste parce que, finalement, grand-mère Alicia ne vient pas avec nous.

■ À quel temps les verbes sont-ils conjugués ? Pour quelle raison, selon toi ?

Dans un journal personnel ou un carnet de bord, on note les choses au fur et à mesure qu'elles arrivent. C'est donc tout naturellement qu'on écrit au présent.

Je m'exerce

■ Transforme ce récit en journal écrit au présent. (Mais il faut aussi faire toutes les autres modifications qui le feront mieux ressembler à un journal personnel !)

Voici le début du journal : continue.
30 octobre 1757, 18 heures
Je suis assis dans le petit salon. Le soleil est maintenant couché…

Je vous parlerai tout d'abord d'une certaine soirée de l'automne 1757. Ce devait être à la fin du mois d'octobre, et j'étais assis dans le petit salon.
Le soleil était couché. Il faisait déjà si sombre qu'on ne distinguait plus le bas de la rue qui aboutissait à la mer. Tout était silencieux, mais j'entendis des coups de marteau au loin, vers le bas de la rue. Intrigué, j'allai voir de quoi il s'agissait, car en dehors de la pêche il n'existait aucun artisanat dans le village.

D'après J. Meade Falkner, *Moonfleet*, traduction N. Chasseriau, © Gallimard.

 ## Raconter au passé

J'observe

■ Relis le début du journal de Sarah :

Je me présente. Je m'appelle Sarah Templeton. Hier, c'était mon anniversaire : j'ai eu dix ans, et c'est ma grand-mère Alicia qui m'a fait cadeau de toi ! Je suis très heureuse de t'avoir.

■ 1. Recopie les verbes.

■ 2. Indique à quel temps chaque verbe est conjugué.

Lorsque l'on écrit au présent, on a parfois à rapporter des faits passés, antérieurs au moment où l'on écrit : on emploie alors le passé composé et l'imparfait.

> Conjugaison : *Utiliser le passé composé de l'indicatif* pp. 222-225. *Utiliser l'imparfait de l'indicatif* p. 226.

Je m'exerce

■ Mets les verbes de cet extrait de journal intime aux temps qui conviennent.

Je *(être)* comblé ! Hier au soir, Collato *(m'offrir)* une très belle boîte de peinture et il *(me dire)* : « Tiens, tu vas pouvoir apprendre à te servir de l'aquarelle. »
Ma sœur, en me caressant les cheveux, *(ajouter)* : « Tu penseras peut-être un peu à moi quand tu peindras ? »
Sa voix *(être)* si douce, si pleine d'affection que je *(faillir)* pleurer d'émotion ; mais le bonheur d'avoir une si belle boîte de peintre *(être)* le plus fort et je *(sauter)* de joie.

D'après Vamba, *Le Journal de Jean La Bourrasque*, Le Livre de poche jeunesse, © Hachette.

Carnet de bord

Huit garçons et filles de onze à seize ans qui ne se connaissaient pas se sont embarqués pour un an sur les deux voiliers de l'Association de la Baleine Blanche : Bilbo *et l'*Ag'ya*. Ensemble, ils vont traverser l'Atlantique…*
C'est une histoire vraie. Voici le début du journal de l'un des enfants.

8 septembre 1985

Ce carnet sera pour moi un compagnon de voyage, comme pour tous ceux qui jusqu'à maintenant en ont tenu un.

Maman est arrivée vers l'heure du repas. J'étais content qu'elle vienne. Je ressentais quelque chose qui était nécessaire à ce moment-là. C'était comme si j'étais devenu plus gentil avec elle ; mais vu les circonstances, c'est normal : dans deux jours, je pars pour un an !

9 septembre

Nous avons fait une grande virée, moi et maman. C'était génial. Nous nous sommes baignés dans la Cèze, la rivière qui coule au bas de la maison, au milieu des rochers polis par l'eau douce.

Après ses dernières recommandations, que j'ai accueillies avec joie, maman est repartie. J'étais triste ; mais le soir même, j'avais déjà un peu oublié.

10 septembre

Je rêve ; dans mon rêve, je vois les voisines de la maison. Puis, dans une voiture, quelqu'un m'appelle : c'est Jean-François !

Au même instant, Jean-François me sort de mon rêve en ouvrant la porte de la chambre dans laquelle j'ai dormi pendant le stage. Et il me dit : « Antonin, réveille-toi, c'est l'heure du grand départ ! » Il fait encore nuit. Plus tard, je bois mon chocolat, éclairé par des chandelles, car les plombs ont sauté. On se lave, et les deux équipages montent en voiture. *Bilbo* est à Séville, en Espagne.

Une fois arrivés à Marseille, Jean-François, Franck, Laurence, Philippe, Pascal et moi nous prenons un train pour Barcelone pendant que Xavier, Tanaï, Tatiana et Matthias en prennent un autre pour rejoindre l'*Ag'ya* à Toulon.

Dans le train, c'est la panique pour monter les bagages et n'oublier personne sur le quai.

J'arrive pas à dormir.

12 septembre

Je pense à mon petit frère qui va bientôt naître. Treize ans d'écart, c'est pas mal ! Je m'occuperai de lui. Je lui apprendrai ce que je sais, mis à part les conneries…

Depuis six jours, tous les enfants français sont rentrés à l'école, mais pas nous ! Mes copains y sont aussi. Je leur écrirai, sûr !

13 septembre, *Séville*

Trente-six heures dans des trains et des gares pour arriver jusqu'ici ! Je descends du taxi qui nous a amenés de la gare au port, et je vois *Bilbo* devant moi ! C'est aujourd'hui mon anniversaire, et c'est un super cadeau ! Avec la barque, nous allons jusqu'au voilier et nous accostons. Alors on visite. On pose des questions telles que : « Qu'est-ce que c'est ? Ça sert à quoi ? Comment ça s'appelle ? »

Nous installons nos fringues dans les casiers, nous nettoyons le pont qui est couvert de poussière, et nous faisons une grande lessive dans le bassin du cockpit[1].

Le soir, en allant faire les courses, nous passons par le grand parc de Séville, qui est splendide. Les palais et les monuments ont une architecture semblable à celle de l'Islam, et c'est normal, car beaucoup ont été construits par les Arabes il y a cinq ou six siècles. Les arbres, importés d'Amérique du Sud au moment des grandes conquêtes de l'Espagne, sont très beaux. Je cueille des feuilles pour maman. Après un bon dîner, tout le monde est allé se coucher, sauf moi qui écris depuis une heure…

« Les enfants de la Baleine Blanche », *Carnets de bord*, coll. Castor Poche, © Flammarion.

1. cockpit : partie abritée située à l'arrière du bateau.

1 Comment s'appelle le garçon qui tient ce carnet ? Quel âge a-t-il ?

2 Que va faire notre héros pendant un an ? Où, dans le texte, trouves-tu la réponse ? Pourquoi part-il ?

3 Aimerais-tu vivre la même expérience que lui ? Donne tes raisons.

4 Qu'est-ce qu'un carnet (ou journal) de bord ? Trouve la définition qu'Antonin en donne et compare avec le *Journal de Sarah*.

J'écris un journal de voyage

1 À partir d'une sortie ou d'un voyage, tu as décidé de réaliser un journal. Quel matériel te faut-il ? À quels moments te faudra-t-il écrire ?

2 À toi d'écrire.
N'oublie pas d'écrire ton texte à la première personne et au présent.

Des mots pour mieux écrire

Voir aussi :
📘 Grammaire
Distinguer les noms, les verbes et les adjectifs qualificatifs p. 170.

1 Sarah ou Antonin expriment leurs sentiments sur les événements qu'ils vivent. Ils le font grâce à une série de verbes, d'adjectifs, d'expressions :
« *Je suis heureuse, ça me fait de la peine, c'est comme une grosse pierre qui pèse sur mon cœur, je suis triste, c'est un grand bonheur, je suis trop malheureuse, je suis très content, c'est génial* ».
Classe ces expressions selon les sentiments qu'elles indiquent.

2 En t'aidant d'un dictionnaire, trouve d'autres expressions permettant de décrire un sentiment de ton choix : tristesse, joie, intérêt, colère, peur…

3 Relis les textes (pages 117-118 et 120-121) et note sur une fiche les mots, les expressions, les idées qui peuvent te servir pour donner à ton propre journal plus de force et de vérité.

Pistes de lecture

Une très belle correspondance qui dit, entre ses lignes, l'amitié, l'amour et la vie.

⭐⭐ Geva Caban,
Je t'écris, j'écris,
Folio cadet Gallimard.

Le récit d'un périlleux voyage à travers l'Amérique : le désert, les Indiens, et le terrible bandit Bob Rocky…

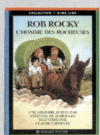

⭐⭐ Chantal de Marolles,
Bob Rocky,
l'Homme des Rocheuses,
Bayard Poche.

L'histoire passionnante de Laura Ingalls qui vit avec toute sa famille dans l'ouest américain.

⭐⭐⭐ Laura Ingalls Wilder,
La Petite Maison dans la prairie,
Castor Poche Flammarion.

Je raconte mon expérience

1 Faire des confidences

J'observe

■ **Relis ce passage du carnet d'Antonin :**

Maman est arrivée vers l'heure du repas. J'étais content qu'elle vienne.

Antonin raconte un fait, puis il le commente en disant ce qu'il ressent (partie soulignée).

■ **À ton tour, recopie ce paragraphe et souligne les commentaires d'Antonin :**

Après ses dernières recommandations, que j'ai accueillies avec joie, maman est repartie. J'étais triste ; mais le soir même, j'avais déjà un peu oublié.

> *Lorsqu'on tient un journal ou un carnet de bord, on ne se contente pas de raconter ce qui arrive : on « fait des confidences » sur ce que l'on ressent.*

Je m'exerce

■ **Voici un extrait, en désordre, du journal de Laurence. Remets-le dans le bon ordre et note les passages où elle fait des confidences.**

15 septembre

a. J'en avais ras le bol du train et des grandes gares pleines de monde.

b. J'ai vu *Bilbo* ; c'est autre chose qu'une photo ! C'est surtout l'intérieur du bateau que je m'imaginais mal. Et voilà, j'ai du concret : je trouve *Bilbo* très chouette.

c. Enfin arrivés à Séville, depuis deux jours.

d. Les travaux sont en cours. Pour l'instant, aucun de nous ne connaît bien le bricolage ni la peinture, mais ça viendra.

e. Moi, je suis contente de partir, je suis même assez pressée !

D'après « Les enfants de la Baleine Blanche », *Carnets de bord*, coll. Castor Poche, © Flammarion.

2 Exprimer des sentiments

J'observe

■ **Compare les phrases a et b deux par deux.**

a) Mon oncle a acheté des terres, là-bas, dans une vallée verte.
b) Mon très cher oncle a acheté des terres, là-bas, dans une belle vallée toute verte, où tout pousse.
a) Depuis six jours, tous les enfants français sont rentrés à l'école.
b) Depuis six jours, tous les enfants français sont rentrés à l'école, mais pas nous !

■ **1. Dans quelles phrases l'auteur est-il le plus présent ?**

■ **2. Retrouve tout ce qui marque la présence de l'auteur.**

> *On peut exprimer ce que l'on ressent en le disant directement (« j'aime, je n'aime pas, je suis content, je suis triste »), mais aussi de bien d'autres manières : exclamations, adjectifs admiratifs (splendide…), actions qui manifestent un sentiment (ils se regardent dans les yeux avec des petits sourires tristes)…*

Je m'exerce

■ **a) Combien y a-t-il de tournures exclamatives dans cet extrait du journal de Tanaï ?**

■ **b) Transforme-les en phrases déclaratives. Fais une lecture comparée à voix haute. Qu'est-ce qui a changé de sens ?**

De gros nuages accourent à l'horizon, le soleil se cache et la pluie menace : tu ne peux plus rien faire dehors, tu ne peux plus faire le point faute de soleil, et rien ne va plus ! Dans ces moments-là, je pense à la terre, aux Canaries, aux Antilles, qu'importe ! La seule chose que je désire, c'est de la voir et de la fouler aux pieds !

D'après « Les enfants de la Baleine Blanche », *Carnets de bord*, coll. Castor Poche, © Flammarion.

Je réécris et j'améliore mon texte

1 Reprends ton journal de voyage (voir p. 122). Essaie de réécrire le même événement en étant le plus présent possible dans ton texte (fais des confidences, exprime tes sentiments de plusieurs façons). Rappelle-toi que celui qui te lira n'a pas vécu les événements avec toi : sois suffisamment précis pour qu'il te comprenne.

Voir aussi :
Grammaire
Identifier les phrases impératives et l'exclamation p. 158.

2 Puis relis ton texte avec un camarade, en t'aidant de cette grille.

1. J'ai indiqué les dates.
2. J'ai indiqué les lieux.
3. J'ai écrit à la première personne.
4. Le temps qui domine est le présent. J'ai aussi utilisé le passé composé et l'imparfait si nécessaire.
5. J'ai fait part de mes sentiments, de mes impressions.

J'écris

Tout est changé. Aujourd'hui, le jeudi 4 août, c'est le début de mon journal. Avant j'écrivais à X (je mets X exprès), mais X et moi, c'est fini ; je ne lui écrirai plus jamais et jamais plus je n'écrirai à quelqu'un tous les jours. Je n'écrirai plus à personne mais j'écrirai quand même.

C'est grâce à mon père. Mon père voit tout. Hier soir, il m'a dit au milieu du dîner de sardines grillées :

— Toi, tu es triste, triste de ne plus écrire.

Et moi :

— Oui.

Alors, après les sardines et les fraises il est monté fouiller dans le grenier (à la mer on a un grenier) et il est descendu avec un vieux cahier neuf à lui, quand il était petit. Il me l'a donné, il m'a dit :

— On n'est pas obligé d'écrire des lettres pour écrire. On peut écrire son journal. Pour un journal, un cahier c'est mieux. Dans un journal on écrit tout ce qu'on veut, surtout le plus important. Le plus important pour moi aujourd'hui, c'est mon cahier-journal et la chatte-ses petits dans la cuisine.

Le mien, le tout noir, est plus doux que les autres et plus petit. Maman dit que c'est une chatte et que les gris sont des chats. (Le garçon d'à côté, maman l'a mis dans la chambre en face de la mienne qui a aussi une fenêtre pointue. Son papier aux murs n'est pas à fleurs mais à cerises.)

Dans le plus important, toujours, il y a la mer. Même quand il pleut. Aujourd'hui il a fait beau.

Un journal, c'est personnel.

Geva Caban, *Je t'écris, j'écris*, coll. Folio cadet, © Gallimard jeunesse.

À travers le temps

Une aventure de Johan

Johan s'est déguisé en paysan pauvre pour pénétrer dans le château du terrible seigneur de Basenhau, qui complote contre le roi. Après une longue route, il s'endort dans la forêt…

- **manant :** au Moyen Âge, paysan, homme pauvre travaillant de ses mains.
- **verbal :** de vive voix.
- **parchemin :** document écrit en peau d'animal.

• **troubadour :** *poète qui chante de château en château.*

Extrait de l'album *Le Châtiment de Basenhau*,
© Peyo 1954, licence IMPS (Bruxelles) 1998.

❶ À ton avis, à quelle époque se passe cette histoire ? Qu'est-ce qui te permet de répondre ?

❷ Qui sont les personnages ?

❸ Où se passent les différentes scènes de cette histoire ?

❹ Comment Johan réussit-il à convaincre les gardes de le laisser entrer dans le château ?

❺ Qu'indique le point d'interrogation dans la neuvième vignette ?

❻ À quoi t'attends-tu pour la suite de l'histoire ?

J'écris un épisode de récit historique (1)

Tu vas raconter, sous la forme d'un récit historique, l'aventure de Johan à partir de son arrivée au château (vignette 3).

Pour bien raconter cette histoire, rappelle-toi les éléments importants du récit : quand cela se passe-t-il ? de qui s'agit-il ? que se passe-t-il ? comment Johan parvient-il à entrer dans le château ? quelle menace pèse sur lui ?…

Je donne une couleur historique à un récit

 Reconstituer l'atmosphère d'une époque

J'observe

L'homme s'arrêta, leva la tête.
« Regarde, Colosse, dit-il en s'adressant à l'ours. Nous voilà presque arrivés. »
À l'horizon, dans la plaine, distantes de deux à trois portées de flèches, s'élevaient les tours d'un puissant château. Un fossé plein d'eau en faisait le tour. Sur le pont-levis baissé veillaient des soldats en armes.
« C'est là que tu danseras demain, continua l'homme… »

B. Solet, *Jehan de Loin*, Le Livre de Poche jeunesse, © Hachette.

■ 1. Qu'est-ce qui te fait tout de suite comprendre que tu lis un récit historique ?

■ 2. À quelle époque se situe ce récit ?

Dans un récit historique, les personnages, les lieux, les objets caractéristiques d'une époque sont des éléments qui permettent de reconstituer l'atmosphère de cette époque.

Je m'exerce

■ Voici des personnages, des lieux et des objets. Classe-les : lesquels peuvent être associés dans un récit historique qui se passerait dans l'Antiquité ?

un chevalier, un commissaire de police, un moine, un pèlerin de Saint-Jacques, une cathédrale, un métro, une pyramide, une princesse, un esclave, un hennin, une bijouterie, une tunique, une boîte d'allumettes, un légionnaire romain, un revolver.

Insérer des descriptions

J'observe

■ Compare ces versions du même texte :

A. Le capitaine désignait le jeune homme que Garin avait repéré dans la prison. Du Guesclin fit quelques pas de long en large. Il était en armure.

B. De son gantelet de fer, le capitaine désignait le jeune homme que Garin avait repéré dans la prison […]. Messire du Guesclin fit quelques pas de long en large. Il était en armure, ce qui paraissait un peu étrange – était-il déjà prêt à partir ? – et surtout, il s'agissait d'une armure imposante, constituée d'énormes plaques de fer.

D'après É. Brisou-Pellen, *L'Inconnu du donjon*, Folio junior, © Gallimard Jeunesse.

■ 1. Quelle version donne le mieux l'impression que le récit se passe au Moyen Âge ?

■ 2. À quoi cela tient-il ?

Dans un récit historique, on insère des descriptions et des mots précis pour mieux se représenter les personnages et les lieux de l'époque.

Je m'exerce

■ Insère ce qui convient à ce récit pour qu'il se situe au Moyen Âge.

Au bout de la rue, la place était encombrée. Les deux chevaux se frayèrent tant bien que mal un passage.

D'après É. Brisou-Pellen, *Les Cinq Écus de Bretagne*, Le Livre de Poche jeunesse, © Hachette.

■ Tu peux choisir parmi ces éléments :

la rue du Four-au-Chapître, la place du Marché-à-l'Avoir, la rue de la Miterie, les bêtes à cornes qui attendaient l'acheteur, les bœufs et les maquignons, le fracas des martèlements jaillissant des échoppes des chaudronniers, des charrettes pleines de pavés…

Le vrai prince Thibault

Ils sont inséparables et se ressemblent beaucoup. Thibault est le fils du roi, Guillaume le fils du valet. Mais lequel est Thibault et lequel est Guillaume ? Personne ne le sait, depuis que, bébés, on les a retrouvés nus dans une bassine, à l'heure du bain ! Si bien qu'on les appelle Thillaume et Guibault.

Ils se taillèrent mutuellement les cheveux et se rasèrent le crâne.

Ils s'admirèrent l'un l'autre, et se trouvèrent très bien.

Puis ils enfilèrent tous deux chemise et chausses[1] jaunes, et
5 prirent le visage grave des farceurs bien organisés. L'essentiel serait de ne jamais se trouver ensemble. […]

Quand tout le monde fut bien informé que Guibault devenait un peu bizarre, qu'il avait pleuré pour avoir de nouveaux habits jaunes, et que maintenant il s'était rasé la tête, les garçons déci-
10 dèrent qu'il était temps de lancer les opérations.

Commencer par la salle des gardes. À cette heure matinale, les gardes étaient sur les créneaux[2], et le valet devait vérifier l'état des cottes de mailles[3] de la réserve.

— Ah, c'est toi, Guibault, s'exclama le valet. On m'avait bien
15 dit que tu n'avais plus de cheveux, mais je ne voulais pas y croire.

— Je me suis rasé pour fendre l'eau plus vite : je te parie que maintenant, je nage plus vite que toi.

— Ça, dit le valet, ça m'étonnerait. Je suis le meilleur nageur d'une frontière à l'autre du royaume.

20 — Eh bien, je te lance un défi. Mesurons-nous à la nage !

Le valet secoua la tête avec indulgence :

— Un défi… !

— Tu refuses ? Tu as peur de perdre, hein ! Ah ! Ah ! Il a peur de per…dre. Il a peur de per…dre.

1. *chausses* : sorte de culotte.
2. *créneaux* : ouverture en haut d'un rempart.
3. *cottes de mailles* : tuniques en fils de métal.

25 — Peur de perdre ? s'amusa le valet. Bon… Rien que pour te donner une petite leçon…

— Attends, la cloche de la chapelle ne va pas tarder à sonner. Au premier coup, sautons tous les deux du pont-levis dans les douves[4] et faisons chacun le tour du château dans un sens : toi
30 vers la droite, moi vers la gauche. Le premier arrivé de l'autre côté du château, devant le donjon, a gagné. D'ailleurs, je suis tellement sûr de gagner que je ne vais même pas me déshabiller.

Le valet eut à peine le temps de se faire vaguement la réflexion qu'il était quand même bizarre que Guibault se rase la
35 tête, soi-disant pour aller plus vite, mais n'ôte pas son costume…
La cloche sonna, il plongea.

Tandis que le valet nageait à grands mouvements de jambes et de bras vers une victoire certaine, Guibault, à peine passé le pied de la première tour, se hissait discrètement sur la berge. Thil-
40 laume quant à lui attendit le deuxième coup de cloche pour se glisser dans l'eau, juste en face du donjon.

Quand le valet aperçut de loin le crâne rasé et la chemise jaune, il resta suffoqué[5].

— Tu as perdu ! lança le garçon.

Évelyne Brisou-Pellen, *Le Vrai Prince Thibault*,
© Rageot Éditeur.

4. douves : *fossés remplis d'eau autour d'un château fort.*
5. suffoqué : *très étonné.*

❶ À quelle époque se passe cette histoire ? Cite des éléments du texte qui te permettent de répondre.

❷ Qui sont les personnages ?

❸ En quoi consiste la farce organisée par les deux enfants ?

❹ Qu'est-ce qu'un défi (ligne 20) ? Quel défi Guibault lance-t-il au valet ?

❺ Comment Guibault s'y prend-il pour persuader le valet de relever le défi ? Lis à voix haute les lignes 23-24 et recherche le ton approprié à cette situation.

❻ Recopie les verbes du quatrième paragraphe (lignes 7 à 10). Les verbes sont-ils au présent ou au passé ? Recopie les verbes du début du dialogue entre Guibault et le valet (lignes 16 à 20). Ces verbes sont-ils au présent ou au passé ?

J'écris un épisode de récit historique (2)

Voici la farce suivante de Thillaume et Guibault. Observe bien les images. Écris l'histoire de cette farce. Dans ton épisode tu devras alterner les descriptions et les dialogues :

Guibault frappa chez le roi.
— Bonjour messire. Je viens rapporter ce chandelier. Je le pose sur la table basse ?

Des mots pour mieux écrire

Les vêtements au Moyen Âge

Au Moyen Âge, les hommes sont habillés d'une chemise et de braies, sorte de grandes culottes. Les braies sont attachées à la taille par une ceinture qui soutient l'épée. Par-dessus les braies, on enfile les chausses.

Le chevalier porte une cotte de mailles et une armure faite de plaques d'acier. Pour se protéger la tête, il met une calotte de métal, la cervelière, entre le heaume et son capuchon de mailles.

À chaque époque de l'histoire correspondent des mots précis pour désigner les lieux, les objets, les vêtements. Note sur une fiche les mots que tu pourras utiliser dans ton récit.

Pistes de lecture

Tumbly est un chevalier nul et peureux. La sorcière va lui apprendre à devenir courageux…

★ Dick King-Smith,
Le Chevalier désastreux,
Nathan.

Tod veut devenir un vrai bandit, attaquant diligences et carrosses. Découvre vite ses aventures !

★★ Dick King-Smith,
*Le Petit Bandit
de grands chemins*,
Castor Poche Flammarion.

★ Évelyne Brisou-Pellen,
La Vraie Princesse Aurore,
Rageot Cascade.

★★★ Pierre Miquel,
*Au temps des chevaliers
et des châteaux forts*,
Hachette,
La vie privée des hommes.

★★★ Michaël Morpurgo,
Le Roi Arthur,
Gallimard, Lecture junior.

Je raconte un récit du passé

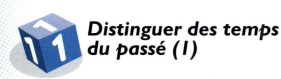

Distinguer des temps du passé (1)

J'observe

■ **Voici le début du *Vrai Prince Thibault*.**

Par une chaude après-midi d'été, tandis que les paysans fauchaient le blé, ils aperçurent de la fumée, là-bas, derrière la forêt. Le berger descendit la colline à toutes jambes. Il criait : « Le feu ! Le feu chez la nourrice du prince ! » On sonna la grosse cloche d'alarme. Tout le monde se précipita.

D'après É. Brisou-Pellen, *Le Vrai Prince Thibault*, © Rageot Éditeur.

■ **Recopie les verbes de cet extrait. Ils ne sont pas tous au même temps du passé. Classe-les en continuant ce tableau :**

ils aperçurent	les paysans fauchaient
……	……

Dans un récit historique ou dans un conte, on utilise en général l'imparfait pour décrire le décor dans lequel surviennent les événements : les paysans fauchaient…
On utilise un autre temps du passé (le passé simple) pour raconter les événements qui surviennent et qui font avancer l'histoire.

Je m'exerce

■ **Complète le texte avec les verbes qui conviennent. Attention, il y a des intrus !**

Verbes : décida, demeura, a décidé, resta, est restée, pensa, aperçut, étaient.

Elle …… un long moment sans bouger. Enfin, elle …… d'avancer de quelques pas dans la rue. C'est alors qu'elle …… l'enseigne du mercier, au-dessus de laquelle …… découpés dans le métal les mots « Les cinq écus de Bretagne ». Elle …… là, à la contempler fixement.

D'après É. Brisou-Pellen, *Les Cinq Écus de Bretagne*, Le Livre de Poche jeunesse, © Hachette.

Distinguer des temps du passé (2)

J'observe

A. Les trois enfants marchaient dans la forêt. Il faisait un temps superbe. Soudain, ils entendirent un chant ; des cris retentirent.
B. Le bateau glissait sur l'eau transparente. À bord, les gardes tenaient négligemment les rênes de leur chevaux. Brusquement, une tête monstrueuse creva la surface de l'eau et s'approcha de l'embarcation.

■ **1. Recopie les verbes de ces extraits. À quel temps sont conjugués les deux premiers verbes de chaque extrait ? Et les deux suivants ?**

■ **2. Quel mot sépare les deux premiers verbes des deux autres dans l'extrait A ? Et dans l'extrait B ?**

■ **3. As-tu l'impression que l'action ralentit ou s'accélère après chacun de ces mots ?**

Quand on raconte une histoire qui s'est déroulée dans le passé, on commence par peindre le décor (on utilise alors l'imparfait). Lorsque l'action « s'accélère », on utilise le passé simple.

↘ Conjugaison : ***Utiliser l'imparfait de l'indicatif*** p. 226.

Je m'exerce

a) **Introduis l'un des mots suivants au bon endroit dans le texte :** soudain, brusquement.
Julie lisait tranquillement dans son lit. De temps en temps, elle fermait les yeux. Un bruit épouvantable éclata. Une lumière bleue éclaira la chambre.

b) **Mets les verbes à l'imparfait ou au passé simple. Utilise les tableaux p. I-V.**
Les oiseaux (chanter). Le soleil (briller). Tout (être) calme. Tout à coup, le ciel (s'assombrir) ; une brume épaisse (obscurcir) l'horizon.

Je réécris et j'améliore mon texte

1 Reprends ton épisode du Prince Thibault (voir p. 130).
A-t-on vraiment l'impression que ton histoire se passe au Moyen Âge ?

2 Essaie d'accentuer la couleur médiévale de ton récit.
Pour cela, tu peux t'aider de la grille de réécriture suivante et des mots de ta fiche « Des mots pour mieux écrire » (voir p. 130).

1. J'ai raconté mon histoire au passé.

2. J'ai inséré des détails ou des descriptions qui créent l'impression qu'on est au Moyen Âge (vêtements, armes…).

3. J'ai utilisé correctement les temps du passé (imparfait, passé simple).

4. J'ai varié la manière de désigner les personnages (nom du personnage, pronoms, d'autres groupes nominaux…).

Voir aussi :
Grammaire
Identifier et utiliser les pronoms personnels p. 172.

Récréation

Lancelot, chevalier de la Table ronde

Un jour, Lancelot rentrait de la chasse. À le voir devenu si fort et si hardi, Viviane sentit que le moment de la séparation était venu. Malgré ses efforts, elle ne put dissimuler sa peine. Aussitôt, Lancelot l'interrogea :
— Dame, d'où vous vient ce chagrin que je vous vois ?
— Pardonnez-moi, beau fils, et ne vous inquiétez pas. J'ai tort d'être triste car ma tristesse naît de ce qui doit être votre joie. Dites-moi, désirez-vous être chevalier ?
— Ah ! Dame, vous le savez bien. C'est l'état auquel j'aspire le plus au monde.
— Et auprès de qui souhaitez-vous aller pour être adoubé* ?
— Auprès du roi Arthur, le roi des deux Bretagnes.
— Eh bien ! beau doux enfant, votre souhait va se réaliser. L'heure va bientôt venir, en effet, de nous séparer. […] Maintenant, écoutez-moi bien.

Viviane expliqua alors au jeune homme attentif tous les devoirs du parfait chevalier. Elle lui dit comment il devait se montrer brave au service des faibles et de ceux qui sont sans défense, loyal et preux à l'égard des bons, et dur envers les félons*.
— Votre cœur est tel, lui dit-elle, que je suis sûre que vous serez un des meilleurs chevaliers du monde.
[…] Elle lui remit un magnifique haubert tout blanc, un heaume couvert d'argent, un écu couleur de neige, une épée, grande, tranchante et légère, et une lance bien pointue. Son destrier*, fort et vif, était blanc, comme tout son équipement et les riches habits de cour que Viviane lui offrit.

François Johan, *Lancelot du Lac*, © Casterman.

* **adoubé** : être fait chevalier.
* **félons** : traîtres.
* **destrier** : cheval de bataille.

Invitation au voyage

Promenades en Alsace

L'Alsace a trois visages : celui de la montagne avec les sommets arrondis des Vosges, celui des collines sous-vosgiennes, où s'est installé le vignoble, et celui de la plaine qui s'étend jusqu'au Rhin.

UNE TOUTE PETITE RÉGION
Avec ses 8 310 km², l'Alsace est la plus petite des 22 régions de France, mais c'est aussi l'une des plus peuplées et des plus riches. Elle est formée de deux départements : le Bas-Rhin au nord, le Haut-Rhin au sud. Cette étroite langue de terre enchâssée[1] entre deux massifs montagneux, les Vosges à l'ouest et la Forêt-Noire à l'est, a connu une histoire très mouvementée. En effet, l'Allemagne et la France se la sont âprement[2] disputée au cours des guerres passées. Aujourd'hui, l'Alsace occupe une position centrale en Europe, mais elle a su garder son identité et un sens très développé des traditions : tu y entendras souvent parler une langue assez proche de l'allemand, l'alsacien, et tu y dégusteras une cuisine originale et extrêmement savoureuse.

A. Chotin, *Alsace,* coll. « Mon guide », © Casterman.

1. *enchâssée :* insérée.
2. *âprement :* durement.

LES PROMENADES

- Strasbourg, carrefour de l'Europe
- Strasbourg, le cœur de la cité
- La verdoyante région du Sundgau
- Colmar, une ville d'art à visiter le nez en l'air
- Mulhouse, une ville aux trésors cachés

- La route du vin
- Sainte-Odile : un fabuleux belvédère
- Le Rhin, géant magnifique
- La route des Crêtes

- Outre-Forêt : les villages fleuris du Nord et la route des châteaux

Alsace, coll. « Les Petits Bleus », © Hachette.

COMMENT ALLER EN ALSACE ?

On ne peut pas dire que l'Alsace soit très bien desservie par les transports. Depuis Paris, il faut compter entre quatre et cinq heures par l'autoroute pour se rendre à Strasbourg (cinq heures depuis Lyon, six heures depuis Lille), et pas moins de quatre heures par le train ! Mais rassure-toi : l'ouverture d'une ligne ferroviaire à grande vitesse vient d'être décidée et ce sera bientôt beaucoup plus rapide. Bien sûr, il reste la voie des airs : deux aéroports, celui de Strasbourg International et l'Euro-Airport de Bâle-Mulhouse, sont reliés à Paris et aux grandes villes de province… C'est rapide (une heure environ pour Paris-Strasbourg), mais un peu cher.

A. Chotin, *Alsace,* coll. « Mon guide », © Casterman.

❶ De quels documents disposes-tu pour t'informer sur l'Alsace dans ces deux pages ?

❷ Qu'apprends-tu sur l'Alsace dans les deux parties du texte ?

❸ Sur quoi la carte nous informe-t-elle ? Combien de villes sont indiquées sur la carte ? Quelles villes apparaissent sur la légende ? Par quoi sont-elles signalées ?

❹ À quoi correspondent les autres dessins (logos) de la légende : à des curiosités naturelles, à des monuments ?

❺ Relève dans la légende les mots qui donnent envie de visiter l'Alsace.

J'écris la légende d'une carte

Voici une carte situant les départements et territoires d'outre-mer dans le monde.

Méga Benjamin, © Nathan.

❶ Choisis un département ou territoire d'outre-mer.

❷ En t'inspirant de la carte d'Alsace (p. 133) réalise une petite carte avec des dessins. Écris pour chaque dessin une courte légende qui donne envie de visiter le département ou le territoire d'outre-mer que tu as choisi. Tu peux t'aider d'un atlas, d'un guide ou d'une encyclopédie.

Je donne les bonnes informations

 **Relier les informations d'une carte et d'un texte**

 **Donner envie de connaître**

J'observe

■ Regarde bien cette carte de la route alsacienne des Crêtes et relève : le nom des villes et des villages ; le nom des cols ; le nom d'une montagne ; quatre numéros de routes ; des dessins.

Alsace, coll. « Les Petits Bleus », © Hachette.

Un document qui informe sur un lieu comporte en général des dessins, des noms, des numéros. Il faut bien comprendre à quoi chacun correspond.

Je m'exerce

■ **Complète à présent ce petit texte d'information sur la route des Crêtes.**

La route des Crêtes passe par deux cols appelés … et … situés sur la D … .
Elle passe dans une ville où l'on fabrique du fromage, … . Puis elle nous emmène dans une région où l'on exploitait le bois de la forêt. Ce bois était descendu par les bûcherons dans de longs traîneaux, que l'on peut voir dans le musée de la ville de … . Enfin, elle aboutit dans un village réputé pour les frênes, les bouleaux, les hêtres, les sapins, que l'on trouve dans ses environs : … .

J'observe

■ Voici deux textes sur des îles de la Grèce, les Cyclades :

A. Cyclades : îles grecques de la mer Égée, ainsi nommées parce qu'elles forment un cercle (grec : *kuklos*) autour de l'île de Délos. Les principales autres îles sont : Andros, Paros, Santorin, Syros, Milo, Mykonos.

B. Les Cyclades, ce sont trente-neuf îles rocailleuses, situées au milieu de la mer Égée. Leurs maisons, toutes blanches et sans toit, ressemblent à des cubes posés les uns à côté des autres. Les rues sont si étroites que seuls les ânes peuvent y circuler. Ces îles sont assez éloignées d'Athènes. Il faut de quatre à treize heures de bateau pour les rejoindre.

V. Chabrol, *Grèce*, coll. « Mon guide », © Casterman.

■ **Dans quel texte trouve-t-on les informations qui donnent le plus envie de visiter les Cyclades ? Pourquoi ?**

Pour donner envie de connaître un lieu, une région, il faut donner des informations précises, exactes, mais aussi attirantes ou surprenantes. On choisit celles qui vont permettre au lecteur de bien se représenter ce lieu, cette région.

⤵ Vocabulaire : **Pour décrire un lieu** p. 242.

Je m'exerce

■ **En t'inspirant des textes A et B ci-dessus, écris un texte de trois ou quatre lignes sur les Cyclades, en conservant les informations qui te semblent les meilleures.**

L'Arctique

Les Esquimaux se sédentarisent et vivent de plus en plus dans de petites agglomérations.

Toi, qui n'as ni père ni mère,
Toi, cher petit orphelin,
Donne-moi des kamiks de caribou,
Fais-moi un cadeau
Un animal, un de ceux qui fournissent
de la bonne soupe au sang
Un animal des profondeurs marines,
Et non des plaines de la terre,
Toi petit orphelin
Fais-moi un cadeau.

Poème esquimau.

Le pôle Nord est un point... dans la mer ou sous la banquise. L'Arctique s'étend au-delà du cercle polaire, englobant le nord de l'Amérique – Alaska et Nord canadien –, le nord de l'Europe et de la Sibérie, et le Groenland – terre danoise. De nombreux explorateurs y ont trouvé la mort, dont le commandant français Charcot, qui disparut en mer après plusieurs expéditions, en 1936. Charcot eut de nombreux disciples, et parmi eux, un homme comme Paul-Émile Victor, qui vécut au Groenland la vie des Esquimaux et témoigna de l'originalité et de la vitalité de leur culture.

CANADA
1/Île Victoria
2/Îles de la Reine-Élisabeth
3/Terre Ellesmere
4/ Terre de Baffin

GROENLAND
(Danemark)
5/Godthaab (10 900 hab. Centre de radio-communication)
6/Angmagssalik

NORVÈGE
7/Hammerfest (ville la plus septentrionale d'Europe ; port de pêche)
8/Cap Nord

RUSSIE
9/Mourmansk
10/Doudinka
11/Nordvik
12/Verkhoïansk

Tupilaks

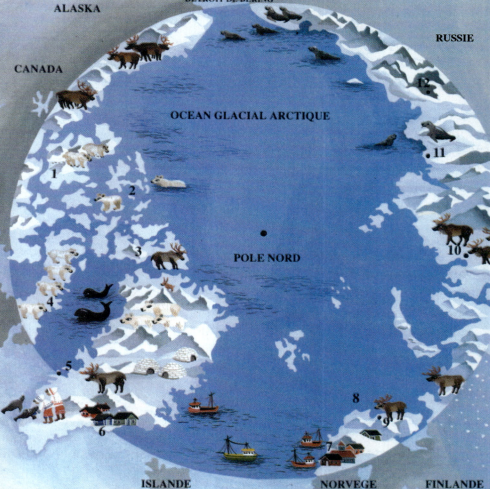

Le pôle Nord n'a été atteint qu'en 1909, par l'Américain Peary, tandis que le Groenland, découvert, dit-on, par le navigateur grec Pithéas en 700 av. J.-C., a été redécouvert en 983 par le Viking Erik le Rouge.

Richesses naturelles

Le volume de glace que représente le Groenland constitue la plus grande réserve d'eau douce de l'hémisphère Nord. L'Arctique est riche en pétrole. Des centres industriels apparaissent qui bouleversent la vie et les traditions des Esquimaux.

Ces pêcheurs et chasseurs de phoques, suprêmement habiles dans l'art de conduire leurs bateaux en peau de phoque, ou kayaks, abandonnent en effet peu à peu leur vie nomade pour se regrouper dans les agglomérations où ils se livrent à la pêche industrielle et au commerce des fourrures. Mais leur art est resté très raffiné !

Il n'y a pas si longtemps, les Esquimaux tuaient le phoque, chassaient le caribou, l'ours et le bœuf musqué. Dans des traîneaux tirés par des chiens, ils parcouraient de longues distances. Les chiens flairent bien l'ours polaire et repèrent les glaces fragiles…

Au printemps, ils s'abritaient sous des tentes en peau. Lorsque la neige revenait, ils la découpaient en blocs pour construire des igloos.

Les hommes travaillaient par équipes en taillant la neige avec leurs longs couteaux, ils en libéraient et soulevaient de gros blocs et les dressaient en cercle l'un contre l'autre. Le constructeur à l'intérieur de chaque maison neuve ne mettait jamais le pied dehors. Il édifiait tout l'igloo en n'utilisant que les blocs qu'il avait découpés dans le sol de neige à l'intérieur.

Extrait de *L'Aube blanche*, John Houston, © Stock.

Tout en contant des récits de chasse, les Esquimaux exécutaient des figures avec des ficelles passées autour des doigts ou sculptaient des monstres mythiques dans des dents de cachalot : les tupilaks.

Images d'une vie traditionnelle en voie de disparition : igloo, kayak en peau de phoque, traîneau attelé d'une douzaine de chiens.

Femme du Groenland (costume traditionnel).

G. Jean, M. R. Farré, *Le Livre de tous les pays*, Atlas poétique illustré, © Gallimard.

1 Observe la carte et sa légende : quels grands pays se partagent l'Arctique ?

2 Montre sur la carte :
a) le centre de radio-communication ;
b) la ville la plus septentrionale (la plus au nord) d'Europe.

3 Pourquoi certains textes sont-ils en italique ?

4 Cite trois personnes qui sont allées dans l'Arctique. Ont-elles toutes réussi leur expédition ? Pourquoi ?

5 Par rapport aux documents sur l'Alsace (pp. 133-134), que trouve-t-on ici de plus qu'un texte d'information, une carte et sa légende ? Quel document préfères-tu ?

6 Complète la légende de la carte à l'aide des informations du texte.

15 Invitation au voyage

J'écris un extrait de guide de voyage

Réalise deux pages pour présenter ta région dans un guide.
On devra y trouver :
– une carte simple, avec sa légende ;
– un petit circuit de visite intéressant et commenté ;
– deux ou trois textes courts qui fournissent des informations précises et donnent envie de visiter la région ;
– des photos, des dessins qui attirent le regard du lecteur.

Des mots pour mieux écrire

1 Des mots pour donner envie de connaître.
Voici quelques synonymes de « beau ». Continue la liste :
magnifique, merveilleux, fabuleux, grandiose…

2 Des mots pour situer.
• Relie chaque point cardinal à l'adjectif qui lui correspond.

    Nord   *Septentrional*
    Sud   *Occidental*
    Ouest   *Méridional*
    Est   *Oriental*

• Cherche d'autres mots qui permettent de situer les lieux les uns par rapport aux autres.
    Par exemple : *à côté, entre, près, au-delà…*
• Cherche la signification de chacune de ces expressions, puis emploie chacune d'elles dans une phrase :
    à la limite, à la frontière, à la lisière, à l'orée.

Pistes de lecture

Tu peux découvrir différentes régions et différents pays dans deux collections de guides qui sont destinées aux enfants de ton âge :

★★*Les Petits Bleus,* Hachette.
(L'Aquitaine, La Provence, La Bretagne, L'Alsace…)

★★★*Mon guide,* Casterman.
(Les Alpes, L'Italie, L'Espagne, La Grande-Bretagne…)

Je donne mon avis sur un lieu

Présenter un lieu

J'observe

■ 1. Relis page 137 les deux premiers paragraphes de « Richesses naturelles ».
À propos de quoi l'auteur donne-t-il son avis ? Relève les deux expressions qui le montrent.

■ 2. Dans ce texte sur la Crète (une grande île de la Grèce), repère les expressions où l'auteur donne son avis. Cela te donne-t-il envie de visiter la Crète ?

Une île aux multiples facettes

Quel paysage changeant que celui de la Crète ! On passe, en quelques kilomètres, des plaines fertiles du nord et du centre aux gorges profondes et sauvages du sud de l'île, puis des plages de sable aux montagnes les plus escarpées : le plus haut sommet, le mont Ida, atteint 2 455 m. C'est dans ce décor extraordinaire que s'est développée, il y a près de cinq mille ans, l'une des plus brillantes civilisations que nous connaissons : la civilisation minoenne.

V. Chabrol, Grèce, coll. « Mon guide »,
© Casterman.

> Lorsque l'on présente un lieu que l'on veut faire aimer, on donne son avis sur les paysages, le climat, la végétation, les habitants. On choisit des adjectifs, des adverbes, des verbes qui renforcent son point de vue.

Je m'exerce

■ **Voici la présentation du musée de cire de Londres « Madame Tussaud's ».**

Enrichis ce texte de façon à donner envie de visiter le musée, sans donner d'informations nouvelles. Avant de commencer, demande-toi ce qui peut être drôle ou intéressant dans un musée de cire.

Madame Tussaud's (équivalent de notre musée Grévin) abrite les effigies en cire de stars de cinéma, d'hommes d'État et de criminels célèbres. Il faut trois mois pour les fabriquer et le musée en expose régulièrement de nouvelles.

G. Harvey, M. Butterfield, Guide Londres,
coll. « Les Petits Malins »,
© 1996 Usborne Publishing Ltd.

Cette photographie te donne une idée des paysages que tu peux rencontrer en Crète.

Au musée Grévin, tu trouves aussi des personnages célèbres. Ici la Reine Margot.

Invitation au voyage

Je réécris et j'améliore mon texte

1 Pour améliorer les pages de ton guide, enrichis ton texte avec des adjectifs précis en te servant de la fiche « Des mots pour mieux écrire ».

2 Ensuite, corrige ton texte à l'aide de cette grille de réécriture.

1. J'ai utilisé plusieurs supports d'information (texte, carte légendée, dessins, photo, poème, conte).
2. J'ai donné des informations précises.
3. J'ai donné des informations qui donnent envie de connaître ma région.
4. Ma carte est claire et elle a une légende.
5. Ma légende est compréhensible par tous.
6. J'ai correctement recopié les noms de lieux et tous les noms propres sans oublier leur majuscule.

Récréation

Bons et mauvais génies

Autrefois vivaient en Alsace les nains des chaumes. Ces petits êtres se faisaient un plaisir d'entrer dans le chalet du fermier qu'ils avaient pris en affection pour lui confectionner pendant son absence son beurre et son fromage… Mais dès que le colchique rosé de l'automne apparaissait dans les pâturages, quand le pâtre regagnait la vallée avec ses bêtes, les bons petits gnomes rassemblaient leurs troupeaux de chevreuils et de daims et venaient s'installer, avec tout leur attirail, dans les étables abandonnées.
Avec un peu de chance, on pouvait les apercevoir, à la clarté fantastique de la lune, traire leurs biches et leurs daines.

Les Vosges aux sombres forêts, le long cours du Rhin et les campagnes cachées dans la brume sont la demeure de nains joyeux, mineurs ou agriculteurs, de géants débonnaires et de cortèges de sorcières. Si l'on en croit les vieilles légendes d'Alsace, gare aux rencontres !

A. Chotin, *Alsace*, coll. « Mon guide », © Casterman.

Expression orale
Suggérer, persuader

*Dans la cour de récréation, Marion sort un gros paquet de bonbons.
Paul voudrait bien qu'elle lui en donne. Mais Marion n'est pas du tout son amie.*

❶ Au début, est-ce que Marion accepte de donner des bonbons à Paul ?

❷ À la fin, est-ce qu'elle accepte de donner son paquet ?

❸ Quel est l'argument de Paul qui permet de convaincre Marion ?

❹ Finalement, pourquoi Marion donne-t-elle ses bonbons à Paul ?

◆ **Des expressions pour suggérer :**
Tu veux bien… ?
On pourrait peut-être…
Tu ne veux pas… ?
Tu n'as pas envie de… ?

◆ **Des expressions pour persuader :**
C'est pour toi que je dis cela.
C'est dans ton intérêt.
Tu as raison, mais…
Crois-moi, tu devrais…

● **Inventez une scène** du même genre à deux : Marion veut que Sophie lui prête ses chaussures toutes neuves. Pour persuader Sophie, Marion lui dit que les chaussures neuves font mal aux pieds, qu'elles glissent et qu'elles sont trop brillantes.

● **Jouez la scène.**

Expression orale
Donner son avis (3)

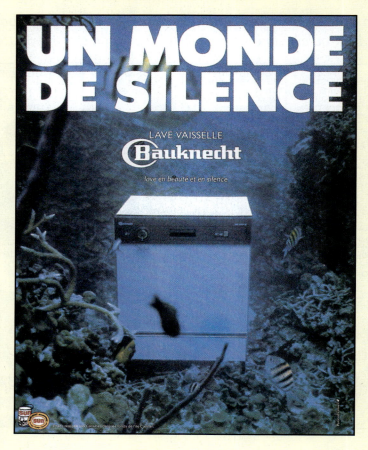

❶ Qu'est-ce qu'on me montre ? Qu'est-ce que je lis ?
– On me présente un appareil. C'est un ....
– Où se trouve cet appareil ?
– Qu'est-ce que je lis en très grosses lettres ? Cela me rappelle-t-il quelque chose ?
– Et en toutes petites lettres ?
– Quel est le mot qui est écrit à la fois en très gros et en très petit ?

❷ Qu'est-ce qu'on veut que je comprenne ?
– Que l'appareil est tombé au fond de l'eau par accident ?
– Que l'appareil marche même sous l'eau ?
– Qu'on l'a photographié là exprès pour me faire comprendre quelque chose ?

❸ Je donne mon avis : je crois que cet appareil est très ...... ; qu'il fait aussi peu de ...... que lorsqu'on est sous l'eau, etc.

● **Faites des groupes** de quatre élèves : chacun de vous va défendre une idée différente sur la publicité.
– Le premier élève : la publicité dit toujours la vérité.
– Le deuxième : la publicité ne dit que des mensonges.
– Le troisième : la publicité veut seulement nous faire acheter des choses.
– Le quatrième : la publicité permet de mieux choisir et elle est amusante.
Chacun apporte des publicités pour défendre son idée. Un autre élève est l'arbitre. Il écoute et dit lequel a le mieux défendu son idée.

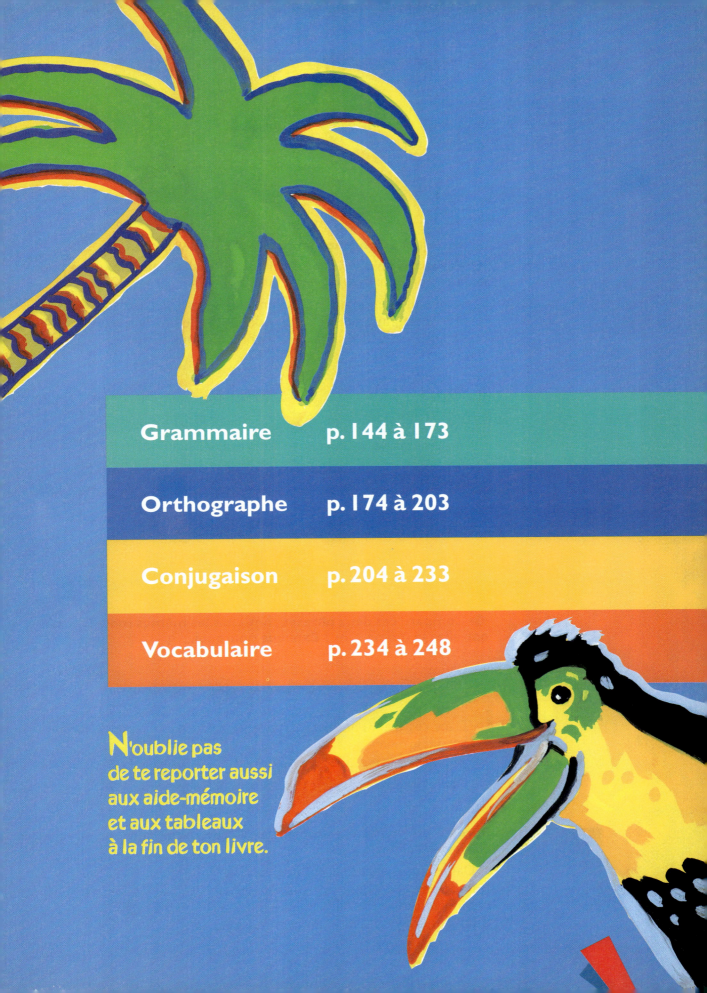

À quoi sert la grammaire ?

J'OBSERVE

◆ **Pourquoi Sidonie ne comprend-elle pas Augustin ?**

◆ **Parmi ces phrases, choisis celles qu'Augustin aurait pu dire pour se faire comprendre. Explique ton choix.**

a) « Salle du fête, on a organisé une dans la petite château. »
b) « On a organisé une petite fête dans la salle du château. »
c) « Dans la salle du château, on a organisé une petite fête. »

JE COMPRENDS

- Sidonie ne comprend pas Augustin :
  → parce que les mots sont en désordre.

- Je comprends les phrases b et ...... : elles ont le même sens. Mais les mots ne sont pas dans le même ....

J'OBSERVE

Le château du seigneur est grand.
Le seigneur du château est grand.

◆ **Compare ces deux phrases : ont-elles les mêmes mots ? ont-elles le même sens ? Explique pourquoi.**

JE COMPRENDS

- Dans ces deux phrases, je trouve les mêmes mots, pourtant elles n'ont pas le même sens.

- Dans la première phrase, c'est le château qui est grand.
  Dans la seconde phrase, c'est le ...... qui est grand.

Exercice

Recopie en mettant les mots dans l'ordre pour faire des phrases compréhensibles.

a) Daniel son ordinateur commence avec à jouer
b) les joueurs Le public acclame de tennis
c) souvent des bandes dessinées Arnaud lit
d) pratiquer Ma natation aime grand-mère la

JE RETIENS

La grammaire nous apprend que l'ordre des mots est très important dans une phrase.

- Si on place les mots n'importe comment, la phrase ne veut plus rien dire.
Exemple : Salle du fête, on a organisé une dans la petite château.

- Si on change l'ordre des mots, on peut changer complètement le sens de la phrase.
Exemple : Paul bat Pierre. ⟶ Pierre bat Paul.

- Parfois, on peut changer de place certains mots sans changer le sens de la phrase.
Exemple : Dans cette classe, tout le monde travaille.
Tout le monde travaille dans cette classe.

JE M'EXERCE

1 ★ **Recopie en mettant les mots dans l'ordre.**
a) chez son ami. Olivier est allé goûter
b) en vacances. Dans quelques jours, nous partirons
c) de musique. Émilie au spectacle bientôt participera

2 ★ **Observe bien ces deux phrases :**
Tous les mercredis, je joue au basket.
Je joue au basket tous les mercredis.

Réécris à ton tour les phrases suivantes. Change la place de certains mots ou groupes de mots sans changer le sens de la phrase, comme dans l'exemple.
a) J'irai au bord de la mer l'été prochain.
b) Je vais à l'école le mercredi.
c) Dans ma chambre, j'ai un poisson rouge.

4 **Voici une phrase :**
J'ai rencontré un écureuil sur le chemin de l'école.

Sur ce modèle, invente une phrase et écris-la sur une bande de papier.

Découpe-la en séparant des groupes de mots et demande à ton(ta) voisin(e) de la reconstituer.

5 **Par groupe de trois, écrivez chacun une phrase sur ce modèle :**
Tous les dimanches, je vais à la piscine.

Découpez vos phrases par groupes de mots. Mélangez-les et cherchez à les reconstruire ensemble.

3 ★★ **Compare l'ordre des mots dans les phrases suivantes. Est-ce que le sens change ? Pourquoi ?**

	même sens	sens différent
a) Cette voiture est plus confortable et moins rapide. Cette voiture est plus rapide et moins confortable.		
b) En automne, les feuilles tombent. Les feuilles tombent en automne.		
c) Nous irons à Paris cet après-midi. Cet après-midi, nous irons à Paris.		
d) Je préfère le steak haché au poisson pané. Je préfère le poisson pané au steak haché.		

Les mots et leur place

J'OBSERVE

En Mamouchie : un pays bizarre

Les mamouchiens mangent les choufnais. Les choufnais croquent seulement les zigouliens car les zigouliens sont très tendres.
L'été, les mamouchiens ne paupinent jamais ; ils gloupent des petits oiseaux. Le soir, les choufnais houhourlent.

◆ À ton avis, ce texte est-il extrait d'une histoire ? Est-ce un poème ? Une recette de cuisine ? Explique ta réponse.

◆ Où fais-tu des pauses dans la lecture ? Pourquoi ?

◆ Y a-t-il des mots qui te paraissent bizarres ? Lesquels ?

◆ Par quels mots pourrais-tu les remplacer ?

JE COMPRENDS

● Le texte « *En Mamouchie : un pays bizarre* » raconte une histoire où il y a beaucoup de mots bizarres (ils sont en vert).

● Je lis en marquant une pause à la fin de chaque phrase. Les phrases commencent toutes par une majuscule et se terminent par un ..... .

● Parmi les mots bizarres, je devine que certains désignent :
– des animaux ou des personnes. Ce sont les noms *mamouchiens, choufnais,* ..... ;
– des actions. Ce sont les verbes *paupinent, gloupent,* ..... .

Exercice

Recopie le texte et choisis le mot qui convient.

En Septentrie : un pays original

Les (septentriens/paupinent) ne mangent jamais les (djoks/gloupent). En effet, ils ne croquent que des (frignes/houhourlent) car, quand la (broule/chirpent) revient, les (djoks/gloupent) piaillent très fort. L'hiver, les marmottes (chlurpent/septentriens) et les écureuils (mamouchiens/gratchounent).

JE RETIENS

Le texte « *En Mamouchie* » est difficile à comprendre. Pourtant, j'ai compris certaines choses grâce à **la place des mots** et à **leur forme**.

- **Je sais qui fait quoi.**

  Exemples : Les mamouchiens ne paupinent jamais.
                  1   2

                  Les choufnais croquent les zigouliens.
                     1   2   3

  1. Qui ?   les mamouchiens   les choufnais
  2. Fait quoi ? paupinent   croquent les zigouliens

- **Je sais comment lire le texte grâce à la ponctuation** : les phrases écrites commencent par une majuscule et se terminent par un point.

Grammaire

JE M'EXERCE

1 ★ **Dans les phrases suivantes, choisis le mot qui convient.**
a) Olivier observe les (crols/crolent) dans la forêt.
b) Dans les bois, les (grunches/grunchent) sentent bon.
c) Petit-féroce attrape des (carpochez/carpoches) et les mange.
d) Son amie a des (chapouillent/chapouilles) rouges et de jolis (cloingent/cloinges) verts.

2 ★ **Recopie les phrases en mettant les mots suivants à la place qui convient.**

L', un, la, Le, Les, les.

a) Sophie parle à poisson rouge.
b) paquebot sort du port.
c) ogre aperçut enfants qui dormaient dans son lit.
d) trois petits cochons chantaient derrière porte.

3 ★ **Recopie les phrases suivantes en mettant les majuscules et la ponctuation.**
a) le chat guette la souris l'attrape et joue avec elle
b) Brigitte se lave les cheveux puis elle les sèche et les brosse
c) les oiseaux picorent le pain dans le jardin

4 ★★ **Dans chaque phrase, remets les mots dans l'ordre et ajoute les majuscules qui manquent.**

a) les œufs pondent leurs coucous dans le nid des autres oiseaux.
b) les oiseaux guette le chat dans le jardin.
c) des crabes sommes allés nous chercher sur la plage.
d) les singes a joué avec Alain au zoo.

5 **Observe ces deux phrases :** La mouette aperçut le paquebot qui passait. ⟶ Le paquebot aperçut la mouette qui passait. **Sur ce modèle, écris quatre phrases et échange-les avec ton(ta) voisin(e).**

Avez-vous bien respecté la ponctuation et l'ordre des mots ?

147

La phrase et ses deux parties

J'OBSERVE

Ali Baba et les quarante voleurs

Les quarante voleurs s'arrêtent dans la forêt. Leur chef s'approche d'un rocher élevé.
Ali Baba est caché derrière un buisson ; il entend le chef des voleurs qui dit :
« Sésame, ouvre-toi ! »
La paroi de pierre tourne en grinçant. Les voleurs, l'un après l'autre, disparaissent dans la caverne obscure.
Ali Baba se dit : « Ce rocher, quelle merveille ! »

◆ **Qui sont les personnages de ce récit ?**
◆ **Que font-ils ? Qu'est-ce que l'auteur nous dit à leur sujet ?**

JE COMPRENDS

● Dans ce texte, l'auteur me parle :
– du *chef des voleurs* ;
– d'*Ali Baba* ;
– de la *paroi de pierre*.

● À propos de ces personnages et de cet objet, l'auteur me dit que :
– il *s'approche d'un rocher* ;
– il *est caché derrière un buisson* ;
– elle ……. .

Exercice

Recopie le texte et entoure en bleu de qui ou de quoi on parle, en rouge ce qu'on en dit.

Les histoires policières commencent souvent dans un commissariat. Un homme est assis devant une vieille machine à écrire. À côté, un cendrier déborde de mégots froids. Un ventilateur ronfle. Soudain, une jeune femme blonde ouvre la porte. L'histoire commence.

JE RETIENS

Les phrases sont constituées de deux parties.

● Une partie indique de qui ou de quoi on parle. On l'appelle **le groupe sujet (GS)**.
Exemple : <u>Les élèves</u> offrent un bouquet à la maîtresse.
　　　　　　GS
→ On parle des *élèves*.

● L'autre partie indique ce que l'on dit à propos de cette personne ou de cet objet. On l'appelle **le groupe verbal (GV)**.
Exemple : Les élèves <u>offrent un bouquet à la maîtresse.</u>
　　　　　　　　　　　　GV
→ À propos des élèves, on dit qu'ils *offrent un bouquet à la maîtresse*.

JE M'EXERCE

1 ✦ **Recopie les phrases et entoure en bleu les mots qui indiquent de qui ou de quoi on parle (GS), en rouge ce qu'on en dit (GV).**
a) L'équipe de France de tennis a remporté la finale de la coupe Davis.
b) Cette dame est mon professeur de piano.
c) Émilie prépare son récital.
d) Le paquebot entre dans le port.
e) Les chameaux traversaient le désert.

2 ✦ **Reconstruis les phrases comme il convient.**

De qui ou de quoi on parle (le GS)	Ce qu'on en dit (le GV)
a) Les pies	• nage en position verticale.
b) L'hippocampe	• se trouvent sur le côté droit.
c) Les deux yeux de la sole	• se nourrit de petits rongeurs.
d) Yannick Noah	• font leurs nids dans les arbres.
e) Le renard	• est un champion.

3 ✦ **Recopie les phrases et entoure ce que l'on dit à propos des *pommiers*, du *vent*, du *bus* et de la *bouteille de soda*.**
a) Les pommiers fleurissent au printemps.
b) Le vent secoue les voiliers.
c) Le bus transporte les enfants.
d) Une bouteille d'un litre de soda contient vingt morceaux de sucre.

4 ✦✦ **Complète les phrases par un GS.**
a) …… entrent dans le stade sous les acclamations du public.
b) …… arrive en gare avec dix minutes de retard.
c) …… coule dans la vallée.

5 ✦✦✦ **Les phrases suivantes ont été mélangées. Réécris-les comme il convient.**

Le Petit Poucet croque la pomme empoisonnée. Aladin tenait sous sa patte la flèche perdue. Blanche-Neige se dit qu'il était un sot et qu'il n'était pas digne du trône. L'affreuse grenouille sème des petits cailloux blancs pour retrouver son chemin. L'empereur frotta sa lampe contre sa paume.

6 **Rédige une courte phrase à partir des groupes de mots suivants. Compare ensuite avec ton(ta) voisin(e). Qu'est-ce qui est différent : ce dont vous parlez (le GS) ou ce que vous en dites (le GV) ?**
Exemple :
Les enfants mangent un gâteau.
a) Le papillon …… .　b) Un avion …… .
c) Les enfants …… .　d) Le chien …… .

4 Comment reconnaître le verbe ?

J'OBSERVE

Quel début de match !

L'arbitre siffle le début du match. Ginola reçoit le ballon, heurte un adversaire et tombe. Les spectateurs sifflent. Ginola reste au sol. Les soigneurs placent le joueur sur une civière et le portent hors du terrain de football.

◆ **Qui sont les personnages de ce texte ?**
◆ **Repère les phrases où l'on dit ce que les personnages font.**
◆ **Dans une seule de ces phrases, il n'y a pas d'action ; trouve le verbe.**

JE COMPRENDS

● Les personnages de ce texte sont *Ginola, l'arbitre, un adversaire, les ......* et *les soigneurs*.

● Que font-ils ?
L'arbitre siffle, Ginola ...... le ballon, heurte un adversaire et ....
Les spectateurs sifflent.
Les mots que tu as trouvés expriment une action ou racontent un événement : ce sont des verbes.

● Dans la phrase :
Ginola reste au sol.
Le verbe que tu as trouvé n'indique pas une action.

● Les verbes ne s'écrivent pas toujours de la même façon : on dit que leur forme change : *L'arbitre siffle.* ⟶ *Les spectateurs ....*

Exercice

Recopie le texte et entoure en rouge les verbes qui expriment une action (ou un événement), en bleu les autres verbes.

La petite chèvre de monsieur Seguin semblait heureuse derrière la maison. Elle broutait l'herbe.

Mais un jour, elle regarda vers la montagne et tira sur sa corde ; elle paraissait triste. Monsieur Seguin l'enferma dans l'étable.

Elle s'échappa par la fenêtre. Dans la montagne, elle devint joyeuse et gambada au milieu des sapins.

JE RETIENS

- **Le verbe permet d'exprimer des actions ou de raconter des événements.**
  Exemples : Le footballeur heurte un adversaire.
  La chèvre gambade.

  Il permet aussi d'indiquer des états.
  Exemples : Le footballeur reste au sol.
  La chèvre est heureuse.

- **Le verbe change de forme :**

  – en fonction du groupe sujet (de qui ou de quoi on parle).
  Exemple : L'arbitre siffle. Les spectateurs sifflent.

  – en fonction du moment où l'histoire se déroule.
  Exemple : Ginola reste au sol. Il restera au repos quelques jours.

JE M'EXERCE

1 ✶ **Recopie les phrases qui contiennent un verbe.**
a) Florent joue avec sa petite sœur.
b) Les bébés loups : un film extraordinaire.
c) Grand incendie dans la pinède.
d) Lucille attrape la queue du chat.

2 ✶ **Recopie les phrases et souligne les verbes.**
a) Les dauphins entendent très bien.
b) Ils se nourrissent de poulpes et de poissons.
c) Le dauphin respire par une narine ; on appelle cette narine l'évent.
d) Quand il plonge, le dauphin ferme hermétiquement son évent.
e) Le dauphin est un mammifère marin.

3 ✶✶ **Recopie ces phrases, puis entoure en rouge les verbes qui indiquent une action (ou un événement) et en bleu les verbes qui indiquent un état.**
Le mammouth était vraiment un colosse. Il avançait aisément. La couche de neige semblait épaisse. Quand le mammouth posait son pied, les doigts s'écartaient. Quand il relevait sa patte, les doigts se refermaient. Sa démarche paraissait souple et légère.

4 ✶✶ **Complète le texte avec les verbes suivants :**
retourne, chante, est, joue.

Savez-vous ce qui …… comique ?
Une oie qui …… de la musique,
Un pou qui …… au Mexique,
Un âne qui …… un cantique.

5 ✶✶✶ **Complète le texte avec les verbes manquants. Ils te sont donnés dans l'ordre du texte : sortirent, restèrent, soufflait, se propagea, brûlèrent.**
Julien et ses amis   pour appeler de l'aide, mais plusieurs   petits prisonniers des flammes. Le vent chaud de l'été ce soir-là   sur le campement. Le feu   et les tentes   les unes après les autres.

6 Transforme les phrases suivantes en utilisant un verbe.
L'arrivée des enfants chez leurs grands-parents. → Les enfants arrivent chez leurs grands-parents.
a) Le chant des oiseaux dans la forêt.
b) La joie de Valentin.
c) La naissance des louveteaux.
d) Le rire des enfants au cirque.

Compare avec ton(ta) voisin(e). Avez-vous écrit les mêmes phrases ?

Identifier le sujet du verbe

J'OBSERVE

Le Petit Poucet et l'autruche

Le Petit Poucet est un malin. Il sème des cailloux pour retrouver son chemin. Or, une autruche suit le Petit Poucet ; elle dévore les cailloux un à un…

Le Petit Poucet se retourne : plus de cailloux. Soudain, il entend un rire dans les feuillages et voit l'autruche. Elle danse et lui dit : « Je suis heureuse. »

D'après J. Prévert, « L'autruche », *Contes pour enfants pas sages*, © Gallimard.

◆ Qui sont les personnages de ce conte ?

◆ Que font-ils ? Recopie les verbes.

◆ Qui suit le Petit Poucet ? Qui entend un rire dans les feuillages ?

JE COMPRENDS

Les personnages sont *le Petit Poucet* et *l'autruche*.

- C'est …… qui : sème des cailloux.
  se retourne.
  entend un rire dans les feuillages.

- C'est …… qui : suit le Petit Poucet.
  dévore les cailloux un à un.
  danse.

Exercice

Indique quel personnage se rattache à chaque verbe en utilisant l'expression : « C'est …… qui …… » ou « Ce sont …… qui …… ».

Exemples : C'est la chouette qui se nourrit d'insectes.
Ce sont la chouette et le hibou qui entendent très bien.

La chouette se nourrit d'insectes. Le hibou se nourrit de petits rongeurs. La chouette et le hibou chassent la nuit. Avec leurs gros yeux fixes, ils voient cent fois mieux que toi, même de jour ! Ils entendent très bien. Chouettes et hiboux se logent dans les arbres creux et les anciens bâtiments.

JE RETIENS

- **Le sujet du verbe, c'est la personne, l'animal ou l'objet dont on parle :** on dit ce qu'il fait ou ce qu'il est.
  Exemples : L'*autruche* danse. Le *Petit Poucet* est un malin.
  Sujet du verbe *danser* Sujet du verbe *être*

- **Pour trouver le sujet du verbe,** on pose la question : « Qui fait quoi ? » ou « Qui est quoi ? ».
  Exemples : Qui danse ? ⟶ C'est l'*autruche* qui danse.
  Qui est malin ? ⟶ C'est le *Petit Poucet*.

- **Le groupe sujet (GS) peut être :**
  – un nom commun ou un nom propre.
  Exemples : L'*autruche* danse. *Philippe* danse.
  Sujet Verbe Sujet Verbe
  – un pronom. ⟶ *Elle* danse.
  Sujet Verbe
  – un groupe nominal. ⟶ *Le Petit Poucet* sème.
  Sujet Verbe

JE M'EXERCE

1 ★ **Souligne le sujet rattaché à chaque verbe en gras. Utilise l'expression : « C'est … qui … ».**

Exemple : C'est le juge qui dirige les débats.

Dans un tribunal, le juge **dirige** les débats. Le prévenu **est** la personne soupçonnée de ne pas avoir respecté la loi. L'avocat **défend** le prévenu. Le juge **écoute** les témoins.

2 ★ **Souligne le sujet (ou le GS) du verbe en gras.**

Pascal **est** fermier ; il **possède** cinquante vaches. Tous les matins, sa femme et lui **s'occupent** des vaches. Pascal **conserve** le lait dans une citerne froide. Un camion **passe** tous les deux jours pour transporter le lait à la coopérative.

3 ★★ **Souligne le sujet (ou le GS) du verbe.**
La nuit, les hiboux et les chouettes sortent. Leurs cris font peur. Ces rapaces nocturnes sont pourtant très utiles : ils empêchent les rongeurs d'envahir les cultures et les maisons.

4 ★★ **Complète les phrases avec les sujets (ou les GS) suivants :**

Ma respiration, Je, Des gouttes de sueur, elle, J', la maîtresse.

…… ai chaud tout à coup. …… dois être tout rouge. …… commencent à me dégouliner partout. …… s'arrête. […] Heureusement, …… ne me regarde pas, sinon …… verrait bien que c'est moi le coupable.

Tu peux vérifier avec le texte p. 13.

5 ★★★ **Transforme les phrases pour que le sujet soit après le verbe.**

Exemple : Dans la savane, galopent les zèbres.

Dans la savane, les zèbres galopent. Soudain, au loin, un lion rugit. Dans un nuage de poussière, les zèbres s'enfuient.

6 **Trouve un verbe. Ton(ta) voisin(e) trouve un nom. Construisez ensemble une phrase avec les deux éléments.**

Recommencez pour construire quatre phrases en tout.

6 Dans la phrase

J'OBSERVE

Émilie et Florent

Tous les mercredis, Émilie et Florent nagent dans le bocal du poisson rouge. En fin d'après-midi, ils retrouvent leur mamie au jardin tropical. La fillette avale un petit éléphant. Le garçon dévore un énorme baobab.
À minuit, ils vont à l'école avec leur chien Milou. Pendant qu'ils font du calcul, Milou lit des bandes dessinées.

◆ Qui sont les personnages de ce texte ?
◆ Que font-ils ?
◆ Quand et où les actions se passent-elles ?
◆ Que trouves-tu de bizarre dans ce texte ?

JE COMPRENDS

- Les personnages sont Émilie, Florent, Milou et ……. .
- Ces personnages font des actions incroyables.
  – *Qu'est-ce que la fillette avale ?* Elle avale *un petit éléphant*.
  – *Que dévore le garçon ?* Il dévore ……. .
  – *Que fait Milou ?* Il ……. .
- Certaines actions (ou certains événements) se déroulent dans des circonstances particulières, à des moments très étranges et dans des endroits très drôles.
  – *Quand Émilie et Florent vont-ils à l'école ?* Ils vont à l'école *à minuit*.
  – *Où Émilie et Florent nagent-ils ?* Ils nagent ……. .

Exercice

Recopie le texte suivant. Dans chaque phrase :

– entoure en rouge les mots qui répondent à la question :
« Que font les personnages ? » ;

– entoure en bleu les mots qui répondent à la question :
« Quand l'action (ou l'événement) a-t-elle(il) lieu ? » ;

– entoure en vert les mots qui répondent à la question :
« Où l'action (ou l'événement) a-t-elle(il) lieu ? ».

Pendant des journées entières, les autruches mangent de l'herbe, des racines, des bourgeons, des feuilles, des fruits et des insectes dans la savane. Au mois de septembre, les mâles poussent des grognements sourds qui attirent les femelles. L'autruche pond ses œufs dans un nid d'un mètre de largeur. La femelle produit sept ou huit œufs. Le mâle les couve la nuit. Les autruchons naissent quarante-deux jours après la ponte.

JE RETIENS

Dans une phrase, certains groupes de mots donnent des renseignements essentiels.

- **De qui ou de quoi on parle : le groupe sujet (GS)**

  Exemple : Qui *dévore un baobab* ?
  Florent *dévore un baobab*. → On sait qui dévore un baobab.

- **Ce que font ou ce que sont les personnages : le groupe verbal (GV)**

  Exemple : Que *fait Florent* ?
  Il *dévore un baobab*. → On sait ce que fait Florent.

On trouve aussi d'autres renseignements.

- **Quand ?**

  Exemple : Quand *Émilie et Florent vont-ils à l'école* ?
  À minuit. → On connaît le moment de l'action.

- **Où ?**

  Exemple : Où *nagent-ils* ?
  Dans un bocal à poissons. → On connaît le lieu de l'action.

JE M'EXERCE

1 ✦ Souligne le verbe dans les phrases suivantes.
a) En été, le chat rôde au fond de la ruelle.
b) Agnès partira bientôt à la montagne avec ses grands-parents.
c) Nous terminerons notre travail plus tard.
d) Le papa autruche couve les œufs toutes les nuits.

2 ✦ Recopie les phrases suivantes et entoure les mots qui répondent à la question « Que fait-il ? » ou « Que fait-elle ? ».
a) Le chat poursuit les souris.
b) Il fonce au fond de la ruelle et se glisse sous les voitures.
c) Il vide les poubelles et pousse des miaulements.
d) Il regarde une petite chatte minuscule.

3 ✦ Recopie les phrases suivantes et entoure les mots qui répondent à la question « Quand ? ».
a) Le soir, le chien rôde sur les trottoirs.
b) Tu partiras bientôt à la plage avec moi.
c) Ils nous offriront des œufs à Pâques.
d) Ils iront à la piscine plus tard.

4 ✦ Recopie les phrases suivantes et entoure les mots qui répondent à la question « Où ? ».
a) Papa ratisse les feuilles dans le jardin.
b) Les étoiles scintillent la nuit dans le ciel.
c) Le chat va se cacher sous le lit.
d) Les autruches broutent dans la savane.

5 ✦✦ Complète le texte avec les mots suivants :
autour de son lit, Un soir, Pendant trois jours, Le troisième jour.

……, Kogi se couche, ferme les yeux et meurt. Ses amis s'assemblent …… et pleurent. ……, ils veillent sa dépouille. ……, Kogi soudain pousse un long soupir, ouvre les yeux et se lève.

D'après H. Gougaud, *L'Arbre à soleils, Légendes du monde entier,* © Éd. du Seuil, 1979.

6 Complète ces phrases avec ton(ta) voisin(e). Tu indiques « où se passe l'action » et lui (ou elle) « quand ça se passe ».
a) Le lion attaque la gazelle …… .
b) Ils ont plongé …… .
c) Maman a rangé le gâteau …… .

7 Identifier les phrases déclaratives et

J'OBSERVE

Mon chat

Le chat que j'aime est un malin. Il est tigré. Il sort le soir. Où va-t-il ? Que fait-il ? Il joue ? Il se bagarre ? Je ne sais pas.
Souvent, il miaule dans la nuit. Parfois, il se promène avec une petite chatte rousse qui danse et qui ronronne. Est-ce qu'elle est son amie ? Est-ce qu'elle est sa princesse ? Je ne le sais pas. Je pense qu'il ne me le dira jamais.

◆ Qui sont les personnages de cette petite histoire ?

◆ Repère les phrases où celui qui parle raconte quelque chose, et celles où il dit ce qu'il pense.

◆ Repère les phrases où l'on pose une question.
Que remarques-tu à la fin de ces phrases ?

JE COMPRENDS

- Dans ce texte, on me parle d'un chat.

- Celui qui parle raconte quelque chose :
  – Le chat sort le soir. Il miaule dans la nuit. Il se promène.
            ou bien, il dit ce qu'il pense :
  – Le chat que j'aime est un malin. Je ne sais pas. Je pense qu'…… .
À la fin de chacune de ces phrases, je trouve un point.

- Celui qui raconte l'histoire s'interroge et pose des questions. Il pose des questions de plusieurs manières :
  – Où va-t-il ? Que fait-il ?
  – Il joue ? Il se bagarre ?
  – Est-ce qu'elle est son amie ?
À la fin de chaque question, je trouve un …… .

Exercices

1. Recopie le texte.

2. Souligne en bleu les questions, et en vert les autres phrases.

Savez-vous pourquoi les mammouths sont morts il y a environ 10 000 ans ? Vous pensez peut-être que les hommes préhistoriques ont exterminé le mammouth. Comment auraient-il pu percer son épaisse fourrure avec de simples pointes en silex ?
En fait, à cette époque, le climat de la Terre a changé, les glaciers ont fondu et le pauvre mammouth n'a pas supporté la chaleur.

interrogatives

JE RETIENS

- On utilise une **phrase déclarative** pour raconter un événement ou pour donner son avis.
    Exemples : Le chat se promène. Les serpents sont dangereux.
La phrase déclarative se termine par un point.

- On utilise une **phrase interrogative** pour poser une question.
    Exemples : Que fait-il ? Où va-t-il ?
La phrase interrogative se termine par un point d'interrogation.

Elle peut se construire de trois façons :

1. On utilise « Est-ce que… ? » ➔ **Est-ce que** tu as un ballon ?

2. On place le sujet après le verbe : c'est l'inversion du sujet.
   ➔ **As** - **tu** un ballon ?
        Verbe Sujet

3. On ajoute simplement un point d'interrogation à la fin de la phrase déclarative. ➔ *Tu as un ballon ?*

JE M'EXERCE

1 ★ **Relie entre elles les questions et les réponses.**
a) De quoi le rhinocéros se nourrit-il ?
b) Où vivaient les familles aux temps préhistoriques ?
c) Quand a-t-on découvert la grotte de Lascaux ?

1) C'est en septembre 1940 que des jeunes découvrirent la grotte de Lascaux en Dordogne.
2) Elles vivaient sous des tentes de peaux de bêtes et de branchages.
3) Il se nourrit d'herbes et de branches feuillues.

2 ★ **Recopie les phrases déclaratives de ce texte.**
À Lascaux, les hommes et les femmes chassaient les troupeaux sauvages avec des sagaies. Sais-tu ce que c'est, une sagaie ? C'est une lance ou un javelot avec une pointe en os. À quoi servait-elle ? La sagaie servait à tuer les proies des chasseurs. Les hommes préhistoriques avaient-ils des bijoux ? Tout le monde portait des bijoux faits avec des dents ou des coquillages.

3 ★★ **Réponds aux questions posées sur le texte pp. 8-9.**
a) Que fait le boulanger ?
b) Que vend le tripier ?
c) Où habite la sorcière ?
d) Qui a disparu ?
e) Qu'est-ce qu'on a vu dans le jardin de la sorcière ?

4 ★★ **Trouve une question pour chaque réponse.**
a) Dans mon jardin, j'ai du persil et des radis.
b) Le chauffeur, j'en ai fait un rat.
c) Parce qu'une citrouille, c'est beau, ça ne fait pas de bruit ni de fumée.

Tu peux vérifier avec le texte pp. 8-9.

5 *Tu te trouves dans une région que tu ne connais pas. Tu te renseignes auprès d'un habitant ou de l'office du tourisme sur les endroits à visiter, les lieux où l'on peut manger, jouer…*

Écrivez un dialogue à deux, en quelques lignes. L'un de vous prend le rôle du touriste, l'autre d'un habitant ou de l'agent de l'office du tourisme.

Identifier les phrases impératives et

J'OBSERVE

Au commissariat

LE COMMISSAIRE : J'ai reçu votre plainte. *(Il brandit la lettre.)* Je suis prêt à vous écouter.
LE NEVEU DE BARBE-BLEUE : Il y a deux semaines, mon oncle, Barbe-Bleue, a été assassiné par ces individus…
LES AUTRES, *ensemble* : Oh ! Assassiné ! Ce n'était pas un assassinat ! C'était de la légitime défense !
LE COMMISSAIRE : Silence ! Poursuivez !
LE NEVEU : Ils ont assassiné mon oncle ! C'est la vérité !
LES AUTRES, *furieux* : C'est faux ! Quel menteur ! Qu'est-ce qu'il raconte !
LE 1er GENDARME : De quoi se mêle-t-il ?
LE 2e GENDARME : Je vais lui casser la binette !
LE COMMISSAIRE : Asseyez-vous, gendarmes. Veillez à ce que ces hommes se tiennent tranquilles… *(Au neveu.)* Poursuivez. Réfléchissez bien. Que s'est-il passé au château de votre oncle le jeudi 15 mai dernier ?

D'après Yak Rivais, « L'affaire Barbe-Bleue »,
Pièces et Saynètes pour les enfants, © Éd. Retz Paris, 1988.

◆ Qui sont les personnages de ce dialogue ?
◆ Repère les phrases où le commissaire donne des ordres.
◆ Certains personnages « Le neveu », « Les autres » expriment leur colère ou leur surprise. Que remarques-tu à la fin de ces phrases ?

JE COMPRENDS

● Les personnages de ce dialogue sont *le commissaire, le neveu de Barbe-Bleue, les gendarmes* et ……. .

● Le commissaire s'adresse aux autres ; il leur donne des ordres auxquels ils sont obligés d'obéir : c'est impératif.
   Silence ! Poursuivez ! ……, gendarmes.
Les verbes de ces phrases n'ont pas de sujet.

● Certains personnages s'expriment avec force : ils s'exclament.
   Oh ! Assassiné ! Ce n'était pas …… !
   C'était de la légitime défense ! Silence !
À la fin de chacune de ces phrases, je trouve un point ……. .

Exercice

Recopie le texte en mettant la ponctuation.

Le Sultan bondit sur ses pieds
Oh Oh hurla-t-il Que le diable emporte cet infernal petit coq Ouvrez-lui la Chambre aux Trésors qu'il reprenne son écu d'or qu'il emporte tout ce qu'il voudra mais que je n'entende plus jamais parler de lui.

Tu peux vérifier p. 25.

l'exclamation

JE RETIENS

- **Pour donner un ordre ou un conseil, on utilise une phrase impérative.**
  Exemples : Sortez tout de suite.   Avale lentement.
  Dans les phrases impératives, le sujet n'est pas indiqué.

- **Pour protester, s'étonner, exprimer une émotion forte, on utilise une tournure exclamative.**
  Exemples : C'est faux !   Quel menteur !   Qu'est-ce qu'il raconte !

  – On peut ajouter simplement un point d'exclamation à la phrase déclarative *(Il est menteur !)*, à la phrase impérative *(Venez vite !)* ou interrogative *(Qu'est-ce qu'il raconte !)*.

  – On peut aussi ajouter un mot devant la phrase déclarative.
  Exemples : Comme il est menteur !   Qu'il est menteur !

- Quand on parle, les phrases impératives et les tournures exclamatives se disent avec une intonation particulière.

Grammaire

JE M'EXERCE

1 ★ Transforme ces phrases déclaratives en phrases impératives.
a) Nous allons voir Willie.
b) Vous vous arrêtez de pagayer au milieu du lac.
c) Vous écoutez les bruits de la forêt.
d) Nous observons les écureuils.
e) Vous me montrez ce que vous avez fait.

2 ★ Transforme ces phrases impératives en phrases déclaratives.
a) Quand tu seras rentré, donne à manger au chat.
b) Range le linge et les jouets dans ta chambre.
c) Fais des crêpes avec ta sœur.
d) Casse six œufs.
e) Parfume la pâte avec de la vanille.

3 ★ Transforme ces phrases déclaratives en tournures exclamatives. Tu peux utiliser « Comme » ou « Que » (qu').
a) Le tigre du Bengale est puissant.
b) Ses crocs sont longs.
c) Le zèbre est rapide.
d) Il fait beau.
e) Ces roses sont belles.

4 ★★ Transforme ces phrases déclaratives en tournures exclamatives.
a) Ce gâteau est délicieux.
b) Sophie est courageuse.
c) Arthur et ses amis sont agités.
d) Les garçons sont élégants.

5 ★★ Mets la ponctuation qui convient.
Le crocodile était furieux
Regarde-moi ça Mais qu'as-tu donc fait Je ne vais plus oser me montrer Tout le monde se moquera de moi J'aime mieux me cacher dans la rivière Mais jamais je ne te pardonnerai

Tu peux vérifier p. 40.

6 ★ Par groupe de deux, jouez le rôle de deux amis qui se disputent dans la cour de l'école.

Écrivez à tour de rôle ce que vous dites, en utilisant une tournure exclamative ou une phrase impérative.

9 Identifier les formes affirmatives et

J'OBSERVE

Test : ton avis sur les extraterrestres !

	A	B
À ton avis, est-ce que les martiens existent ?	Ils existent.	Ils n'existent pas.
Est-ce que les martiens mangent ?	Ils mangent.	Ils ne mangent rien.
Est-ce qu'il y a du monde sur la Lune ?	Il y a du monde.	Il n'y a personne.
Est-ce que l'on voit encore des soucoupes volantes ?	On en voit encore.	On n'en voit plus.
Est-ce que les extraterrestres viennent souvent sur Terre ?	Ils viennent souvent.	Ils ne viennent jamais.

◆ Combien y a-t-il de réponses à chaque question ?

◆ Quel mot de trois lettres pourrais-tu placer devant les réponses de la colonne A ? et devant les réponses de la colonne B ?

◆ Compare les colonnes A et B : quels mots a-t-on ajoutés dans la colonne B ? Quels mots ont changé ?

JE COMPRENDS

● À chaque question du test, il y a deux réponses ou deux façons de donner son avis.

● Je peux répondre aux questions par « oui » ou par « non » :
– *Oui*, les martiens *existent*. → C'est la forme affirmative.
– *Non*, les martiens n'*existent* pas. → C'est la forme négative.
– *Oui*, ils *mangent*. → C'est la forme ....
– *Non*, ils ne *mangent* rien. → C'est la forme ....

● Dans les phrases négatives, je trouve :
– la négation « ne » ou « n' » devant le verbe ;
– les mots « pas, rien, ... » après le verbe.

Exercice

Indique pour chaque phrase si elle est à la forme affirmative (Aff) ou à la forme négative (Nég).

Les deux valets du roi m'emmènent chez leur maître. Par force, le roi veut me faire épouser sa fille, mais je ne veux pas. J'ai promis au bon Dieu de me faire prêtre. Et je n'épouserai jamais la fille du roi !

D'après J.-F. Bladé,
Dix Contes de loups, © Nathan,
© Pocket pour la présente édition.

négatives

JE RETIENS

- **Pour affirmer quelque chose ou pour dire que l'on est d'accord,** on utilise des phrases à la **forme affirmative**.
  Exemple : Kareen est contente, c'est son anniversaire. Elle danse.

- Au contraire, **pour nier quelque chose ou pour exprimer son désaccord,** on utilise des phrases à la **forme négative**.
  Exemple : Kareen **n'**est **pas** contente, elle **ne** danse **pas**.

- Pour passer de la forme affirmative à la forme négative, on peut utiliser les mots suivants.

Avant le verbe :	Après le verbe :	
ne	pas	Elle **n'**aime **pas**.
(ou)	rien	Je **ne** veux **rien**.
n'	personne	Je **ne** vois **personne**.
	plus	Je **ne** chante **plus**.
	jamais	Il **ne** joue **jamais**.

Grammaire

JE M'EXERCE

1 ★ Souligne en vert les expressions à la forme affirmative, en rouge les expressions à la forme négative.

Ne touche pas au feu,
Me disait le grand oncle.
N'ouvrez pas cette armoire,
Me disait la servante.
N'approche pas du puits,
Me disait la grand-mère.
  André Spire, *Poème de Loire*, © B. Grasset.

2 ★★ Mets ces phrases à la forme affirmative. Quels changements as-tu faits ?
a) Les loups ne mangent jamais gloutonnement.
b) Le loup n'avala pas d'os.
c) Il ne cria pas de douleur.
d) Il n'appela pas une cigogne.
e) Elle ne retira pas l'os.

3 ★★ Mets ces phrases à la forme négative. Utilise « ne… pas » ou « ne… jamais ».
Exemple : Fifi mange un gâteau. → Fifi **ne** mange **pas** un gâteau.
a) Agnès mange une glace.
b) Le soir, elle joue au tennis.
c) Elle range sa chambre.
d) Elle aime la musique classique.

4 ★★★ Réponds à la forme négative en utilisant : « ne… pas », « ne… jamais », « ne… rien » ou « ne… plus ».

Exemple : Aimes-tu le fromage ? Non, je n'aime *pas* le fromage.
a) Est-ce que tu vas parfois faire du ski ?
b) Travailles-tu le mercredi après-midi ?
c) Ranges-tu parfois ta chambre ?
d) Regardes-tu souvent la télévision ?

5 ★★★ Réponds à la forme affirmative.
a) Est-ce que tu te brosses les dents tous les jours ?
b) Est-ce que vous préparez une sortie ?
c) Est-ce que tu lis des romans policiers ?
d) As-tu vu le film sur les ours ?

6 Voici des réponses données par un élève :
— Oui, j'y vais demain.
— Non, je n'en mange jamais.
— Si, j'en ai lu plusieurs.
— Non, je n'en ai trouvé aucun.

**Imagine les questions qui ont pu être posées.
Compare avec ton(ta) voisin(e).
Avez-vous les mêmes questions ?**

Identifier le complément d'objet

J'OBSERVE

Le petit homme vert

Le petit homme vert **mangeait** depuis trois heures. Il **appela** le garçon et il **commanda** douze tartes aux pommes et dix cafés. Le serveur revint, il **portait** un énorme plateau. Un chien jaune qui passait par là lui **mordit** le mollet. Le serveur **renversa** son plateau sur le petit homme vert qui devint bleu de colère.

◆ **Dans ce texte, sais-tu ce que mangeait le petit homme vert ?**
◆ **Sais-tu qui il a appelé ? Ce qu'il a commandé ?**
◆ **Sais-tu ce que portait le serveur ? Ce qu'il a ensuite renversé ?**
◆ **Sais-tu ce que le chien a mordu ?**

JE COMPRENDS

● Dans la phrase *Le petit homme vert mangeait depuis trois heures*, je sais pendant combien de temps le petit homme vert a mangé, mais je ne sais pas ce qu'il a mangé.

● Dans la suite de l'histoire, je sais que :
– c'est *le garçon* que le petit homme vert a appelé ;
– ce sont …… qu'il a commandés ;
– c'est …… que le serveur portait ;
– c'est …… que le chien a mordu.

Exercices

1. Indique ce qui complète chaque verbe en gras. Utilise l'expression « C'est… que… ».

Exemple : L'oiseau **renversa** l'œuf. ➔ *C'est un œuf que l'oiseau renversa.*

2. Relève les groupes sujets. Que remarques-tu ?

Dans Paris…

L'oiseau **renversa** l'œuf ; l'œuf **renversa** le nid ;
le nid **renversa** la cage ; la cage **renversa** le tapis ;
le tapis **renversa** la table ; la table **renversa** la chambre ;
la chambre **renversa** l'escalier ; l'escalier **renversa** la maison ;
la maison **renversa** la rue ; la rue **renversa** la ville de Paris.

D'après Paul Eluard, « Invraisemblances et hyperboles »,
Les Sentiers et les Routes de la poésie, © Gallimard.

direct du verbe

JE RETIENS

- Le verbe peut être complété par un mot ou un groupe de mots qui s'appelle **le complément d'objet direct (COD)**.

- Le COD se place le plus souvent **après le verbe**. Il complète le sens du verbe en expliquant sur qui ou sur quoi porte l'action.
  Exemples : Il appela <u>le garçon</u>.   Le serveur renversa <u>son plateau</u>.
                              COD   COD
                      du verbe *appeler*   du verbe *renverser*

- **Pour trouver le COD**, on peut utiliser en général l'expression « C'est… que… ».
  Exemple : C'est <u>le garçon</u> que le petit homme vert appelle.

- **Attention :** un nom ou un groupe nominal peut avoir des **fonctions différentes** dans des phrases différentes.
  Exemples : Mon grand-père bêche <u>le jardin</u>.   <u>Le jardin</u> entoure la maison.
                                      COD   Sujet
                           du verbe *bêcher*   du verbe *entourer*

Grammaire

JE M'EXERCE

❶ ★ Indique le complément d'objet direct (COD) du verbe en utilisant l'expression « C'est… que… ».
a) Nathalie mange une tarte aux fraises.
b) Elle raconte sa journée à ses parents.
c) Karine relit son livre de contes.
d) Elle aime la musique classique.
e) Parfois, elle dessine son portrait.

❷ ★ Recopie les phrases où tu vois un COD.
Nous avons reçu une poule dans l'école. Elle a pondu deux œufs. Elle caquetait. Yann a apporté une couveuse. Trois semaines après, un poussin est sorti.

❸ ★ Recopie le texte, souligne les verbes conjugués et entoure les COD des verbes.
Vendredi vidait l'oiseau, il mettait le sel, le poivre et les herbes aromatiques. Il laissait les plumes. Puis il prenait une boule d'argile. Il faisait une galette et roulait l'oiseau dans la galette. Il préparait un feu de bois et plaçait l'oiseau dans les braises. À la fin, Vendredi mangeait l'oiseau bien tendre et savoureux.

D'après M. Tournier, *Vendredi ou la Vie sauvage,*
© Gallimard.

❹ ★★ Complète avec les COD suivants : un ordinateur, la visite de l'imprimerie, un journal, un petit article, la machine, une médaille.
On a créé …… dans la classe. Nous avons tous écrit …… . Moi, j'ai raconté …… . J'ai aussi photographié …… . Le maire nous a remis …… . Un journaliste nous a offert …… .

❺ ★★ Place les COD suivants après les verbes en gras :
des nids, des écureuils, des œufs, les écureuils, des noisettes, les écureuils, leurs nids.
Dans la forêt, on **voit** qui **grignotent**. Parfois, ils **trouvent** et **mangent**. Les pies **voient**. Elles **protègent** et **attaquent**.

❻ Pour donner du sens à ce texte, chaque joueur ajoute un COD aux verbes en gras. Comparez vos histoires. Si on change les COD, l'histoire change-t-elle ?
Sur la plage, en été, nous **rencontrons** et nous **ramassons**. Au goûter, souvent nous **mangeons**. Une fois, nous **avons perdu** dans le sable et nos parents n'ont pas été contents.

Identifier les déterminants

J'OBSERVE

Après la pêche

« Oh ! Robin, mais il y en a des poissons dans ce panier !
— Oui maman, on a pêché tous ces poissons avec papa !
— Ah oui ! Et qu'avez-vous attrapé ? Une truite ? Une carpe ?
— Moi, j'ai pêché cette truite.
— Elle est belle, ta truite, Robin ! Donne-la-moi, je vais la préparer.
— Papa, il a pêché ces truites argentées qui sont toutes petites. Il est fort, papa ! Il est allé jusqu'au milieu de la rivière pour attraper ses truites. »

◆ **Recopie les différents mots que tu trouves devant les noms *poissons* et *truite(s)*.**

◆ **Pourquoi la maman dit-elle « des » poissons, puis « une » truite ?**

◆ **Pourquoi Robin dit-il « ces » poissons, « cette » truite et « ses » truites ?**

◆ **Vois-tu des petits mots comme *le*, *un* … devant le nom *Robin* ?**

JE COMPRENDS

• Devant les noms *poissons*, *truite(s)*, je trouve des petits mots comme *des*, *ces*, *une*, *ma* …

• La maman de Robin ne sait pas exactement quels poissons se trouvent dans le panier. Elle dit : **des** poissons, **une** truite.

• Robin montre ce qu'il y a dans le panier et dit : **ces** poissons, …… truite.
— Il sait ce que son père a pêché. Il dit : **ces** truites argentées.
— Pour désigner celle que son père a pêchée, il dit : …… truites.

• On ne trouve pas de petit mot devant le nom *Robin*.
Ce nom commence par une majuscule. C'est un nom …… .

Exercice

Avec toute la classe, complète oralement ce texte en choisissant le mot qui convient. Tu peux utiliser les mots suivants :

un, une – le, la, l', les – ce, ces, cette – ma, ta, sa, mon, ton, son.

…… naissance du petit dauphin

Après onze mois passés dans …… ventre de …… mère, …… petit dauphin voit …… jour au fond de …… eau. …… mère pousse …… nouveau-né vers …… surface pour qu'il prenne vite …… première respiration. Dès qu'il a respiré, …… petit dauphin plonge de nouveau. Il saisit …… tétine sous …… ventre de …… mère et …… lait jaillit dans …… bouche. …… autres dauphins restent autour de lui pour le protéger. …… naissance est …… moment important pour …… dauphins.

JE RETIENS

Les mots placés avant les noms communs s'appellent des déterminants. Les principaux déterminants sont :

	AU SINGULIER		AU PLURIEL
Les articles indéfinis : pour parler d'une personne, d'un animal ou d'un objet en général.	un chien	une chatte	des oiseaux
Les articles définis : pour parler d'une personne, d'un animal ou d'un objet que l'on connaît.	le chien l'ours	la chatte l'abeille	les oiseaux
Les adjectifs démonstratifs : pour montrer ou désigner précisément une personne, un animal ou un objet.	ce chien cet homme	cette chatte	ces oiseaux ces enfants
Les adjectifs possessifs : pour indiquer à qui appartient un objet, un animal ou un personnage.	mon père son cartable	ma sœur sa flûte	mes frères ses livres

Le mot « adjectif » vient de « ajouter ». Un adjectif est un mot qu'on ajoute au nom.
Le mot « démonstratif » vient de « montrer ».
Le mot « possessif » vient de « posséder ».

JE M'EXERCE

❶ ★ Mets l'article qui convient.

…… manchot est …… oiseau mais il ne sait pas voler. …… corps du manchot est protégé par …… couche de plumes imperméables. Ces plumes bloquent contre …… peau …… couche d'air qui isole …… corps de …… oiseau du froid. Sous …… peau, …… manchot possède …… épaisse couche de graisse.

D'après *Images Doc*, décembre 1990, n°24, © Bayard Presse.

❷ ★ Mets l'adjectif démonstratif qui convient.

a) …… enfants sont revenus contents.
b) …… animal semble blessé.
c) …… chanson me plaît beaucoup.
d) Nous mangerons bientôt …… cerises.
e) Je lis …… roman.

❸ ★ Mets le groupe nominal en gras au pluriel.

a) Célia promène **son chien**.
b) J'ai rencontré **mon ami** au jardin.
c) Nous écrivons à **notre professeur**.
d) Anne répare **son jouet**.
e) Théo chante **sa chanson**.

❹ ★★ Complète avec le déterminant qui convient : article, adjectif démonstratif ou adjectif possessif.

a) … année, le Tour de France part de Belgique. Il traverse …… frontière à Lille.
b) …… bateau a été renversé à cause d'…… violente tempête.
c) …… vieux paysan rangea …… outils.
d) J'ai déjà vu …… acteur au cinéma ; j'aime beaucoup …… films.

❺ ★★ Complète avec « ces » (adjectif démonstratif) ou « ses » (adjectif possessif).

a) La chatte a caché …… petits.
b) …… athlètes s'entraînent.
c) Je mangerai …… confitures ce soir.
d) Jérôme est coquin, …… yeux brillent de malice.
e) Alex a rangé …… jouets dans sa chambre.

❻ Dans le texte page 39, cherche des groupes nominaux avec un article indéfini. Ton(ta) voisin(e) cherche des groupes nominaux avec un article défini.

Comparez vos listes.

Identifier les adjectifs qualificatifs

J'OBSERVE

Au magasin (1)

« Bonjour madame !
— Bonjour M. Pinet.
— Je voudrais un chapeau.
— Un chapeau ? Oui, mais lequel ?
— Celui-là.
— Expliquez-moi ; vous voulez un de ces chapeaux verts, un de ces chapeaux bleus ou un de ces chapeaux noirs ? Voulez-vous un chapeau mexicain, un chapeau chinois, un chapeau mou, un chapeau rond, un chapeau large ?
— Je voudrais ce chapeau noir et large.
— Bien ! »

◆ La vendeuse propose de nombreux chapeaux à **M. Pinet**. Avec quels mots lui indique-t-elle tous les choix possibles ?

◆ Avec quels mots M. Pinet précise-t-il le chapeau qu'il choisit ?

JE COMPRENDS

● Pour présenter tous les choix possibles, la vendeuse ajoute au nom *chapeau* huit mots différents : *vert, bleu, noir, mexicain, ……* .

● Pour bien préciser le chapeau qu'il choisit, M. Pinet dit :
Je voudrais ce chapeau noir et …… .
Il y a plusieurs chapeaux noirs et il y a plusieurs chapeaux larges. Mais il n'y a qu'un seul chapeau à la fois noir et …… .

● Tous les mots que l'on ajoute au nom *chapeau* servent à préciser de quel chapeau on parle : ils le qualifient.

Exercice

Entoure les mots qui qualifient les noms en gras.

En vacances, nous allons dans un petit **village** gai et accueillant. Des **maisons** hautes ou basses se nichent sur la **colline** verdoyante. De vieilles **tuiles** grises couvrent les toits. Autour de la grande **place** centrale, de nombreux **paysans** viennent vendre des **légumes** frais et abondants. Un vieux **pont** enjambe une petite **rivière** ; sur l'**eau** verte, des **canards** gris remontent le courant en allongeant derrière eux leurs larges **pattes** jaunes.

JE RETIENS

● **Pour se faire une image plus précise des personnages, des animaux ou des objets dont on parle, on peut utiliser des adjectifs qualificatifs.**
Exemples : un chapeau pointu ; un chapeau rond.

● **L'adjectif qualificatif qualifie le nom. Il se place avant ou après le nom.**
Exemples : La neige fraîche crissait sous les skis.
Un énorme nuage masquait le soleil radieux.

Le mot « qualificatif » vient de « qualifier » qui veut dire attribuer une qualité particulière.

JE M'EXERCE

1 ★ **Recopie ces phrases et entoure les adjectifs qualificatifs.**
a) Une route étroite et sinueuse montait.
b) Les arbres majestueux saluaient la petite chèvre.
c) Les grenouilles vertes s'endormaient au bord de l'étang.
d) Il vit de belles truites sauvages.
e) La petite rivière coulait sous le pont.

2 ★ **Supprime les adjectifs qualificatifs. Les phrases ont-elles le même sens ?**
a) Préfères-tu les fruits frais ou les fruits secs ?
b) La neige fraîche recouvrait le sol d'une épaisse couche blanche et lumineuse.
c) Le pain croustillant est plus savoureux que le pain mou.
d) Le sable blanc de la plage immense nous aveuglait.

3 ★ **Choisis l'adjectif qui convient.**
a) Nous visitons un parc (régional/joyeux).
b) Émilie goûte un gâteau (timide/délicieux).
c) Olivier court sur un chemin (impoli/rocailleux).
d) Le chat (tigré/carré) grimpe sur le toit.
e) Les fromages (blancs/inquiets) étaient sur l'étalage.

4 ★★ **Complète ces phrases avec les adjectifs proposés.**

moelleuse, houleuse, croustillants, blancs, étoilée.

a) Les nuages ressemblaient à du coton.
b) J'aime les brioches à la pâte.
c) Les voiliers voguaient sur une mer.
d) Il acheta des croissants.
e) Le murmure des crapauds s'élève dans la nuit.

5 ★★★ **Complète les noms en gras avec un adjectif qualificatif de ton choix.**
a) Les **mouettes** volent au-dessus de la **mer**.
b) J'aperçois un **champ** de **tulipes**.
c) Le **Prince** aimait la **rose**.
d) La **chèvre** aperçoit les **yeux** du **loup**.
e) Les **singes** poussaient des **cris**.

6 **Complète dans le texte les noms en gras avec autant d'adjectifs qualificatifs que possible.**
Compare avec ton(ta) voisin(e). Vos histoires sont-elles les mêmes maintenant ?
En revenant par le **chemin**, nous avons vu un **homme** qui portait un **chapeau**. Il était habillé avec un **pantalon** et une **chemise** ; il tenait un **chien** en laisse. En le voyant, nous avons eu peur et nous avons traversé la **forêt** en courant.

13 Identifier le nom complément d'un

J'OBSERVE

Au magasin (2)

« Bonjour madame !
— Bonjour Valentine. Que désires-tu ?
— Je voudrais un chapeau.
— Un chapeau ? Oui, mais lequel ? J'ai des chapeaux de toutes sortes. Veux-tu un chapeau de cow-boy, un chapeau de clown, un chapeau de magicien ? Veux-tu un chapeau de paille, un chapeau de velours, un chapeau en cuir, un chapeau à plume ?
— Je voudrais un chapeau de paille.
— Ah, bon ! Alors j'ai ce qu'il te faut. »

◆ La vendeuse propose de nombreux chapeaux à Valentine. Quels sont les mots qu'elle ajoute au nom *chapeau* pour indiquer tous les choix possibles ?

◆ Avec quels mots Valentine désigne-t-elle le chapeau qu'elle choisit ?

JE COMPRENDS

• Pour présenter tous les choix possibles, la vendeuse ajoute au nom *chapeau* sept noms différents : de *cow-boy*, de *clown*, de *magicien*, de *paille*, ...

• Ces noms sont reliés à *chapeau* par les mots *de*, *en* ou ....

• Pour bien préciser le chapeau qu'elle souhaite, Valentine dit :
   Je voudrais un chapeau de paille.
Grâce à ces deux mots, Valentine peut préciser son choix. Elle se fait mieux comprendre de la vendeuse.

Exercice

Recopie le texte et entoure le nom qui complète le nom en gras. Relie ces deux noms par une flèche.

Le **rat** de ville invita le **rat** des champs. Il présenta le **plat** de viande dans une **vaisselle** en porcelaine. Ils étaient assis sur un **tapis** de soie. Au dessert, ils mangèrent une **salade** de fruits et un **gâteau** au chocolat. Ce fut un **festin** de roi.

autre nom

JE RETIENS

- **Pour compléter ou préciser le sens d'un nom**, on peut utiliser un autre nom qu'on appelle **le complément du nom**.
  Exemples : un chapeau <u>de paille</u>   un gâteau <u>au chocolat</u>
  Complément du nom *chapeau*   **Complément du nom** *gâteau*

- Le complément du nom apporte une information complémentaire.
  Le mot « complément » vient de « compléter ».

- **Pour introduire le complément du nom, on utilise une préposition.**
  Le plus souvent : *de, à, en, au, du.*
  Exemples : le Tour *de* France, un four *à* pain, un jouet *en* bois, un gâteau *au* chocolat, l'aile *du* canard.
  On appelle ces mots des **prépositions** parce qu'ils se placent avant le nom.
  « Pré » veut dire « avant ».

Grammaire

JE M'EXERCE

1 ✱ Souligne le complément du nom et entoure la préposition placée devant. Indique par une flèche le nom qu'il complète.
a) Un groupe de manchots va vers le bout de la banquise.
b) Le jeune manchot prend le poisson dans le bec de son père.
c) Le bec du manchot est tranchant comme une lame de couteau.

2 ✱ Choisis un des compléments du nom proposés.
a) Veux-tu une tarte (aux pommes/au chocolat) ?
b) Je préfère un gâteau (à la crème/au café).
c) Je fais une collection (de timbres/de porte-clés).
d) On fait un château (de cartes/de sable) ?

3 ✱ Complète ces phrases avec les compléments du nom proposés :
en osier, de cheminée, de fées, de source, du robinet, à pêche.
a) J'aime beaucoup les contes ......
b) Le feu ...... réchauffe la pièce.
c) L'eau ...... est aussi bonne que l'eau ......
d) J'ai emporté ma canne ...... et mon panier ......

4 ✱✱ Complète ces GN avec un complément du nom.
Un jeu de .... – Un bateau à .... – Un terrain de .... – Une meringue aux .... – Un éclair au .... – Les fraises des .... – Les fraises du .... – La cocotte en .... – Le panier de .... – Le panier en .... – La machine à .... – Le stylo à .... – Les crayons de ....

5 ✱✱ Complète ces phrases avec un complément du nom.
a) Le jardin ...... est fleuri.
b) Le tour ...... en solitaire est une grande course.
c) J'ai mangé un très bon gâteau ....

6 Ajoute un complément du nom à chaque GN en gras. Compare avec ton (ta) voisin(e). Vos phrases ne doivent pas avoir le même sens. Changez vos phrases si nécessaire.

a) Les joueurs entrent sur **le terrain**.
b) L'entraîneur est assis sur **le banc**.
c) **Les lumières** s'allument.
d) **Les banderoles** s'agitent.
e) **L'équipe** sa gagné.

169

Distinguer les noms, les verbes et

J'OBSERVE

Benjamin rencontre Sonoko. Sonoko lui chuchote :
« Alors, voilà… L'autre nuit, j'étais un tigre. Pour m'amuser, j'ai escaladé le toit de la gare de l'Est. La peur régnait sur la ville ! »
Nous remontons le grand canal, du côté du quai de Valmy.
Tout d'un coup, Sonoko s'arrête :
« Voilà le magasin de mes parents. »
Une boutique d'antiquaire… On voit plein de choses étranges : des statues de bois, des coffres de laque rouges, des sabres de samouraï, des boîtes à thé, un coq de cuivre…
« Viens, on rentre. »
Dans la boutique, je vois des tables laquées, des lanternes jaunes et des jeux bizarres.

D'après Paul Thiès, *Je suis amoureux d'un tigre,* © Éd. Syros.

◆ Qui sont les deux héros de l'histoire ?
◆ Repère des mots qui indiquent ce que font les héros.
◆ Trouve un mot qui désigne un animal, un mot qui désigne un objet, et un mot qui désigne un sentiment.
◆ Dans la boutique, Benjamin et Sonoko voient plusieurs objets (des tables, des lanternes, des jeux). Recopie les mots qui permettent de savoir comment sont ces objets.

JE COMPRENDS

● Les deux héros de l'histoire sont *Benjamin* et *Sonoko*. Ces mots sont des noms propres : ils commencent toujours par une …….

● Les mots « *j'ai escaladé* » et « *nous remontons* » décrivent des actions : ce sont des ……. Ils se conjuguent.

● Le mot « *tigre* » désigne un animal, les mots « *statues* » et « *coffres* » désignent des objets, le mot « *peur* » désigne un sentiment.
– *tigre, coffres, peur* sont des noms communs ;
– *un, des, la* placés devant les noms communs sont des déterminants.

● Les mots « *laquées* », « *jaunes* » et « *bizarres* » précisent comment sont les objets : ce sont des adjectifs ……. Ils s'accordent avec le nom qu'ils qualifient.

Exercices

1. Relis le texte ci-dessus et recopie trois noms communs avec leur déterminant, puis deux noms propres.
2. Recopie trois verbes avec leur sujet.
3. Recopie un adjectif qualificatif avec le nom qu'il qualifie.

les adjectifs qualificatifs

JE RETIENS

Les mots de notre langue se regroupent en **trois grandes catégories** qui indiquent la nature des mots.

- **Les noms**, pour désigner ce dont on parle (animaux, personnages, objets, sentiments). On distingue :
  – **les noms propres**. Ils commencent toujours par une majuscule.
  Exemples : Benjamin, Léa, la France, New York.
  – **les noms communs**. Ils sont souvent précédés d'un déterminant.
  Exemples : un *tigre*, un *enfant*, la *table*, la *peur*, mes *parents*, cette *boutique*.

- **Les verbes**, pour exprimer ce que l'on fait ou ce que l'on est ou bien encore ce qui se passe.
  Exemples : Nous *remontons*. On *voit*. La peur *régnait*. Elle *est* institutrice.

- **Les adjectifs qualificatifs** pour préciser comment sont les objets ou les personnages dont on parle.
  Exemples : des tables bleues, des fleurs parfumées, des enfants heureux.

Grammaire

JE M'EXERCE

1 ★ Souligne deux noms propres et deux noms communs. Entoure quatre verbes conjugués.

Cher Ben,
J'ai bien reçu ta lettre. Je la trouve belle. Je trouve beau aussi ce que tu me dis. Est-ce que tu pars pour les vacances ? Ou est-ce que nous pourrons faire quelque chose ensemble ?
Ton Anna.

Peter Härtling, *Ben est amoureux d'Anna*, © Éd. Pocket jeunesse, 1995.

2 ★★ Complète avec les noms proposés et entoure les adjectifs qualificatifs :

coquillages, la mer, ses trésors, galets, garçon.

Alors, l'Aîné des frères chinois avala .... Les poissons se trouvèrent à sec, et la mer découvrit .... Le petit ...... était ravi. Il courait de ci, de là, sur le fond de la mer, remplissant ses poches de ...... bizarres, d'algues fantastiques et de ...... étranges.

Claire Huchet, *Les Cinq Frères chinois*, © Sénévé jeunesse, Buchet/Chastel Pierre Zech Éditeur.

Tu peux vérifier avec le texte p. 50.

3 ★★★ Ajoute des adjectifs qualificatifs aux noms en gras.

Je suis un personnage bizarre. Je m'appelle Bristophe. J'ai des **cheveux**, un **nez** avec des **oreilles**, des **dents** et une **queue**. Nous habitons une **caverne**, pas loin de la **forêt**. Aujourd'hui, dans la **clairière**, mon **frère** et moi nous dégustons un morceau de trompe et une patte d'éléphant.

4 Repère les noms, les verbes et les adjectifs qualificatifs. Classe-les dans un tableau. Tu peux travailler avec deux camarades : chacun cherche une catégorie, puis vous comparez vos réponses.

Noms	Verbes	Adjectifs qualificatifs

Samani est un jeune Indien Algonquien de la région des grands lacs d'Amérique du Nord, les yeux noirs comme la nuit, la peau dorée et cuivrée, de taille haute et les muscles saillants.
[...] Il sera un robuste guerrier. À la chasse, il sait être plus silencieux qu'un serpent.

D'après Michel Piquemal, *Samani, l'Indien solitaire*, © Sedrap.

Identifier et utiliser les pronoms

J'OBSERVE

Dans la boulangerie

Le boulanger se lève pendant la nuit, vers 2 heures du matin. Il prépare la pâte. Quand la pâte est prête, il la partage en « boules ». Ensuite, il forme les différents pains. Pendant un moment, il les laisse gonfler grâce à la levure et puis il les met au four. Il prépare aussi des croissants, des pains au chocolat et des pâtisseries.

Le matin, la boulangère expose les pains bien dorés dans la boulangerie. Elle sort du four les petits pains au chocolat, elle les dispose sur le présentoir et les vend aux enfants gourmands.

◆ Qui sont les deux personnages ?

◆ Recopie les mots qui désignent ces personnages.

◆ Dans les expressions en vert, quels mots remplacent « la pâte » ? « les différents pains » ? « les petits pains au chocolat » ?

JE COMPRENDS

● Les deux personnages sont *le boulanger* et *la boulangère*.

● Dans les phrases : *Il prépare la pâte, Il la partage…, Il forme…, Il* désigne le boulanger.
Dans les phrases : *Elle sort les petits pains, Elle les dispose…, Elle* désigne ……. .

● Dans les phrases :
Il la partage, la désigne la pâte ;
Il les laisse gonfler… puis il les met au four, les désigne les pains ;
Elle les dispose sur le présentoir et les vend aux enfants gourmands, les désigne ……. .
Les mots comme *il, elle, la, les* représentent différents noms. Quand je lis un texte, je dois trouver ce que désignent ces petits mots.

Exercice

Indique dans chaque phrase ce que représentent les mots en gras.

Exemple : J'aime les fleurs ; je **les** arrose. → **les** représente **les fleurs**.
a) Papa prépare le feu ; **il l'**allume.
b) J'ai préparé l'hameçon ; je **le** lance.
c) Sophie verse l'eau dans son verre et **elle la** boit.
d) J'ai cueilli des fraises ; je **les** mange.
e) Lucille entend des oiseaux ; **elle** ouvre la fenêtre et **elle les** voit.

personnels

JE RETIENS

● **Pour remplacer un nom en un groupe nominal (GN), on peut utiliser un pronom personnel** comme *il, elle, la, le, les…*

Chaque fois que l'on utilise un pronom personnel, il faut s'assurer que celui qui lit peut comprendre de qui ou de quoi il s'agit.
Exemple : Mon amie Anna voit des cerises sur l'arbre. Elle les cueille.
Elle représente « Mon amie Anna » ; *les* représente « des cerises ».

● Les pronoms personnels ont des fonctions différentes :
– **pronoms personnels sujets** : *elle, il, elles, ils.*
Exemple : Olivier a joué au tennis. Il a gagné.
Il remplace « Olivier ».
C'est un pronom personnel, sujet du verbe « gagner ».

– **pronoms personnels compléments** : *le, la, l', les…*.
Exemple : Le chat attrape une souris et la mange.
La remplace « une souris ».
C'est un pronom personnel, COD du verbe « manger ».

JE M'EXERCE

1 ★ Remplace le groupe nominal sujet en gras par le pronom personnel sujet qui convient.
a) **La fille du sorcier** a parfois des idées bizarres.
b) **Petit-Féroce et Sifflotin** dégustent un délicieux morceau de mammouth.
c) **Baptiste et Chloé** jouent ensemble.
d) **Le Petit Prince** a les yeux noirs.

2 ★★ Remplace le groupe nominal COD en gras par le pronom personnel complément qui convient : le, la, les, l'.
a) Mon chat croque **la souris**.
b) Baptiste dessine **un mouton**.
c) Robin mange **une mousse au chocolat**.
d) Louise jette **ses peluches**.
e) Sophie envoie **une carte** à sa maman.

3 ★★ Complète le texte avec le pronom personnel qui convient.
Marc et Fred partent en forêt. Il y a des écureuils. Ils …… voient sauter d'arbre en arbre. Un écureuil au joli pelage roux s'approche. …… descend. Marc …… caresse. …… est doux. Marc a une noisette. Il …… lui donne. L'écureuil disparaît aussitôt mais Marc ne …… oubliera jamais.

4 ★★★ Souligne les pronoms personnels sujets et entoure les pronoms personnels compléments.
a) Blanche-Neige voit la pomme. Elle la croque.
b) L'abeille produit du miel. Nous le mangeons.
c) Gaël adore les barres chocolatées. Il les grignote avec plaisir.
d) Le malade doit prendre ce comprimé. Il l'avale avec un verre d'eau.

5 Avec ton(ta) voisin(e), pour éviter les répétitions, remplacez les groupes nominaux en gras par les pronoms personnels qui conviennent.
a) Sur la plage, Louison et son papa ramassent des coquillages puis **Louison et son papa** mangent **les coquillages**.
b) Dans le bois, Marc et Éva trouvent des fraises puis **Marc et Éva** cueillent **les fraises**.
c) Alex choisit un chapeau puis **Alex** essaie **ce chapeau**.
d) Valentin choisit une casquette et **Valentin** essaie **une casquette**.

**Maintenant, entoure les sujets et ton(ta) voisin(e) entoure les COD.
Comparez vos réponses.**

Grammaire

1 À quoi sert l'orthographe ?

J'OBSERVE

La princesse Dézécolle

Ce soir-là, la princesse Dézécolle rentra très fatiguée de sa fournée de travail. Elle se traîna et se mit au riz sans manger :
« J'en ai plein le dos de ces sales bosses, râla notre institutrice.
— Vous avez mal à la fête ? lui demanda son mari, le prince de Motordu. Je vais vous donner un médicalmant et demain je m'occuperai de vos élèves.
— C'est moi, l'institutriste, pas vous, se désola la princesse !
— Mais j'ai mon mot à dire puisque je suis parent des lèvres maintenant, assura le prince ! »

Pef, *L'Ivre de français*, coll. Folio Cadet, © Gallimard.

◆ Il y a beaucoup de mots « tordus » dans ce texte. Repère-les et fais-en une liste.

◆ Par quels autres mots faudrait-il les remplacer ? Par exemple : *la princesse Dézécolle* devrait s'écrire *la princesse des écoles*.

◆ Tous les mots tordus sont-ils des mots inventés (comme *Dézécolle* et *médicalmant*) ?

JE COMPRENDS

● Certains mots « tordus » sont inventés.

Au lieu de :	Il fallait écrire :
Je vais vous donner un médicalmant.	Je vais vous donner un ....
C'est moi, l'institutriste.	C'est moi, ...

● Certains mots « tordus » sont mis à la place d'autres mots.

Au lieu de :	Il fallait écrire :
sa fournée de travail	sa journée de travail
ces sales bosses	ces sales ......
Vous avez mal à la fête ?	Vous avez mal à la ...... ?
Elle se mit au riz sans manger.	Elle se mit au ...... sans manger.

Exercice

Voici un extrait du cahier du prince de Motordu. Corrige les erreurs.

Calcul
quatre et quatre : huître
quatre et cinq : bœuf
cinq et six : bronze
six et six : bouse

Que fabrique un frigo ?
Un frigo fabrique des petits garçons qu'on met dans l'eau pour la rafraîchir.

JE RETIENS

• **Afin de bien se comprendre, il faut que tout le monde soit d'accord pour écrire les mots de la même manière.**
Exemple : J'ai mangé un bon pain. *(non : un bon pin)*

• **L'orthographe sert à bien construire et écrire les mots.**
Si l'on change l'orthographe des mots, ou bien le sens de la phrase change, ou bien on ne comprend plus rien.
Exemple : Le marchand de canaris.
    Le marchand de cannes a ri.
    Le marchand Dekanary.

JE M'EXERCE

1 ✦ **Recopie les phrases suivantes avec le mot qui convient.**
a) J'ai vu beaucoup de (chênes/chaînes) dans la forêt.
b) Le jockey est monté sur la (sel/selle) de son cheval.
c) Katia mange souvent des œufs à la (coque/coq).
d) Dans la tempête, le (phare/fard) aide les marins à rentrer au port.
e) Le soir, Mamie nous raconte des contes de (fée/fait).

2 ✦ **Utilise le mot qui convient :**
    aïe – ail – aille.
a) Maman a mis l'… dans le gigot.
b) « … ! Tu me fais mal ! »
c) Il faut que j'… à la piscine.

    cent – sans – sang.
d) Le blessé perd son ….
e) Le voyage coûte deux … dix francs.
f) Il a gagné … aucun effort.

3 ✦✦ **Écris correctement les réponses aux questions. Compare ce que tu as écrit avec les messages en lettres et en chiffres : à ton avis, quelle est l'écriture la plus facile à lire ? Pourquoi ?**

« Qu'as-tu fait aujourd'hui ?
— G.H.T.D.K.7 ! »

« Pourquoi boit-elle tant d'eau ?
— L.H.O ! »

4 ✦✦ **Voici les noms de camps romains visités par Astérix et Obélix :**

Tartopum – Chouingum – Oncletum – Hum – Babaorum.

Chacun de ces noms est un jeu de mots (« um » en latin se prononce « ome »). À toi de retrouver la bonne façon de les écrire. Pour bien écrire « tartopum », tu peux t'aider des mots suivants : tarte aux fraises, compote de pommes.

5 **Recopie les phrases suivantes en séparant correctement les mots. Compare tes réponses avec ton(ta) voisin(e).**

a) Sisixsciesscientsixcyprèssixcentsixsciesscierontsixcentsixcyprès.
b) Sixcentsixsuissessuçantsixcentsixsaucissesdontsixensauceetsixcentssanssauce.

2 La lettre, le son

J'OBSERVE

Lis ce poème :

Au pays d'alphabet

Au pays d'alphabet,
les lettres s'ennuyaient ;
chacune dans son coin, inutiles,
elles ne savaient que faire,
elles ne savaient que dire !
Mais un jour, le E, le A, le U
se rencontrèrent…
 Eau ! dirent-elles, ensemble.
 Oh ! s'exclamèrent les autres.
Le C, le R, le I poussèrent un cri ,
signe qu'ils avaient compris !
Et c'est ainsi que tout a commencé.

Jacques Lafont, D.R.

◆ **Observe les mots en bleu.**
◆ **Dans les mots *cri* et *Oh*, entends-tu toutes les lettres ?**
◆ **Compare *Eau* et *Oh*. Qu'entends-tu dans ces deux mots ? Que vois-tu ?**

JE COMPRENDS

● Dans le mot *cri*, j'entends toutes les lettres.
Dans le mot *Oh*, je n'entends pas ……. .

● Dans le mot *Oh*, j'entends le son [o] et je vois la lettre « o ».
Dans le mot *Eau*, j'entends le son [o] mais je ne vois pas la lettre ……. .

Exercice

**Dans ce poème, copie tous les mots dans lesquels tu vois la lettre « a ».
Entends-tu le son [a] dans tous ces mots ?
Entoure les mots dans lesquels tu entends le son [a].**

Le rat des villes
et le rat des champs

Autrefois, le rat des villes
Invita le rat des champs
D'une façon fort civile,
À des reliefs d'ortolans.

Jean de La Fontaine.

JE RETIENS

- Dans les mots :

– il y a des lettres que je vois et que j'entends.
Exemples : Dans cri, je vois les lettres « c », « r » et « i » et je les entends.
Dans rat, je vois les lettres « r » et « a » et je les entends.

– il y a des lettres que je vois, mais que je n'entends pas.
Exemple : Dans rat, je vois la lettre « t » mais je ne l'entends pas.

– il y a des lettres que je vois et qui forment ensemble un autre son.
Exemple : Dans eau, je n'entends pas « e », « a », « u ».
Ensemble, les lettres forment le son [o].

- Pour orthographier (écrire) correctement les mots, je dois connaître les façons d'écrire les sons (→ voir l'alphabet phonétique p. 252). Mais je dois aussi savoir écrire les lettres que je n'entends pas.

Orthographe

JE M'EXERCE

1 ★ **Cherche dans la poésie des mots contenant la lettre « o » qui ne se prononce pas [o] et des mots contenant la lettre « e » qui ne se prononce pas [ə] comme dans « que ».**

La grenouille qui veut se faire
aussi grosse que le bœuf

Une grenouille vit un bœuf
Qui lui sembla de belle taille
Elle qui n'était pas grosse en tout comme
[un œuf,
Envieuse s'étend, et s'enfle, et se travaille.
Jean de La Fontaine.

2 ★ **Place les mots suivants dans un tableau comme ci-dessous :**
aimer, bras, quand, élan, rame, vrai, cane, grand, laid, panne, goéland, gai, vivant, géant, banane, banc, mais.

J'entends \ Je vois	a
Le [a] de *pas*	
Le [ɛ] de *mère*	
Le [ã] de *enfant*	

3 ★★ **Dans ce texte, recopie les mots dans lesquels la dernière lettre ne se prononce pas.**

La plus petite île Baladar était de tout temps passée inaperçue et son nom n'avait été gravé sur aucune carte.
Pourtant c'était l'île la plus proche de la terre, mais les gens du grand continent n'y prêtaient aucune attention et l'appelaient l'Île Sans La Moindre Importance, ou la Petite Île De Rien Du Tout.

J. Prévert et J. François,
Lettre des îles Baladar,
© Gallimard.

4 ★★ **Dans le texte de l'exercice 3, recopie les mots dans lesquels toutes les lettres se prononcent.**

5 **Voici une liste de mots. Le joueur 1 recopie les mots qui ont au moins une lettre qui ne s'entend pas. Le joueur 2 recopie les mots dont toutes les lettres s'entendent. Qui a le plus de mots ?**
papa, car, bar, blanc, chant, nièce, tigre, maïs, mais, petite, glace, joli, géant, petit.

3 Comment reconnaître les mots

J'OBSERVE

Marie pose quelques devinettes à Johann :
a) Pour Noël, Maman m'en a offert un plein de contes merveilleux. Est-ce un lit ou un livre ?
b) Je l'ai mis pour aller à l'école. Est-ce un bateau ou un manteau ?
c) Il s'appelle Casimir. Est-ce un poison ou un poisson ?
d) Je l'achète chez le boulanger. Est-ce un pain ou un bain ?
e) C'est un arbre. Est-ce un pin ou un pain ?
f) À la cantine, nous en avons mangé des petits. Est-ce que ce sont des poids ou des pois ?

◆ Quelles sont les réponses que Johann peut trouver en écoutant simplement Marie ?

◆ Quelles sont les réponses que Johann ne peut trouver qu'en voyant les mots écrits ?

◆ Explique pourquoi.

JE COMPRENDS

● Johann peut répondre facilement aux premières devinettes car :
– les mots *lit* et *livre*, *bateau* et ...... se prononcent et s'écrivent très différemment ;
– les autres mots *(poison, poisson, ...)* se ressemblent plus, mais sont différents.

● Dans les deux dernières devinettes, pour pouvoir choisir les bons mots, Johann doit pouvoir les lire :
les mots *pin* et *pain*, *poids* et ...... se prononcent de la même manière, mais ils s'écrivent différemment.

Exercices

1. Réponds aux devinettes ci-dessus, comme dans l'exemple.
Exemple : Maman m'a offert un **livre** plein de contes merveilleux.

2. Invente ensuite une phrase avec le mot qui reste.
Exemple : J'aime bien lire dans mon **lit**.

homophones ?

JE RETIENS

- **En général, on reconnaît les mots en les entendant :**
  – la plupart des mots se prononcent différemment ;
  – certains mots n'ont qu'une syllabe différente : *bateau/manteau* ;
  – certains mots n'ont qu'un son différent : *pain/bain*.

- **Il existe des mots que l'on peut confondre à l'oral,** car ils se prononcent de la même manière. Mais ils s'écrivent la plupart du temps avec une orthographe différente. On les appelle des **homophones**.
  Exemples : pin/pain ; poids/pois.
  Pour les reconnaître, il faut savoir les écrire.

JE M'EXERCE

1 ★ **Complète les phrases avec le mot qui convient.**
a) À quatre heures, je bois un (vert/verre) de lait.
b) Je suis allé deux (fois/foie) à Paris cette semaine.
c) Le (maire/mère) vient d'être élu.
d) Un (être/hêtre) pousse au milieu de mon jardin.

2 ★ **Complète avec des homophones. Tu peux t'aider d'un dictionnaire.**
a) Mets un …… sur le i.
   Pierre m'a donné un coup de …… .
b) Le bateau rentre dans le …… .
   Le …… est un animal.
c) À la …… du film, je vais me coucher.
   Quand je rentre de l'école, j'ai …… .
d) Léa a acheté une paire de chaussures.
   Sylvain a offert un cadeau à son …… et à sa mère.

3 ★ **Invente des phrases en utilisant les homophones en gras.**
a) Mon **maître** d'école est sévère.
   Mon frère mesure deux **mètres**.
b) Ce chien a des poils **ras**.
   Un gros **rat** vit dans ma cave.
c) Le navire coule, sa **coque** est percée.
   Tous les matins, le **coq** me réveille.
d) **Ils** attrapent des papillons.
   Demain je pars sur un **île** déserte.

4 ★★ **Réponds aux devinettes.**
a) On y cultive du blé. C'est un …… .
   On le pratique en classe de musique. C'est un …… .
b) Il désigne quelqu'un qui n'est pas beau. C'est un personnage …… .
   La vache en donne. C'est du …… .
c) On la jette pour arrêter le bateau. C'est l'…… .
   Il y en a dans mon stylo. C'est de l'…… .

5 ★★ **Trouve un homophone du mot en gras (tu peux utiliser ton dictionnaire) et écris une phrase avec cet homophone.**
a) J'ai dansé dans un **bal**.
b) **Elle** est partie.
c) La **chaîne** du vélo est cassée.
d) Le blessé a perdu beaucoup de **sang**.

6 **Sur le modèle de l'exercice 5, trouve d'autres devinettes avec les homophones que tu as utilisés dans les exercices. Pose-les à ton(ta) voisin(e).**

4. Comment écrire les sons [s] et [z] ?

J'OBSERVE

Il pleut

Le ciel est noir. Une grosse pluie tombe. Quelle averse ! Le caniveau ressemble à un ruisseau. J'attends dans l'abribus rose que le soleil revienne. Il n'y a plus de saisons ! Les gens qui faisaient la queue devant l'entrée du cinéma et du zoo ont disparu, chassés par les gouttes qui rebondissent sur le trottoir.

◆ Les mots en bleu contiennent le son [s] ou [z].
  Classe-les en deux groupes.

◆ Dans chacun de ces groupes, entoure :
  – en bleu ceux qui contiennent la lettre « s » ;
  – en rouge ceux qui contiennent les lettres « ss » ;
  – en noir ceux qui contiennent la lettre « c » ;
  – en vert ceux qui contiennent la lettre « z ».

◆ Que remarques-tu ?

JE COMPRENDS

● **J'entends le son [s] et je vois :**
– la lettre « s » dans les mots aver**s**e, abribu**s**, ..., **s**aison ;
– les lettres « ss » dans les mots gro**ss**es, re**ss**emble, rui**ss**eau, ... ;
– la lettre « c » dans les mots **c**iel et **c**irque.

● **J'entends le son [z] et je vois :**
– la lettre « s » dans les mots sai**s**ons et ...... ;
– la lettre « z » dans le mot ....

Exercices

1. Remplis le tableau avec les mots suivants :
passer, soir, hasard, poursuivre, observer, zèbre, cirque, saucisson, glisser, simple, raser, danser, ruser, russe, cerise, zigzag.

2. Compare avec ton voisin ou ta voisine.

Son [s]	lettre « s »	*soir,* ....
	lettres « ss »	*passer,* ....
	lettre « c »	*cirque,* ....
Son [z]	lettre « s »	*hasard,* ....
	lettre « z »	....

JE RETIENS

• **Pour obtenir le son [s], on écrit en général :**

	Au début d'un mot	Dans un mot	À la fin d'un mot
« s »	soleil, saison, sur	entre une consonne et une voyelle : averse, personne	abribus, ours
« ss »		entre deux voyelles* : grosse, ruisseau, assis	
« c »	cirque, ciel		

• **Pour obtenir le son [z], on écrit :**

	Au début d'un mot	Dans un mot	À la fin d'un mot
« s »		entre deux voyelles* : saison, ils faisaient	
« z »	zoo	bizarre	gaz

*Voyelles : a, e, i, o, u, y.

JE M'EXERCE

1 ★ Complète les mots avec « s » ou « ss » pour obtenir le son [s].
a) Je me suis fait une entor…e.
b) Je te donne mon adre…e.
c) La voiture roule à grande vite…e.
d) Tu me racontes des men…onges.
e) Il me ver…e de l'eau.

2 ★ Choisis le mot qui convient.
a) Je mange mon (désert/dessert).
b) Je joue avec mon (cousin/coussin).
c) Nous avons une table (base/basse).
d) Papa a pêché un gros (poisson/poison).
e) Ma petite sœur (case/casse) mes jouets.

3 ★ Dans chaque ligne, trouve l'intrus.
a) sapin, oiseau, traverser, diverse.
b) raser, trésor, absent, fusée, fraise.

4 ★★ Écris trois phrases contenant chacune l'un des mots suivants :
ruse/russe ; visser/viser ; cousin/coussin.

5 ★★ Dans le poème suivant, entoure :
a) en rouge les mots qui contiennent le son [s] ;
b) en bleu les mots qui contiennent le son [z].

> Le premier jour de l'an
> Les sept jours frappent à la porte
> Chacun d'eux vous dit : lève-toi !
> Soufflant le chaud, soufflant le froid,
> soufflant des temps de toutes sortes,
> Quatre saisons et leur escorte
> Se partagent les douze mois.
>
> Pierre Menanteau,
> *À l'école du Buisson,*
> © Le Cherche midi éditeur.

Comment écrire les sons [ʒ] et [g] ?

J'OBSERVE

Devant la vitrine du boulanger

Un jeune garçon, une guitare sur le dos, regarde avec envie la vitrine de la boulangerie. Il entre et achète une baguette et une glace qu'il avale en quelques coups de langue, comme par magie.

◆ **Relève les mots dans lesquels tu entends le son [ʒ] comme dans** *joujou*. **Que remarques-tu ?**

◆ **Relève les mots dans lesquels tu entends le son [g] comme dans** *gare*. **Que remarques-tu ?**

◆ **La lettre « g » se prononce-t-elle toujours de la même manière ?**

JE COMPRENDS

● **J'entends le son [ʒ] et je vois :**
– la lettre « g » dans les mots *boulanger, boulangerie, ...* ;
– la lettre « j » dans le mot *jeune*.

● **J'entends le son [g] et je vois :**
– la lettre « g » dans les mots *garçon, regarde, ...* ;
– les lettres « gu » dans les mots *guitare, ...* .

JE RETIENS

● **Le son [ʒ] s'écrit :**
– « **j** » comme dans *jeune, joli* ;
– « **g** » devant un « e », un « i » ou un « y », comme dans *cage* ;
– « **ge** » devant un « a » ou un « o », comme dans *vengeance*.

● **Le son [g] s'écrit :**
– « **gu** » devant un « i », un « e » ou un « y », comme dans *guitare* ;
– « **g** » dans les autres cas, comme dans *magasin, glace*.

JE M'EXERCE

1 ✦ **Classe ces mots en deux colonnes selon que le « g » se prononce [ʒ] ou [g].**
géant, garage, gouvernement, gendarme, gifle, bagarre, angine, bagage, oxygène.

2 ✦ **Complète avec « j » ou « g ». Tu peux t'aider d'un dictionnaire.**
...aloux, ...entil, ...ilet, piè...e, ob...et, collè...e, bi...ou, ...endarme, ...eu.

3 ✦✦ **Complète avec « g » ou « gu » pour obtenir le son [g].**
...erre, ...itare, ...arage, ...ras, lan...e, fati...e, ...idon, ...oûter, ...lace.

4 ✦✦ **Complète avec « g » ou « ge » pour obtenir le son [ʒ].**
le ...ilet, une na...oire, un ju...e, une oran...ade, ...entil, ...éant, un ca...ot.

5 **Cherche dans le dictionnaire un mot contenant le son [ʒ] ou [g]. Ton(ta) voisin(e) doit le lire correctement. Inversez les rôles à chaque mot.**

Comment écrire le son [j] ?

J'OBSERVE

En voyage

Camille et moi, nous partions en voyage. Le soleil brillait et ses rayons nous réchauffaient. Le train filait à toute allure sur les rails. On ne pensait plus au travail, les vacances commençaient.

◆ Les mots en bleu contiennent le son [j] comme dans *famille*. Classe-les.

JE COMPRENDS

- J'entends le son [j], comme dans *famille*, et je vois :
– la lettre « y » dans les mots *vo**y**age*, …… ;
– les lettres « ill » dans les mots *Cam**ill**e*, …… ;
– les lettres « il » dans les mots *ra**il**s*, …… .

JE RETIENS

- Le son [j] peut s'écrire :
– « y » quand le « y » est suivi d'une voyelle, comme dans *cra**y**on, ro**y**al, s'ennu**y**er* ;
– « ill », comme dans *ab**eill**e, trava**ill**er, brou**ill**on* ;
– « il » après une voyelle, à la fin des noms masculins, comme dans *ra**il**, trava**il**, réve**il**, fauteu**il**.

- Quelques difficultés : *ville, village, tranquille, mille, million*.

JE M'EXERCE

1 ✦ Classe les mots de la liste en deux colonnes :
a) tu entends le son [j] ;
b) tu n'entends pas le son [j].
une pile, une chenille, illettré, une famille, tranquille, une malle, un balayeur, joyeux, un lycée, un rayon.

2 ✦ Écris les noms masculins terminés par le son [j] formés à partir des verbes suivants.
a) travailler ⟶ le travail.
b) conseiller ⟶ un ……
c) réveiller ⟶ le ……
d) accueillir ⟶ un ……
e) émailler ⟶ un ……
f) sommeiller ⟶ le ……
g) ensoleiller ⟶ le ……

3 ✦✦ Termine chaque mot par « aille », « ail », « eille » ou « eil ».
Tu peux t'aider d'un dictionnaire.
une ab……   une bat……
une or……   un appar……
le bét……   un ort……
une vol……   un soupir……
la t……   un port……

4 ✦✦ Complète avec « ill » ou « y ».
Tu peux t'aider d'un dictionnaire.
a) Le monstre est effra…ant.
b) J'adore les grose…es.
c) Je porte mon costume sale au netto…age.
d) Ce spectacle est ennu…eux.
e) Ma sœur a les ore…ons.
f) Sophie part en vo…age.
g) Alice au pays des merve…es

Les consonnes finales muettes

J'OBSERVE

A. Le chat assis sur le carrelage regarde un petit pigeon se poser sur le toit de la grange. C'est dur d'écouter le chant des oiseaux le ventre vide !

B. La chatte assise sur le carrelage regarde une petite pigeonne se poser sur la toiture de la grange. C'est dur d'écouter chanter des oiseaux le ventre vide !

◆ Dans les mots en bleu du texte **A**, entends-tu la dernière lettre ?

◆ Dans les mots en bleu du texte **B**, vois-tu les mêmes lettres ? Les entends-tu ?

◆ Qu'est-ce qui a changé entre les deux textes ?

JE COMPRENDS

- Dans les mots en bleu du texte A, je n'entends pas la dernière lettre.
- Dans les mots en bleu du texte B :
  – j'entends le « t » final de *chat* dans chatte, de *petit* dans ......, de *toit* dans toiture, de *chant* dans ...... ;
  – j'entends le « s » final de *assis* dans ....

Exercices

1. Dans les phrases suivantes, relève les mots qui se terminent par une consonne muette :
– Mon petit frère est un charmant bébé.
– Mon vélo possède plusieurs vitesses.
– En tombant, je me suis cassé une dent.
– Mon chien a un long museau.

2. Mettez-vous par groupe de deux. Chacun à votre tour, trouvez le féminin de l'adjectif ou un mot de la même famille. Vous entendez alors la lettre muette finale des mots suivants :

désert, confort, début, rang, anglais, grand, blond, fort.

JE RETIENS

- **Pour trouver les lettres muettes à la fin d'un mot :**

– on cherche un **mot de la même famille** ;
Exemples : toi**t** ⟶ toiture ; chan**t** ⟶ chanter ; lon**g** ⟶ longueur.

– ou bien on cherche **le féminin** de ce mot.
Exemples : gran**d** ⟶ grande ; peti**t** ⟶ petite ; gro**s** ⟶ grosse.

- **Attention !** Quelques mots terminés par une lettre muette sont invariables. Tu dois les apprendre :

ailleurs, alors, après, aussitôt, autant, avant, beaucoup, bientôt, dans, dedans, dehors, depuis, dessous, dessus, devant, jamais, là-bas, longtemps, maintenant, mais, moins, parfois, pendant, plusieurs, pourtant, puis, quand, sans, seulement, sous, souvent, toujours, très, trop, vraiment.

JE M'EXERCE

1 ✦ **Écris un nom de la famille des verbes suivants et entoure la lettre muette.**

Exemple : vagabonder ⟶ un vagabond.
placarder, réciter, border, chanter, outiller, se reposer, ranger, bondir.

2 ✦ **Écris ces noms au masculin et entoure la lettre muette.**
une Française, une idiote, la présidente, la marchande, une Hongroise, une habitante, une bourgeoise.

3 ✦ **Écris ces adjectifs au masculin et entoure la lettre muette.**
grasse, patiente, absente, laide, épaisse, blonde, froide, pâlotte.

4 ✦✦ **Termine chaque mot par la lettre qui convient.**
a) Cet été, je suis allé dans un cam…… de vacances.
b) Le blessé a perdu beaucoup de san…… .
c) Geoffroy a besoin de repo…… .
d) Ma grand-mère fait du trico…… .
e) Un vagabon…… traverse la rue.

5 ✦✦ **Termine chaque mot par la lettre qui convient.**
a) Mon frère est genti… .
b) Il fait très froi… .
c) Son pantalon est trop cour… !
d) Mon ami est anglai… .
e) L'escargot est très len… .

6 **Voici quatre mots :**

  chant, enfant, dent, grand.

Chaque joueur essaie de trouver le maximum de mots de la même famille pour chacun de ces mots.
Comparez : qui en a le plus ?

7 **Construis une phrase en utilisant un mot de la famille de** long.

Recommence avec galop, parfum, tapis, écrit.

7 Masculin ou féminin ?

J'OBSERVE

Un enfant m'a dit…

Un enfant m'a dit : le soleil est un œuf dans la poêle bleue…

Un enfant m'a dit : le soleil est une pêche jaune et rouge sur un lit de velours qui bouge…

Un enfant m'a dit : le soleil est une orange dans la neige…

Un enfant m'a dit : je voudrais, je voudrais cueillir le soleil .

D'après Pierre Gamarra, extrait de « La Tarte aux pommes » *in Tire-Lyre I*, © L'École des Loisirs.

◆ Observe les noms en bleu. Devant quels noms peut-on placer le mot *un* ? le mot *une* ?

◆ Devant quels noms pourrait-on placer les mots *le, mon, ce, la, ma, cette* ? Que remarques-tu ?

JE COMPRENDS

● Je peux placer les mots *un, le, mon* devant les mêmes noms : *un lit, le lit, ……* .

● Je peux placer les mots *une, la, ma* devant les mêmes noms : *une pêche, la pêche, ……* .

JE RETIENS

● Devant certains noms, comme *lit, soleil, œuf*, on peut placer les déterminants *un, le, l', ce, mon……* : **ce sont des noms masculins**.

● Devant certains noms, comme *poêle, pêche, orange*, on peut placer les déterminants *une, la, l', cette, ma……* : **ce sont des noms féminins**.

JE M'EXERCE

1 ★ **Classe les noms suivants dans un tableau (vérifie dans un dictionnaire) :**

chemin, trottoir, arbre, soleil, ami, voiture, ballon, balle, magicienne, marteau, fleur.

Noms masculins	Noms féminins

2 ★ **Complète avec le déterminant qui convient : un, une, ma, sa, ce.**
a) …… avion décolle.
b) …… sœur a sali …… jupe.
c) Je n'ai vu qu'…… seul clown.
d) …… pluie est tombée …… matin.

3 ★★ **Complète avec « un » ou « une ».**
a) Ma mère utilise …… **moule** pour faire des gâteaux.
    J'ai trouvé …… **moule** dans la mer.
b) Je suis monté en haut d'…… **tour**.
    Le clown fait …… **tour** extraordinaire.
c) J'ai cassé …… **manche** de pioche.
    Paul a taché …… **manche** de sa veste.

4 ★★ **Reprends les mots en gras de l'exercice 3 et fais une phrase avec chacun d'eux.**

Singulier ou pluriel ?

J'OBSERVE

Dans Paris

A. Dans Paris, il y a une rue ; dans cette rue, il y a une maison ; dans cette maison, il y a une chambre ; dans cette chambre, il y a un tapis ; sur ce tapis, il y a une cage ; dans cette cage, il y a le nid ; dans ce nid, il y a l'œuf ; dans cet œuf, il y a l'oiseau.

Dans Paris

B. Dans Paris, il y a des rues ; dans ces rues, il y a des maisons ; dans ces maisons, il y a des chambres ; dans ces chambres, il y a des tapis ; sur ces tapis, il y a des cages ; dans ces cages, il y a les nids ; dans ces nids, il y a les œufs ; dans ces œufs, il y a les oiseaux.

D'après un poème de Paul Eluard, extrait de « Invraisemblances et hyperboles », *Les sentiers et les routes de la poésie*, © Gallimard.

◆ Compare les deux textes. Dans quel texte parle-t-on de plusieurs choses ou de plusieurs animaux ? Quels mots te l'indiquent ?

JE COMPRENDS

● Dans le texte B, les mots *des, ces,* …… m'indiquent qu'il y a plusieurs rues, plusieurs maisons.

● Dans le texte A, les mots *une, un, cette,* …… m'indiquent qu'il n'y a qu'une seule rue, une seule maison.

JE RETIENS

● Si je parle d'un seul animal, d'un seul objet ou d'une seule chose, **c'est le singulier. J'utilise les déterminants *le, un, une*…**

● Si je parle de plusieurs animaux, de plusieurs objets ou de plusieurs choses, **c'est le pluriel. J'utilise les déterminants *les, des, mes*…**

JE M'EXERCE

1 ★ **Classe les mots suivants en deux listes, singulier et pluriel :**

le chat, les pages, ce veau, des chiens, mes journaux, cet enfant, ces cahiers, la souris, maisons, table, tableaux, chevaux.

2 ★ **Entoure les groupes de mots au pluriel.**
a) Mon jeune chien.
b) De gentils enfants.
c) Un superbe bouquet.
d) Les stylos verts.

3 ★★ **Écris ces groupes de mots au pluriel.**
a) Un chat sauvage.
b) La jupe longue.
c) Cette belle journée.
d) Ce méchant garçon.

4 **Chaque joueur remplace les mots en gras par d'autres mots qui pourraient convenir. Qui en a trouvé le plus ?**

J'ai rencontré **mes cousines**, elles avaient **des cadeaux**.

Orthographe

8 Comment marquer le féminin ?

J'OBSERVE

Le magicien (1)

Le magicien sort de son chapeau noir, un joli petit lapin blanc et une jolie petite colombe blanche. Il les enferme dans une boîte noire et disparaît. Son amie, la magicienne, ouvre la boîte. Elle est vide.

◆ **Quels sont les noms féminins ? Quels sont les noms masculins ?**
◆ **Compare les mots en bleu. Lis-les à haute voix. Que remarques-tu ?**

JE COMPRENDS

● Les noms *colombe, boîte,* sont féminins. Les noms *chapeau, ...,* sont masculins.

● Les mots en bleu qui accompagnent un nom féminin se terminent par un « e ». Parfois j'entends le « e », comme dans *petite, blanche*. Parfois je ne l'entends pas, comme dans *jolie, ...* .

JE RETIENS

● **On marque généralement le féminin** par un « e » à la fin des mots. On n'entend pas toujours le « e ».
Exemples : petit ⟶ petit**e** (j'entends « e ») ;
            magicien ⟶ magicienn**e** ;
            ami ⟶ ami**e** ; joli ⟶ joli**e** (je n'entends pas « e »).
L'orthographe permet de savoir si un mot est masculin ou féminin.

JE M'EXERCE

1 ✦ **Classe les mots suivants dans un tableau :**

bleue, vert, bleu, verte, mauvais, lourd, lourde, vilain, mauvaise, vilaine.

Masculin	Féminin

2 ✦ **Recopie les phrases en gras et entoure les marques du féminin.**
a) Le petit Christophe va à l'école.
   La petite Marie va à l'école.
b) Aujourd'hui, le ciel est bleu.
   Aujourd'hui, la mer est bleue.
c) **Elle était jolie et caressante, la petite chèvre de M. Seguin.**
d) **Au zoo, Léo regarde la jeune lionne s'occuper de ses petits.**

3 ✦✦ **Réponds aux questions.**
a) Claude est l'ami de Frédérique.
   Claude est un garçon ou une fille ?
   Comment le sais-tu ?
b) Claude est l'amie de Dominique.
   Claude est un garçon ou une fille ?
   Comment le sais-tu ?

4 ✦✦ **Dis si c'est un garçon ou une fille qui parle.**

	Garçon	Fille
Je suis grande.		
Je suis petite.		
Je suis gai.		
Je suis joli.		
Je suis amusant.		
Je suis méchante.		

Comment marquer le pluriel ?

J'OBSERVE

Le magicien (2)

A. Le magicien sort de son chapeau un lapin et une colombe. Il les enferme dans une boîte et disparaît.

Les magiciens

B. Les magiciens sortent de leurs chapeaux des lapins et des colombes. Ils les enferment dans des boîtes et disparaissent.

◆ Repère les noms des deux textes A et B. Quelles différences y a-t-il ? Est-ce que tu entends ces différences ?

◆ Les verbes sont en bleu. Quelles différences y a-t-il entre ceux du texte A et ceux du texte B ? Est-ce que tu entends ces différences ?

JE COMPRENDS

• Les noms du texte B, accompagnés des déterminants *les, leurs, ...*, sont au pluriel. Ces noms se terminent par un « s » comme dans *magiciens* ou par un « x » comme dans .... Je n'entends pas ces lettres.

• Dans le texte B, les verbes *sortent*, ... et ...... sont au .... Ces verbes se terminent par « nt ». J'entends une différence entre *sort* et *sortent*, mais je n'entends pas de différence entre ...... et ....

JE RETIENS

• **On marque généralement le pluriel** en ajoutant :
– « s » ou « x » à la fin des noms : *mon frère* → *mes frère***s**.
– « nt » à la fin des verbes à la 3ᵉ personne du pluriel :
il chante → *ils chante***nt**.

• Le plus souvent, on n'entend pas les marques du pluriel. L'orthographe permet de savoir si un mot est singulier ou pluriel.

JE M'EXERCE

❶ ✱ **Classe ces mots dans un tableau :**

chante, voitures, fée, mange, chantent, voiture, mangent, fées, dent, dents.

Singulier		Pluriel	
Noms	Verbes	Noms	Verbes

❷ ✱✱ **Recopie les phrases en mettant les mots en gras au pluriel.**
a) J'ai mangé **une tomate**.
b) Patrick a regardé **le lion** dans la ménagerie.
c) Maman nous a raconté **une histoire** extraordinaire.
d) **Un enfant imprudent joue** à la balle sur le trottoir.
e) **La fée transforme** la citrouille en carrosse et **le rat** en **cheval**.

❸ ✱✱✱ **Lis cette phrase :**
Un jour, un jeune prince bon et courageux entend parler d'une jolie princesse.
Le prince est-il seul ?
Maintenant, lis cette deuxième phrase :
Un jour, de jeunes princes bons et courageux entendent parler d'une jolie princesse.
Le prince est-il toujours seul ? Entoure les mots qui t'aident à répondre.

Le pluriel des noms se terminant

J'OBSERVE

Mes animaux

Je les ai enfin eus, mes cadeaux . Ils étaient enveloppés dans de vieux journaux . C'étaient de petits animaux en bois, des chevaux , des moutons, des agneaux , des vaches et des veaux . Je les ai mis dans la ferme que mon frère et moi avions construite avec de vieux matériaux .

◆ **Les noms en bleu sont-ils au singulier ou au pluriel ?**

◆ **Quel son entends-tu à la fin de tous ces noms ?**

◆ **Classe ces noms selon leur terminaison.**

◆ **Mets ces noms au singulier. Quels sons entends-tu à la fin de ces noms ? Classe-les à nouveau.**

JE COMPRENDS

● Les noms en bleu dans le texte sont au pluriel et se terminent par un « ... ».

● J'entends le son [o] à la fin de tous ces noms au pluriel.
Au singulier, à la fin de ces mots, j'entends [o] ou bien [al].

● Ces noms se terminent par :

Au pluriel		Au singulier	
aux →	animaux	**al** →	animal
	matériaux	**au** →	matériau
eaux →	cadeaux	**eau** →	cadeau

Exercice

Trouve dans le texte pp. 47-48 (C'était un loup si bête) :
– deux noms se terminant par « eau » au singulier
et « eaux » au pluriel ;
– un nom se terminant par « al » au singulier
et « aux » au pluriel.

par « au », « eau », « al »

JE RETIENS

- **En général, les noms se terminant par « eau » ou « au » prennent un « x » au pluriel.**
  Exemples : un bat**eau** ⟶ des bat**eaux** ;
  un noy**au** ⟶ des noy**aux**.

- **Les noms se terminant par « al » font le plus souvent leur pluriel en « aux ».**
  Exemples : un chev**al** ⟶ des chev**aux** ;
  un journ**al** ⟶ des journ**aux**.

- **Quelques exceptions :**
  un chac**al** ⟶ des chac**als** ;   un carnav**al** ⟶ des carnav**als** ;
  un festiv**al** ⟶ des festiv**als** ;   un b**al** ⟶ des b**als**.

JE M'EXERCE

1 ★ **Complète avec le nom qui convient :**
râteau, souriceaux, tableau, canaux.
a) La péniche se déplace sur les …… .
b) Je ramasse les feuilles avec un …… .
c) Dans mon grenier, j'ai vu plein de …… .
d) Le maître m'appelle au …… .

2 ★ **Mets les noms suivants au pluriel :**
un bateau, un gâteau, un canal, un carnaval, un esquimau, un fléau, un signal.

3 ★ **Mets les noms suivants au singulier :**
des râteaux, des vaisseaux, des chameaux, des généraux, des caporaux, des matériaux.

4 ★★ **Accorde les noms entre parenthèses.**
a) Les (cavalier) montent sur des (cheval).
b) On a vu des (baleine) et des (baleineau).
c) Mes (ami) frappent au (carreau).
d) Les (ouvrier) ont enterré des (tuyau).
e) Les (chacal) sont des animaux féroces.
f) Les (journal) paraissent tous les matins.

5 ★★ **Écris cinq phrases contenant chacune l'un des noms suivants au pluriel :**
poteau, ciseau, carnaval, hôpital, noyau.

6 ★★★ **Réponds aux devinettes.**
a) On y met de l'eau, c'est un …… d'eau.
b) Ils vont sur l'eau, ce sont des ……eaux.
c) On y soigne les personnes malades, ce sont des ……aux.
d) On se déguise et on défile, c'est un ……al.

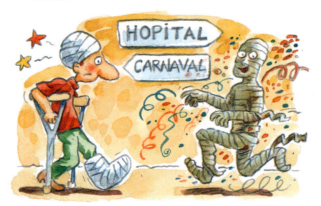

7 **Par groupe de deux, pendant trois minutes.**

Le joueur 1 recherche dans le dictionnaire le plus de mots se terminant par « au ». Le joueur 2 cherche le plus de mots se terminant par « eau ».

Qui en a le plus ?

Orthographe

191

Les noms terminés par un « e » mue

J'OBSERVE

La dictée de Sophie

Demain, c'est le jour de la dictée. Avec maman, j'ai révisé les mots que le maître nous avait donnés à apprendre : une bouée, un pâté, la pluie, un souci, la monnaie, un balai, une oie, un roi, une rue, un barbu, la banlieue, le bleu, une roue, un hibou. Je les ai copiés cinq fois, mais je fais toujours la même erreur : j'oublie le « e » à la fin de la moitié des mots. J'ai pourtant tellement envie de réussir !

◆ **Classe les noms que Sophie doit apprendre selon leur genre : masculin ou féminin.**

◆ **Que remarques-tu à la fin des noms féminins ?**

◆ **Pourquoi Sophie oublie-t-elle le « e » à la fin de certains noms ?**

◆ **Que lui conseillerais-tu pour l'aider ?**

JE COMPRENDS

• Les noms qui se terminent par un « e » comme *une bouée, la pluie, la monnaie, ...* sont tous des noms féminins.

• Les autres noms sont des noms ....

• Sophie oublie le « e » à la fin des noms féminins parce qu'on ne l'entend pas après une voyelle : *une bou**ée**, une ro**ue**, la monna**ie**, ...* .

• Pour l'aider, je lui conseillerais de mettre un « e » à la fin du nom quand elle sait qu'il est féminin.

Exercice — **Repère les noms féminins et continue le classement dans le tableau :** une queue, un curé, une truie, un inconnu, une assiettée, une dictée, la bouée, une idée, un roi, un souci, la banlieue, un essai, la boue, un balai, une plaie, une avenue, la joie, un oubli, la soie, un hibou, une roue, une oie, une statue, un bleu, un élu, un pâté, la haie, la pluie, un barbu, un clou, la monnaie, la moue, une rue, un convoi.

Le nom se termine par le son :						
[e] → é	[i] → i	[ɛ] → ai	[wa] → oi	[y] → u	[ɵ] → eu	[u] → ou
assiettée	truie	plaie	joie	avenue	queue	boue
......	......	......	......	......	......	......

JE RETIENS

- **La plupart des noms féminins se terminent par un « e » muet après les voyelles « i », « u », « é ».**
  Exemples : la plu**ie**, une stat**ue**, une id**ée**.

- **Les noms terminés par « té », « tié »** (sauf la *dictée*, la *montée*, ... et les noms désignant un contenu comme une *assiettée*, une *pelletée*), ne prennent pas de « e » au féminin.
  Exemples : la timidi**té**, la brutali**té**, la liber**té**.
  une ami**tié**, la pi**tié**, la moi**tié**.

- **Quelques exceptions :**

Noms féminins	Noms masculins
une brebis, une fourmi, une nuit, une souris, une tribu, la vertu, la paix, la toux, la loi.	un lycé**e**, un trophé**e**, un musé**e**, un géni**e**, un incendi**e**, un parapl**uie**, le foi**e**.

JE M'EXERCE

1 ★ **Classe en deux colonnes les noms masculins et les noms féminins :**

avenue, pendu, adieu, queue, joue, morue, statue, bambou, tortue, laitue, essieu, hindou.

2 ★ **Écris les noms féminins formés à partir des verbes suivants :**

monter ⟶ la montée
rentrer ⟶ la ......   tricher ⟶ une ......
penser ⟶ la ......   vivre ⟶ la ......
armer ⟶ une ......   voir ⟶ la ......
sonner ⟶ une ...... étendre ⟶ une ......

3 ★ **Écris les noms féminins formés à partir des noms masculins suivants :**

le matin ⟶ la matinée
le soir ⟶ la ......   un boucher ⟶ une ......
un an ⟶ une ......   un libraire ⟶ une ......
un ami ⟶ une ...... un tapis ⟶ une ......

4 ★★ **Complète les mots suivants avec le son [e] :**

une fess......, une araign......, la piti......, une assiett......, la beaut......, une chemin......, la salet...... .

5 ★★ **Remplis cette grille de mots croisés.**

	a	b	c	d	e	f
1	s			t		
2	c			r		
3			s	u		
4						s
5		v				t

HORIZONTAL : **1.** Le contraire de l'entrée. **3.** Elle noircit la cheminée. **5.** Elle commence quand on naît.

VERTICAL : **a.** Pour couper le bois. **d.** Femelle du porc. **f.** Verbe « être » au présent.

6 ★★★ **Fais deux phrases en utilisant deux noms féminins de l'exercice 1. Recommence avec deux noms de l'exercice 2.**

7 **Recherche des noms féminins formés à partir des mots suivants et écris-les. (Tu peux utiliser un dictionnaire.) Compare ensuite avec un camarade.**

monter, sale, beau, pelle, honnête, cru, brouette, fourchette, poêle.

Comment accorder le verbe et

J'OBSERVE

Que font les poissons ?

Le saumon `nage` dans les mers froides. L'anguille `nage` dans la mer des Sargasses. Mais ces poissons `nagent` aussi dans les rivières. La truite `se nourrit` d'insectes qui volent au ras de l'eau. La carpe `se nourrit` des aliments à la surface de l'eau. Mais ces poissons `se nourrissent` aussi des œufs de la grenouille.

◆ Que fait le saumon ? Que fait l'anguille ? Que font ces poissons ?

◆ Que fait la truite ? Que fait la carpe ? Que font ces poissons ?

◆ Relève les formes des verbes *nager* et *se nourrir*.

◆ Indique à chaque fois si le groupe sujet (GS) et le verbe sont au singulier ou au pluriel.

JE COMPRENDS

● Le saumon *nage* dans les mers froides. L'anguille *nage* dans la mer des Sargasses.	Ces poissons *nagent* aussi dans les rivières.
Le verbe est au	Le verbe est au pluriel.
● La truite *se nourrit* d'insectes. La carpe ...... des aliments.	Ces poissons ...... aussi d'œufs.
Le verbe est au singulier.	Le verbe est au pluriel.
Le groupe sujet (GS) est au singulier. ➝ Le verbe est au singulier.	Le groupe sujet (GS) est au pluriel. ➝ Le verbe est au ....

Exercice — Dans les phrases suivantes, les groupes sujets (GS) sont en gras. Trouve les verbes, puis classe les phrases dans un tableau.

Dans la forêt

Le rossignol chante au printemps et au début de l'été. **Il** improvise surtout la nuit. **Les écureuils** se nourrissent presque uniquement de graines. **Ils** décortiquent une pomme de pin en moins de trois minutes et en dévorent les graines. En un jour, **un écureuil** dépouille une centaine de pommes de pin, cache les graines dans la terre et les oublie.

GS au singulier ➝ Verbe au singulier	GS au pluriel ➝ Verbe au pluriel

son sujet ?

JE RETIENS

• **Le verbe s'accorde toujours avec son sujet.**
Exemple : Le chat mang**e** la souris. → Les chats mang**ent** les souris.
Sujet au singulier → Verbe au singulier   Sujet au pluriel → Verbe au pluriel

GS	Verbe	Exemples
GS au singulier	À la 3ᵉ personne du singulier, le verbe se termine par « e » (verbes du 1ᵉʳ groupe), « t » ou « d » (verbes des autres groupes).	Le chien saut**e** ; Il saut**e** ; Elle li**t** ; On appren**d**.
GS au pluriel	À la 3ᵉ personne du pluriel, le verbe se termine par « nt ».	Les chiens saute**nt** ; Elles lise**nt**.

• Parfois, **le verbe peut avoir plusieurs sujets**. Le verbe prend alors la marque du **pluriel**.
Exemple : Nathalie, Laureen et Sophie rentre**nt** de l'école.

JE M'EXERCE

1 ★ Choisis le verbe qui convient.
À peine levé, l'écureuil (se frottent/se frotte) le ventre et (se grattent/se gratte) les flancs avec ses longs doigts griffus. Souvent, les écureuils (déjeune/déjeunent) de glands puis (sautent/saute) d'arbre en arbre et (s'endorment/s'endort) pour une petite sieste.

2 ★ Choisis le sujet (GS) qui convient.
Depuis toujours, (les Indiens/l'Indien) admirent le tigre. (Il/Ils) portent ses griffes et ses crocs autour du cou en guise de porte-bonheur. Quand (le tigre/les tigres) bondit sur sa proie, (ses pattes/sa patte) se replient et se détendent comme des ressorts.

3 ★★ Classe les phrases suivantes dans un tableau.
Florent joue du piano. Baptiste et Robin rient. Ils rient. Chloé et Valentin écoutent la musique. Chloé applaudit. Valentin hésite. Puis, ils applaudissent ensemble.

GS et verbe au singulier	GS et verbe au pluriel

4 ★★ Réécris les phrases suivantes en mettant le sujet au pluriel. Attention à l'accord du verbe.
a) Le têtard glisse dans l'eau.
b) La grenouille saute dans la mare.
c) La libellule vole à la surface de l'eau.
d) Le pêcheur avance en barque.
e) Un oiseau s'envole.
f) Le poisson attrape l'hameçon.
g) Le pêcheur le prend dans l'épuisette.

5 ★★★ Replace le sujet (GS) qui convient dans les phrases suivantes.

cinq garçons, un gamin, Il, On, Ils.

…… ouvrit la grille d'une maison voisine et …… sortit en courant. …… avait l'air paniqué. Rien d'étonnant, …… le poursuivaient. …… le rattrapèrent rapidement et le poussèrent contre une clôture.

**6 Écris une phrase avec un GS au singulier. Ton(ta) voisin(e) la réécrit en mettant le GS au pluriel.
Changez de rôle et recommencez.
À la fin, vérifiez vos phrases ensemble.**

Accorder l'adjectif qualificatif

J'OBSERVE

Adopter un animal

Mes parents et moi, nous sommes allés dans un refuge de la SPA* pour choisir un animal. Je voulais un compagnon. J'ai hésité entre une petite chatte grise et noire ou un petit chien brun. Le gardien nous a dit que toutes les chattes grises, noires ou brunes et que tous les chiens petits, noirs ou bruns avaient été abandonnés par des propriétaires sans scrupules. J'ai choisi une adorable chatte que je garderai toujours.

*Société Protectrice des Animaux.

◆ **Tous les mots en bleu appartiennent à la même catégorie. Laquelle ?**
◆ **Pour chacun de ces mots, indique quel nom il précise.**
◆ **Certains de ces mots sont utilisés plusieurs fois. Lesquels ?**
◆ **Sont-ils écrits à chaque fois de la même manière ? Pourquoi ?**

JE COMPRENDS

- Les mots en bleu sont des adjectifs qualificatifs. (Voir Grammaire 12)

- Chaque adjectif qualificatif précise le sens d'un nom :
  – les adjectifs *petite*, *grise* et *noire* accompagnent le nom *chatte* ;
  – les adjectifs *petit* et *brun* accompagnent le nom *chien* ;
  – les adjectifs *grises*, ... et ...... accompagnent le nom *chattes* ;
  – les adjectifs *petits*, ... et ...... accompagnent le nom *chiens*.

- Les adjectifs *petite*, *grise* et *noire* se terminent par un « e » parce que le nom *chatte* est au féminin et au singulier.
Les adjectifs *petits*, *noirs* et ...... se terminent par un « s » parce que le nom *chiens* est au masculin et au pluriel.
Les adjectifs *grises*, *noires* et ...... se terminent par un « e » et un « ...... » parce que le nom *chattes* est au féminin pluriel.

Exercice

Recopie le texte ci-dessus « Adopter un animal » :
– en remplaçant *chatte(s)* par *chien(s)* et *chien(s)* par *chatte(s)* ;
Attention, l'accord des adjectifs change !

JE RETIENS

● **L'adjectif qualificatif s'accorde en genre** (masculin/féminin) **et en nombre** (singulier/pluriel) **avec le nom** auquel il se rapporte et qu'il qualifie.

Avec un nom		Accord de l'adjectif	Exemples
genre	nombre		
masculin	singulier		un petit chien noir
	pluriel	**s** (plus rarement **x**)	des petit**s** chiens noir**s**
féminin	singulier	**e**	une petit**e** chatte noir**e**
	pluriel	**es**	des petit**es** chatt**es** noir**es**

JE M'EXERCE

1 ★ **Accorde l'adjectif qualificatif.**
a) Les (joli) roses (jaune).
b) Un (petit) chien (méchant).
c) Une maison (neuf).
d) Des poissons (rouge).
e) De (grand) jardins (fleuri).

2 ★ **Relie chaque nom à l'adjectif qui convient.**
a) un cahier • • bleues
b) des crayons • • bleu
c) une chemise • • bleue
d) des craies • • bleus

3 ★★ **Lis cette phrase :**
L'épicier avait installé sur son étalage une magnifique pomme verte et un petit melon bien mûr.

Réécris cette phrase en remplaçant les noms *pomme* et *melon* par :
1. pommes et melons ;
2. tomates et cerises ;
3. poireaux et radis.

Attention aux accords !

4 ★★ **Complète avec l'adjectif qualificatif qui convient.**
Il a de (grands/grandes) yeux (bleu/bleus), de (longs/long) cheveux (noires/noirs) et des oreilles (pointus/pointues).

5 ★★★ **Complète avec l'adjectif qualificatif de ton choix.**

Elle habitait une ...... maison avec un ...... jardin autour et des grilles donnant sur la rue. Et puis voilà qu'un jour un taxi a disparu, un ...... taxi ...... avec un chauffeur .... On a cherché partout mais on n'a retrouvé ni l'homme ni la voiture. Mais le lendemain matin tout le monde a vu, derrière les grilles, dans le jardin de la sorcière, une ...... citrouille ......, et tout près d'elle un ...... rat ......, assis sur son derrière, avec une ...... casquette, bien ......, posée sur sa tête.

D'après P. Gripari, *La Sorcière et le Commissaire*,
Le Livre de Poche Copain, © B. Grasset.

Tu peux relire ensuite le texte pp. 8-9.

6 **Par groupe de deux, choisissez chacun à votre tour un déterminant, un nom et un adjectif et faites une phrase.**
Attention aux accords !

cet	immeuble	géniale
mes	ville	grand
cette	ciel	petite
des	cheveux	bleue
une	maison	blancs
la	idée	bleu

13 Reconnaître « est » et « c'est »

J'OBSERVE

Le tigre

Le tigre ⟨est⟩ apparu sur Terre il y a environ un million d'années. Le tigre ⟨est⟩ le plus gros des félidés. C'⟨est⟩ un animal solitaire. Il ⟨est⟩ souvent à l'affût dans les fourrés ; c'⟨est⟩ un excellent chasseur.

◆ À quelle catégorie appartiennent tous les mots en bleu ?

◆ Classe les verbes en deux catégories : ceux conjugués aux temps simples et ceux conjugués aux temps composés.

◆ Remplace « le tigre » par « les tigres » : que remarques-tu ?

JE COMPRENDS

- Les mots en bleu de ce texte sont :
– Le verbe *être* employé à un temps simple :
*Le tigre **est** le plus gros des félidés ; c'**est** un animal solitaire ; Il* ……. .
– L'auxiliaire *être* employé à un temps composé :
*Le tigre **est apparu** sur Terre.*

- Si je remplace « le tigre » par « les tigres » :
Le tigre est apparu   devient   *Les tigres sont apparus.*
C'est un animal solitaire devient   *Ce* …… *des animaux solitaires.*

JE RETIENS

- « est » peut être :
– **le verbe « être »** à la 3ᵉ personne du singulier au présent de l'indicatif.
– ou **l'auxiliaire « être »** à la 3ᵉ personne du singulier au passé composé.
– **« c'est »** est composé de **« c' »** (ceci) et du verbe **« être »**.

- À la 3ᵉ personne du pluriel :
– **« est »** devient **« sont »** ;
– **« c'est »** devient **« ce sont »**.

JE M'EXERCE

1 ✦ **Choisis entre « est » et « sont ».**
a) Hier, les enfants …… rentrés tard.
b) Hier, Johann …… rentré tard.
c) Hugo …… un bon camarade.
d) Ce …… de bons camarades.

2 ✦✦ **Mets ces phrases au pluriel.**
a) La voiture est en panne.
b) Le train est en retard.
c) La matinée est fraîche.
d) En été, la montagne est verte.

3 ✦✦ **Mets ces phrases au singulier.**
a) Ce sont des animaux sauvages.
b) Ce sont mes amis.
c) Ce sont des livres passionnants.
d) Ce matin, ce sont mes frères qui ont allumé la télévision.

Reconnaître « ont » et « sont »

J'OBSERVE

Les éléphants

Les éléphants sont les plus gros mammifères terrestres. Ils ont une longue trompe pour attraper leur nourriture. Grâce à cette trompe, ils sont très sensibles aux odeurs. Ils ont également de grandes défenses en ivoire.

◆ Relève les verbes de ce texte. Trouve leur infinitif.
◆ Remplace « les éléphants » par « l'éléphant » : que remarques-tu ?

JE COMPRENDS

- Les verbes de ce texte sont :
– le verbe être : *Les éléphants* **sont** *les plus gros mammifères, ils* …… .
– le verbe …… : *Les éléphants* **ont** *une longue trompe, ils* …… .

- Si je remplace « les éléphants » par « l'éléphant » :
Les éléphants sont…   devient   *L'éléphant est…*
Ils ont…   devient   *Il a…*

JE RETIENS

« sont »	C'est le verbe « être » à la 3ᵉ personne du pluriel : *Ils sont les plus gros mammifères.*	Au singulier, « sont » devient « est » : *Il est le plus gros des mammifères.*
« ont »	C'est le verbe « avoir » à la 3ᵉ personne du pluriel : *Ils ont des défenses en ivoire.*	Au singulier, « ont » devient « a » : *Il a des défenses en ivoire.*

JE M'EXERCE

1 ★ **Entoure le verbe « avoir ».**
a) Patrick et Paul ont une punition.
b) Les vagues sont énormes.
c) Les chiens ont faim, ils sont devant la porte de la cuisine.
d) Les vacances sont proches.

2 ★ **Choisis entre « sont » et « ont ».**
a) Les élèves …… un contrôle.
b) Les gendarmes …… au carrefour.
c) Papa et maman …… rendez-vous à 5 heures, ils …… en retard.
d) Les enfants …… malades ; ils …… la grippe.

3 ★★ **Mets ces phrases au pluriel.**
a) Mon frère a un vélo rouge.
b) Ma sœur est dans le jardin.
c) Le mouton a peur du loup, il est affolé.
d) Le chat est dans l'arbre, il a du mal à descendre.

4 ★★ **Mets ces phrases au singulier.**
a) Les bébés sont à la crèche.
b) Les clowns sont sur la piste, ils ont un nez rouge.
c) Les bateaux sont au port, ils ont des voiles multicolores.
d) Les trains sont en retard.

14 Reconnaître « son », « ses » et « ces »

J'OBSERVE

Marie

Marie range son stylo, ses crayons, sa gomme dans sa trousse et son cahier dans la case. Ces objets lui appartiennent.

◆ À qui appartiennent les différents objets ? Comment le sais-tu ?
◆ Dans la première phrase, mets au pluriel les noms qui sont au singulier et au singulier le nom qui est au pluriel. Que remarques-tu ?
◆ Si Marie n'avait qu'un objet, que deviendrait la dernière phrase ?

JE COMPRENDS

- Le *stylo*, les *crayons*, la *gomme*, la *trousse* et le *cahier* appartiennent à Marie parce que ces noms sont précédés d'un adjectif possessif : *son stylo, ses crayons, son cahier, sa gomme, ... trousse.*

- Si je passe du singulier au pluriel : *son stylo* → *ses stylos* ; inversement : *ses crayons* → *son crayon.*

- Si je mets au singulier *ces objets*, j'obtiens : *cet objet.*

JE RETIENS

- **« ses » est un déterminant** (adjectif possessif) qui accompagne des noms au pluriel : *Marie range ses crayons, ses gommes.*
  Au singulier, « ses » devient « son » ou « sa » : *Marie range son crayon, sa gomme.*

- **« ces » est un déterminant** (adjectif démonstratif) qui accompagne des noms au pluriel : *Ces stylos et ces gommes sont à Marie.*
  Au singulier, « ces » devient « ce », « cet » ou « cette » : *Ce stylo, cette gomme et cet objet sont à Marie.*

JE M'EXERCE

1 ★ **Choisis « son », « sa » ou « ses ».**
a) Il est venu avec ...... parents, ... frère et ...... sœur.
b) L'oiseau chante dans ...... cage.
c) Le petit garçon joue avec ...... voitures.
d) La chatte allaite ...... petit.

2 ★★ **Mets au pluriel le groupe nominal en gras.**
a) Cet élève prend **son repas** à la cantine.
b) J'ai lu **cette histoire**.
c) Yannick a oublié **son cahier**.
d) Léo lave **sa voiture**.

3 ★★ **Mets au singulier le groupe nominal en gras.**
a) Éric mange **ces bonbons**.
b) Léa a appris **ses leçons**.
c) Le voisin répare **ses volets**.
d) Le clown a fait rire **ces enfants**.

4 Par groupe de deux, écrivez :
– une phrase contenant « son » ;
– une phrase contenant « cette » ;
– une phrase contenant « ce ».
Échangez vos phrases et réécrivez-les en mettant les déterminants au pluriel.

Reconnaître le pronom « on »

J'OBSERVE

Cambriolage à l'école

Un matin, on arrive à l'école, on apprend qu'on a cambriolé notre classe. On a volé les ordinateurs et le magnétoscope. Le maître nous dit : « Je ne sais pas qui a fait cela. » On est bien tristes. Le lendemain, on apprend qu'on a retrouvé le voleur.

◆ Quel mot est le sujet des verbes de presque toutes ces phrases ? Avec ce pronom sujet, à quelle personne est le verbe ?

◆ Relève les « on » qui désignent le voleur. Que représentent les autres « on » ?

JE COMPRENDS

- Dans presque toutes les phrases, le sujet est le pronom « on » : *on arrive, on apprend, on a cambriolé,* etc.
- Parfois, « on » désigne le voleur : *on avait cambriolé.*

Parfois, « on » désigne celui qui raconte et ses camarades de l'école, comme dans *on arrive, on apprend, ...*

- Quand « on » est sujet, le verbe est à la ...... personne du singulier.

JE RETIENS

- **Le pronom personnel « on » désigne :**
  – soit quelqu'un : **On** a volé. ⟶ *On* = quelqu'un ;
  – soit plusieurs personnes : **On** arrive. ⟶ *On* = nous.
- **Avec le pronom « on »,** le verbe est à la 3e personne du singulier.

JE M'EXERCE

1 ✶ **Écris correctement le verbe.**
a) Ce matin, on (avoir) froid.
b) Demain, on (aller) au cinéma.
c) On (écrire) sur un cahier, ce matin.
d) On ne (crier) pas en classe.
e) On (écouter) de la musique.

2 ✶ **Réécris ces phrases en utilisant « on ».**
a) Quelqu'un a frappé à la porte.
b) Hier, une personne est entrée dans ma chambre.
c) N'importe qui peut me voir.
d) Nous avons visité le zoo de Vincennes.
e) Quelqu'un a pris mon livre.

3 ✶✶ **Fais une phrase en utilisant « on », comme dans le modèle.**

Le vol de ma bicyclette. ⟶ On a volé ma bicyclette.
a) Un carreau cassé.
b) Le départ en vacances en Bretagne.
c) Le vote pour élire les députés.

4 Par groupe de deux : l'un écrit deux phrases en utilisant « on » qui peut être remplacé par « quelqu'un ». L'autre écrit deux phrases en utilisant « on » qui peut être remplacé par « nous ».

Orthographe

15 Reconnaître « à »

J'OBSERVE

En vacances

À la plage, les enfants s'amusent à plonger et à s'arroser. Les plus grands jouent à la balle à 10 heures avec leur moniteur. Certains parents font de la planche à voile.

◆ Combien de fois le mot « à » est-il employé dans ce texte ?
◆ Devant quels mots se trouve-t-il ? Classe ces mots.

JE COMPRENDS

- Le mot « à » est employé ...... fois dans le texte.
- On trouve le mot « à » :
– dans *à la plage, à la balle, à 10 heures, planche à voile*, devant un ...... ;
– dans *à plonger, à s'arroser*, devant un ...... à l'infinitif.

JE RETIENS

- **On trouve « à » :**
– **devant un nom ou un groupe nominal.**
Exemples : *Une planche* à *voile. Je vais* à *Paris. Je pense* à *ma famille.*
– **devant un verbe à l'infinitif.**
Exemple : *Ils s'amusent* à *plonger,* à *courir.*
- **« à » est une préposition**. Ce n'est pas le verbe « avoir ».

JE M'EXERCE

❶ ✦ Complète les phrases suivantes.
a) J'offre des fleurs ...... maman.
b) J'ai réussi ...... plonger.
c) Je retourne ...... l'école.
d) La glace est ...... l'orange.

❷ ✦ Complète les phrases suivantes avec « à » ou « de ».
a) L'école commence ...... 8 h 30.
b) Je reviens ...... vacances.
c) Dimanche, j'étais ... Paris.
d) C'est l'heure ...... partir au cinéma.

❸ ✦✦ Devinettes.
a) Tu l'utilises pour te laver les dents, c'est une ....
b) Pour repasser le linge, on se sert d'un ....
c) C'est une cuillère pour manger la soupe.
d) C'est une pince pour tenir le linge.

❹ ✦✦ Complète les phrases suivantes avec l'infinitif ou le participe passé.
a) Il a (chanté/chanter).
b) J'ai réussi à (sauté/sauter) un mètre.
c) Mon père a (lavé/laver) sa voiture.
d) Les enfants s'amusent à (crier/crié).

❺ Choisis un(e) camarade.
Dans le texte pp. 87-88, l'un de vous repère la préposition « à » placée devant un groupe nominal, l'autre repère la préposition « à » placée devant un verbe.

Qui en a trouvé le plus ?

Reconnaître « et »

J'OBSERVE

Au cirque

Un petit clown laid et amusant arrive sur la scène. Dès son apparition, Marie et Johann se mettent à rire. Son partenaire a un nez rouge et un chapeau pointu. Ils se poussent ; le petit clown tombe sur la piste. **Il pleure et un torrent de larmes inonde sa veste.** Nous les applaudissons beaucoup.

◆ Combien de fois le mot « et » est-il employé dans ce texte ?
◆ Quelle est la nature des mots en bleu réunis par « et » ?
◆ Combien y a-t-il de verbes dans la phrase en gras ? Transforme cette phrase en deux phrases. Que devient le mot « et » ?

JE COMPRENDS

- Le mot « et » est employé …… fois dans ce texte.

- On trouve le mot « et » :
– entre *laid* et *amusant*. Ce sont deux adjectifs.
– entre *Marie* et *Johann*. Ce sont deux noms …… .
– entre *un nez rouge* et *un chapeau pointu*. Ce sont deux …… .

- Dans la phrase en gras, je trouve deux verbes. On peut aussi écrire : *Il pleure. Un torrent de larmes inonde sa veste.*
Dans ce cas, « et » est remplacé par un …… .

JE RETIENS

- **« et » est une conjonction** qui sert à réunir :
– deux adjectifs qualificatifs ;
– deux noms ou deux groupes nominaux ;
– deux propositions contenant chacune un verbe.

- « et » peut être remplacé par « et aussi » :
Exemple : *Je pars avec papa et maman.* (et aussi *maman*)

JE M'EXERCE

1 ★★ **Entoure « et » puis souligne les mots ou les groupes de mots reliés par « et ».**

La neige au village
Lente et calme, en grand silence,
Elle descend, se balance
Et flotte confusément, […]
Pas un soupir, pas un souffle,
Tous s'étouffe et s'emmitoufle
De silence recouvert…
C'est la paix froide et profonde
Qui se répand sur le monde,
La grande paix de l'hiver.

Francis Yard, *Voici des roses*,
© Armand Colin/Bourrelier.

2 ★★ **Complète avec « ou » ou « et ».**
a) Le chien …… le chat sont des ennemis.
b) Tu regardes la 1re …… la 2e chaîne ?
c) Ma sœur a les cheveux blonds …… les yeux bleus.
d) Tu choisis pile …… face ?

À quoi sert la conjugaison ?

J'OBSERVE

Une aventure du Petit Poucet

A. *Quelqu'un raconte l'histoire du Petit Poucet :*
Le Petit Poucet ne dort pas et il entend la conversation. Il sort du lit et il met des petits cailloux blancs dans un sac.

B. *Le Petit Poucet raconte son aventure :*
« Je ne dors pas et j'entends la conversation. Je sors du lit et je mets des petits cailloux blancs dans un sac. »

◆ Ces deux textes se ressemblent, mais quelles différences remarques-tu ?

JE COMPRENDS

• Dans le texte A, on parle du Petit Poucet.
On dit : Le Petit Poucet *ne dort pas*, il *entend*.

• Dans le texte B, le Petit Poucet parle de lui.
Il dit : Je *ne dors pas*, j'*entends*.

J'OBSERVE

C. Je vois une petite fille qui pleure . Je lui demande pourquoi elle pleure . Elle me répond qu'elle cherche sa maman.

D. J' ai vu une petite fille qui pleurait . Je lui ai demandé pourquoi elle pleurait . Elle m' a répondu qu'elle cherchait sa maman.

◆ Que remarques-tu en lisant ces deux textes ?
◆ À quel moment se déroule l'action dans les textes C et D ?
◆ Observe les verbes en jaune. Que remarques-tu ?

JE COMPRENDS

• Dans le texte C, l'histoire se déroule au moment où je parle.
On emploie le présent : *Je vois une petite fille, la petite fille pleure.*

• Dans le texte D, l'histoire s'est déroulée avant le moment où je parle.
On emploie le ……… : *J'ai vu une petite fille, la petite fille pleurait.*

Exercice — Complète le tableau avec les verbes des textes **C** et **D**.

En ce moment	je vois	elle pleure				
Dans le passé	j'ai vu	elle pleurait				

JE RETIENS

La conjugaison sert à indiquer :

● **la personne.**
Exemples : Le Petit Poucet ne dor**t** pas/je ne dor**s** pas ; il sor**t**/tu sor**s**.

● **le moment** où se déroule l'histoire.
Exemples : La petite fille pleur**e**./La petite fille pleur**ait**.
            présent   passé

JE M'EXERCE

1 ★ **Dans la seconde phrase, la personne change. Souligne-la et entoure le verbe.**
a) Paul attendait sa maman.
   Ils attendaient leur maman.
b) Le petit Prince aime les roses.
   Nous aimons les roses.
c) Il quitte la cage.
   Les oiseaux quittent la cage.
d) Le renard se moque du corbeau.
   Vous vous moquez du corbeau.

2 ★ **Dans la seconde phrase, le temps a changé. Entoure le verbe et précise quand se passe l'histoire (passé, présent ou futur).**
a) Mon copain va chez ses grands-parents.
   Mon copain ira chez ses grands-parents.
b) Ma petite sœur pleure souvent.
   Ma petite sœur pleurait souvent.
c) Nous rentrerons tard.
   Nous rentrions tard.
d) Dans le ciel, passent de gros nuages.
   Dans le ciel, passaient de gros nuages.

3 ★★ **Recopie les phrases suivantes en choisissant le verbe qui convient.**
a) Nous …… la télévision.
   Je …… la télévision.
        regarde – regardons
b) Tous les matins, vous …… à l'école.
   Tous les matins, nous …… à l'école.
        allez – allons
c) Le lièvre …… plus vite que la tortue.
   Nous …… plus vite que la tortue.
        courons – court

d) Dans une semaine, nous …….
   Il y a une semaine, nous …….
        partions – partirons
e) Au Moyen Âge, les seigneurs …… à cheval.
   Pendant les prochaines vacances, mes parents …… en avion.
        voyageront – voyageaient
f) Je …… te voir le mois prochain.
   L'an dernier, je …… te voir tous les jours.
        passais – passerai

4 ★★★ **Indique ce qui change.**

	La personne	Le moment
a) Lundi prochain, mon père partira en voyage. Mon père part en voyage.		
b) Ils vont à la piscine le mercredi. Ils iront à la piscine le jeudi.		
c) Je ne te parle plus. La semaine dernière, nous ne te parlions plus.		
d) Tu chantais tous les mardis matin. Vous chantiez ensemble tous les mardis matin.		

2 Des personnes, des terminaisons

J'OBSERVE

Aurélien et Éva chbroulent aux cartes.

Aurélien chbroule. Éva hésite.
Aurélien lui demande :
— Alors, tu chbroules ?
— Oui, je chbroule ! Attends !
Elle chbroule. Tiphaine arrive.
— Vous chbroulez sans moi !
— Mais oui, nous chbroulons sans toi !
— Je peux chbrouler avec vous ?
— Non, tu es en retard. Tu chbrouleras demain !
— Ça alors ! Je travaillais et ils chbroulaient sans moi !

◆ **Qui sont les personnages de cette scène ?**
◆ **Un mot est utilisé très souvent dans ce dialogue : lequel ?**
◆ **Par quoi peux-tu remplacer ce mot ?**
◆ **Ce mot est-il écrit toujours de la même manière ?**

JE COMPRENDS

● Il y a trois personnages dans cette scène. Pour les désigner, je peux utiliser leur prénom :

Aurélien   Éva   ……

● Le mot *chbrouler* est très utilisé. Je peux le remplacer par le verbe ……..

● Le mot *chbrouler* change quand la personne change : il *chbroule*/elle *chbroule*, vous *chbroulez*, tu ……, nous *chbroulons*.

Exercice

Réécris le texte ci-dessus en remplaçant le verbe *chbrouler* par le verbe *jouer* :

Aurélien et Éva jouent aux cartes.

Aurélien joue. Éva…

JE RETIENS

Conjuguer un verbe, c'est :

- **changer les pronoms personnels devant le verbe** pour indiquer **qui parle à qui** ;
- **changer la terminaison du verbe.**

Exemples : **tu** jou**es**, **nous** jou**ons**, **ils** jou**ent**.

Si je parle…	J'utilise les pronoms	Exemples
de moi	Je	*Je joue.*
de toi	Tu	*Tu joues.*
de quelqu'un ou de quelque chose	Il ou Elle	*Il joue.* *Elle rebondit.*
de nous	Nous	*Nous jouons.*
de vous	Vous	*Vous jouez.*
de plusieurs personnes ou de plusieurs choses	Ils ou Elles	*Ils jouent.* *Elles rebondissent.*

JE M'EXERCE

1 ★ **Dans les phrases suivantes, remplace le verbe *gluper* par le verbe qui convient :**

restent, se nourrit, saisit, tuent.

a) En hiver, le loup *glupe* de petits ou de gros animaux herbivores.
b) Quand ils *glupent* un gros animal, les loups *glupent* plusieurs jours près du cadavre.
c) Dans les torrents, le loup *glupe* aussi des poissons à pleine gueule.

2 ★ **Dans le texte suivant, choisis le verbe qui convient.**

Renard (s'allonge/t'allonges) au milieu du chemin, il (fait/faisons) le mort. Il (prend/prenez) soin de ne pas respirer. Les marchands (arrivez/arrivent), ils ne se (doutent/doute) de rien. Le premier qui le voit (crie/crions) à son compagnon :
« Regarde ! Un renard !
— Attrape-le et (fais/faites) bien attention qu'il ne t'échappe pas ! »

D'après *Le Roman de Renard*.

3 ★★ **Indique quel(s) personnage(s) représentent les pronoms en gras.**

Que fait Colombine ? Bercée par la douce chaleur du fournil, **elle** (……) s'endort sur le coffre à farine. **Elle** (……) est épuisée par la longue route qu'**elle** (……) a parcourue. Pierrot a les larmes aux yeux. **Il** (……) a une idée. **Il** (……) va sculpter une Colombine-Pierrette à sa manière dans une pâte à brioche. **Il** (……) se met au travail. **Ils** (……) se rencontreront bientôt.

D'après Michel Tournier, *Pierrot ou les Secrets de la nuit*, © Gallimard.

4 **Voici le début d'une discussion entre Frédéric et Vincent :**

— Demain, je vais avec Mathieu au cinéma.
— Comment ? Tu vas au cinéma sans moi ?

Avec un(e) camarade, imaginez la suite. Écrivez une réplique chacun à votre tour en utilisant un pronom différent.

Radical et terminaison : comment

J'OBSERVE

Petit-Féroce raconte

A. Je me promenais dans la forêt. Les oiseaux gazouillaient et je donnais des coups de pied aux marrons et aux châtaignes.

B. Je me promène dans la forêt. Les oiseaux gazouillent et je donne des coups de pied aux marrons et aux châtaignes.

C. Je me promènerai dans la forêt. Les oiseaux gazouilleront et je donnerai des coups de pied aux marrons et aux châtaignes.

◆ Les trois histoires se passent-elles au même moment ?
◆ Quels mots ont changé de forme ? Retrouve-les dans les trois textes.

JE COMPRENDS

• Ces trois textes racontent la même histoire, mais ne se passent pas au même moment : le …… a changé.

• La fin des verbes (la terminaison) a changé, mais on reconnaît les verbes car leur …… n'a pas changé :

Texte A	Je me promen**ais**	Les oiseaux gazouill**aient**	Je donn**ais**
Texte B	Je me promèn**e**	Les oiseaux ……	……
Texte C	Je me promèn**erai**	Les oiseaux ……	……

J'OBSERVE

D. Petit-Féroce approche de l'arbre. Il effleure le tronc d'arbre d'un orteil timide et il remarque l'écorce déchirée.

E. Petit-Féroce et moi approchons de l'arbre. Nous effleurons le tronc d'arbre d'un orteil timide et nous remarquons l'écorce déchirée.

D'après P. Thiès, *Petit-Féroce est un génie*, © Rageot Éditeur.

◆ Les personnages sont-ils les mêmes dans les deux textes ?
◆ Les verbes ont-ils changé de forme ? Retrouve-les dans les deux textes.

JE COMPRENDS

• Dans le texte D, on parle de Petit-Féroce. On dit : *Petit-Féroce approch**e**, il effleur**e**, …… .*

• Dans le texte E, Petit-Féroce n'est plus seul, il y a plusieurs personnages. On dit : *Petit-Féroce et moi approch**ons**, nous effleur**ons**, …… .*

Exercice

Réécris le texte E en commençant par « Petit-Féroce et son ami approchent de l'arbre. Ils … »

les verbes changent ?

JE RETIENS

- **La terminaison**, c'est-à-dire la fin du verbe, **change** :
  – quand le moment de l'histoire (le temps) change.

Passé	Présent	Futur
je me promen**ais**	je me promèn**e**	je me promèn**erai**

  – quand la personne (le sujet) change.

Une personne	Plusieurs personnes
je remarqu**e**	nous remarqu**ons**
il (Petit-Féroce) remarqu**e**	ils (Petit-Féroce et son amie) remarqu**ent**

- Ce qui ne change pas (le début du verbe) s'appelle **le radical**.
  Il indique le sens du verbe et permet de le reconnaître.

- Ce qui change (la fin du verbe) s'appelle **la terminaison**.
  Avec la terminaison, on connaît le temps et la personne.

Attention : le radical de certains verbes peut changer.
Exemples : Je **bo**is, nous **buv**ons / tu **v**as, tu **ir**as.

JE M'EXERCE

1 ✶ **Dans chacune de ces phrases, trouve le verbe et entoure le radical.**
a) La bergère et le Prince vivent heureux.
   La bergère et le Prince vivaient heureux.
b) Le Petit Chaperon rouge rencontrera le loup dans la forêt.
   Le Petit Chaperon rouge rencontra le loup dans la forêt.
c) Blanche Neige croqua la pomme.
   Blanche Neige croque la pomme.

2 ✶✶ **Entoure les verbes et trouve le pronom qui manque.**
a) Mon frère siffle dans la maison.
   …… sifflent dans la maison.
b) Le renard flattait le corbeau.
   …… flattiez le corbeau.
c) Le Petit Poucet semait des cailloux.
   …… sèmerons des cailloux.

3 ✶✶ **Recopie le texte et entoure les terminaisons des verbes. Pour t'aider, tu peux changer le moment de l'histoire.**
Un souriceau habitait dans le placard à balais d'une maison. Il adorait les livres. Chaque semaine, les enfants en rapportaient de la bibliothèque. Ils regardaient les livres pendant la journée et le souriceau dévorait les couvertures la nuit.

D'après E. Ormondroyd, J.-M. Larrecq,
La Passion de Tony la souris,
trad. G. Brisac, © Gallimard.

4 **Dans le texte suivant, relève le radical des verbes et ton(ta) voisin(e) les terminaisons.**

Comparez et reconstituez les verbes.
Tony **monta** dans le car qui **allait** au bord de la mer et **commença** un paisible voyage. Les passagers **mangeaient** leurs sandwichs et ils **laissaient** tomber beaucoup de miettes. En arrivant, Tony **sauta** à terre. Les mouettes **criaient**. Il **escalada** la dune et enfin il **contempla** la mer.

D'après E. Ormondroyd et J.-M. Larrecq,
La Passion de Tony la souris,
trad. G. Brisac, © Gallimard.

4 Le verbe, son infinitif et les trois

J'OBSERVE

Les enfants chantent dans la classe.
Le rossignol chantait dans le jardin.
Demain, nous chanterons avec la chorale.

[…]

chanter v. (conjug. 1) **1.** Former avec la voix des sons musicaux. *Il chante à tue-tête. Elle a chanté une très belle chanson.* **2.** *Les oiseaux chantent*, ils poussent leur cri. → **gazouiller, siffler**. **3.** *Faire chanter quelqu'un*, c'est essayer d'obtenir quelque chose de lui par des menaces. → aussi **chantage, maître chanteur**.

▸ **chantage** n. m. *Il lui fait du chantage*, il la menace de révéler une chose qu'il sait sur elle pour obtenir de l'argent ou un autre avantage.

▸ **chanteur** n. m., **chanteuse** n. f. Personne dont le métier est de chanter. *Elle écoute un disque de son chanteur préféré.* → aussi **cantatrice**. ▷ CHANT, CHANTONNER, DÉCHANTER, MAÎTRE CHANTEUR.

chantier n. m. Endroit où des ouvriers travaillent ensemble pour construire un immeuble, un bâtiment, un pont, etc. *Le port du casque est obligatoire sur les chantiers.*

chantonner v. (conjug. 1) Chanter à mi-voix, très doucement. *Elle chantonne une berceuse.*

[…]

Dictionnaire *Le Robert Junior*,
© Le Robert.

◆ **Regarde cet extrait d'une page de dictionnaire : est-ce que tu trouves *chantent, chantait, chanterons* ?**

◆ **Quelle est la terminaison de ce verbe dans le dictionnaire ?**

◆ **Cherche un autre verbe terminé par -er dans la même page.**

JE COMPRENDS

● Dans l'extrait du dictionnaire, je ne trouve pas *chantent, chantait* ou *chanterons*, c'est ...... que je trouve. Il se termine par -er.

● Sur la même page, je trouve le verbe ...... qui se termine également par -er. Dans un dictionnaire, je trouve les verbes à l'infinitif.

J'OBSERVE

manger, parler, crier, lire, boire, finir, grandir, rougir, salir, tenir, pouvoir, devoir, venir, connaître.

◆ **Tous les mots de cette liste sont des verbes à l'infinitif. Vérifie en les conjuguant au présent (tu peux utiliser Frédéric comme sujet).**

◆ **Tous ces verbes se terminent-ils par -er ? Regarde leur terminaison et classe-les.**

JE COMPRENDS

● Les verbes *manger, parler, crier* se terminent par -er.
Les verbes *finir, grandir, rougir, salir, tenir, venir* se terminent par -ir.
Les verbes *pouvoir, devoir* se terminent par .... .
Les verbes *lire, boire, connaître* se terminent par .... .

● C'est en connaissant l'infinitif des verbes que je peux les classer.

groupes

JE RETIENS

- Pour désigner un verbe, on utilise son **infinitif** : *marcher, rajeunir, dire, vouloir…*

- **On classe les verbes en trois groupes :**
  – **1er groupe** : les verbes se terminant par -er à l'infinitif.
  Exemples : manger, parler, crier, bouger, amener.

  – **2e groupe** : les verbes se terminant par -ir à l'infinitif et ayant *-issant* comme terminaison au participe présent.
  Exemples : finir/finissant ; grandir/grandissant ; salir/salissant.

  – **3e groupe** : tous les autres verbes. Ils se terminent par :
  -re : coudre, peindre, connaître, lire, boire ;
  -ir (mais ils n'ont pas -issant comme terminaison au participe présent) : tenir/tenant, venir/venant, courir/courant, dormir/dormant ;
  -oir : s'asseoir, pouvoir, devoir.
  Attention : le verbe *aller* est du 3e groupe.

JE M'EXERCE

1 ★ **Dans les phrases suivantes, trouve l'infinitif qui correspond à chaque verbe.**

aboyer, pleurer, boire, venir
a) Les enfants viendront chez toi.
b) Le chien boit dans sa gamelle.
c) Ma petite sœur pleurait souvent.
d) Le chien aboie dans sa niche.

2 ★ **Trouve l'infinitif des verbes. Puis complète comme dans le modèle :**

Je prends ⟶ verbe *prendre*.
a) Je cherche ……
b) Nous apprenons ……
c) Nous viendrons ……
d) Ils sortiront ……
e) Ils faisaient ……

3 ★★ **Recopie cette recette en remplaçant le verbe conjugué et son sujet par l'infinitif qui convient, comme dans le modèle :**

Vous cassez les œufs. ⟶ *Casser* les œufs.
Vous mélangez la farine, les œufs, le sucre et le yaourt dans un saladier.
Vous versez dans un moule.
Vous mettez au four.
Vous laissez cuire 15 minutes.
Vous servez encore chaud.

4 ★★ **Classe les verbes suivants dans un tableau :**

attendre, mouiller, revenir, découvrir, obéir, prévoir, coudre, marquer, gémir, ralentir, remuer, sortir, amener.

1er groupe	2e groupe	3e groupe

5 ★★★ **Entoure le verbe. Indique son infinitif et son groupe à la fin de chaque phrase.**

a) Les chevaux galopent sur la piste.
b) Le facteur m'apportera le courrier.
c) Les élèves feront un beau voyage.
d) Léa réussira son contrôle.
e) Le cochon grossissait beaucoup.
f) Mon père tondra la pelouse.

6 **Avec ton(ta) voisine, relisez le texte pp. 8-9. L'un de vous cherche trois verbes du 1er groupe, l'autre trois verbes du 3e groupe.**

Échangez vos réponses et vérifiez-les ensemble.

5 Distinguer passé, présent et futur

J'OBSERVE

Le tour du monde en ballon en 21 jours

Deux ballons sont partis hier pour réaliser un tour du monde. Le *Breitling Orbiter* a décollé de Suisse tandis que le *Virgin Challenger* a pris son envol du Maroc. Le *Breitling Orbiter* voyage actuellement au-dessus de Lyon. Si tout se passe bien, ils atterriront en Suisse dans environ trois semaines.

Journal du 12 janvier 1997.

◆ **À quelle date cet article de journal a-t-il été publié ?**

◆ **Quand les deux ballons sont-ils partis ? Où le *Breitling Orbiter* se trouve-t-il au moment où l'article est publié ? À quelle date environ seront-ils en Suisse ?**

◆ **Recopie :**
– trois verbes qui indiquent un événement qui s'est déjà réalisé ;
– un verbe qui indique un événement qui se déroule au moment où l'article est publié ;
– un verbe qui indique un événement qui se produira plus tard.

JE COMPRENDS

• L'article a été publié le 12 janvier 1997.

• Les deux ballons sont partis le 11 janvier : c'est le mot *hier* qui me permet de le savoir.
Le 12 janvier 1997, le *Breitling Orbiter* est au-dessus de Lyon : c'est le mot ...... qui me permet de le savoir.
Les ballons arriveront en Suisse vers le ...... : c'est l'expression ...... qui me permet de le savoir.

• Les verbes permettent de situer les événements.
– L'action a eu lieu avant le moment où l'on écrit : *Deux ballons* sont partis, *Le Breitling Orbiter* a décollé, *Le Virgin Challenger* ....
– L'action se déroule au moment où l'article est écrit : *Le Breitling Orbiter* voyage.
– L'action aura lieu après le moment où l'on écrit : *Ils* ....

Exercice

Classe les phrases suivantes en deux colonnes : d'un côté celles qui évoquent un événement déjà passé, de l'autre celles qui évoquent un événement qui se passera plus tard. Souligne ce qui t'aide à classer les phrases.

a) Nous partions en promenade.
b) Nous partirons en promenade.
c) Il jouera dans notre équipe.
d) Il joua dans notre équipe.
e) Tu regardais la télévision.
f) Tu regarderas la télévision.
g) Il a écrit à son frère.
h) Il écrira à sa cousine.
i) Vous partiez en voyage.
j) Vous partirez en voyage.
k) Il est allé au cinéma.
l) Il ira au cinéma.

JE RETIENS

● **Pour situer un événement**, on peut utiliser des mots comme : *hier, aujourd'hui, actuellement, demain, bientôt, plus tard, dans trois heures, tout de suite…* On les appelle des **adverbes de temps**.

● La terminaison des verbes permet de dire si une action se passe :
– **avant** le moment où l'on parle. C'est un temps du **passé**.
Exemples : Il a voyagé en train. Autrefois, on voyageait souvent à cheval.
– **au moment** où l'on parle. C'est le temps du **présent**.
Exemple : De nos jours, on voyage le plus souvent en voiture.
– **après** le moment où l'on parle. C'est le temps du **futur**.
Exemple : On voyagera bientôt en voiture électrique.

Conjugaison

JE M'EXERCE

1 ★ **Recopie les phrases où le verbe indique que l'action s'est déroulée avant le moment où l'on parle.**
a) L'été dernier, nous nous promenions dans la montagne.
b) Hier, je jouais avec mes amies.
c) Vous mangez ?
d) Lundi prochain, il ira à la piscine.
e) Hier soir, mon chien a eu peur ; il a aboyé.
f) Ce matin, elle a cueilli des fraises.
g) Nous verrons bientôt nos amis.
h) L'an dernier, la fête de l'école a eu lieu le 21 juin.

2 ★ **Recopie les phrases où le verbe indique que l'action se déroulera après le moment où l'on parle.**
a) La montgolfière s'est posée dans le parc du château.
b) Lorsque nous arriverons au chalet, nous irons louer des luges.
c) Au printemps, les abeilles butineront les fleurs du jardin.
d) Tout le monde pêche dans la rivière.
e) Nous serons bientôt au printemps.

3 ★ **Recopie les phrases où le verbe indique que l'action se déroule au moment où l'on parle.**
a) Vous vous lèverez de bonne heure.
b) Nous partons à la piscine.
c) Patricia caressa son ami le lion.
d) Maman nous raconte une histoire.

4 ★★ **Réécris le texte « Le tour du monde en ballon en 21 jours » en commençant par :**

Deux ballons partiront demain pour réaliser…

Pense à changer les adverbes de temps quand c'est nécessaire.

5 ★★ **Classe en trois colonnes les verbes qui expriment une action passée, présente ou future.**
Philéas Fogg et son valet Passepartout ont réalisé le tour du monde en 80 jours ; c'est Jules Verne qui a raconté cette histoire. Aujourd'hui, six montgolfières s'apprêtent à effectuer un voyage autour du monde sans escale en moins de trois semaines. Elles se déplacent en utilisant les courants aériens qui soufflent entre 160 et 300 km/h vers l'est. Les navigateurs se poseront quelque part en Europe, là où les vents les dirigeront.

6 ★★★ **Écris un court article de journal (trois lignes environ) en choisissant un mot dans chaque colonne.**

1	2	3
hier autrefois	actuellement de nos jours	demain bientôt

213

Utiliser le présent de l'indicatif

J'OBSERVE

À la recherche du blaireau

A. « Mais que fais-tu donc, Gaston ? demande Delphine.
— Je travaille, je recherche des informations sur les blaireaux et je n'en trouve pas. Alors je m'énerve… Ah voilà, j'ai trouvé ! »

B. Un mammifère mal connu ! Les blaireaux vivent dans les forêts. Ils ressemblent à des petits ours. Ils se nourrissent de fruits, de racines, d'œufs, d'oisillons, de petits animaux, de grenouilles, d'escargots, de vers et d'insectes.

◆ Dans le texte A, relève les verbes qui indiquent ce que fait Gaston au moment où il répond à Delphine.

◆ Ces verbes sont-ils au passé, au présent ou au futur ?

◆ Les verbes du texte B sont-ils au passé, au présent ou au futur ?

◆ Ce que font les blaireaux se passe-t-il à un moment précis ?

JE COMPRENDS

● Dans le texte A, Gaston raconte ce qu'il est en train de faire au moment où il répond à Delphine.
Il dit qu'il *travaille*, qu'il *recherche* des informations, qu'il n'en …… pas et …… .
Pour raconter ce qu'il est en train de faire, Gaston utilise le présent de l'indicatif.

● Pour expliquer comment vivent les blaireaux, l'auteur du texte B utilise aussi le …… .
Les blaireaux vivent à notre époque ; on nous raconte ce qu'ils font en général : ils *vivent*, ils *ressemblent* à de petits ours, ils …… .

Exercice

Lis le texte suivant :

Xour se sentait glacé de peur. Un drinn ! C'était la première fois qu'il en voyait un. Ainsi, les drinns existaient vraiment. Toutes les histoires terribles que les vieux de la tribu racontaient parfois lui revenaient en mémoire.

M.-H. Delval, « Les Drinns », *J'aime lire*, n° 52, 01/05/81, © Bayard Presse Jeune.

Raconte l'histoire à ton(ta) voisin(e), en commençant par : Xour se sent glacé…

JE RETIENS

On utilise le présent de l'indicatif.

● **Pour raconter des événements qui se déroulent au moment où l'on parle, où l'on écrit.**
Exemples : Qui frappe ?
Je me lève et j'ouvre la porte.

● **Pour dire ce qui se passe souvent ou toujours.**
Exemples : Les automobiles polluent les grandes villes.
La Terre tourne autour du Soleil.

JE M'EXERCE

1 ★ **Recopie les phrases dans lesquelles le verbe est au présent de l'indicatif.**
a) L'an dernier, je suis allé au ski.
b) Aujourd'hui, je vais à l'école.
c) Les girafes ont un long cou.
d) Le train entre en gare.

2 ★ **Recopie les phrases et choisis le verbe au présent.**
a) En ce moment, la pluie (tombait/tombe).
b) Tous les jours, je (fais/ferai) du vélo.
c) Mon chat (est/sera) un félin.
d) Mon voisin (aimera/aime) toujours le jardinage.

3 ★★ **Complète les phrases avec un verbe de ton choix conjugué au présent.**
a) Les lions …… les gazelles.
b) Mon chien … toute la journée.
c) Les filles …… les glaces.
d) Aujourd'hui, mon père …… sa voiture.
e) Ma sœur …… une histoire.

4 ★★ **Classe les phrases dans un tableau.**
a) Aujourd'hui, il pleut.
b) La France est en Europe.
c) La Terre est ronde.
d) Ce matin, nous partons en vacances.
e) Paris est la capitale de la France.
f) J'attends un copain.

On raconte un événement	C'est toujours vrai

5 ★★ **Recopie le texte en mettant les verbes en gras au présent.**
Deux petits garçons **vivaient** dans une grande ville. Il y **avait** plein de maisons et de magasins. Il y **avait** plein d'usines qui **faisaient** beaucoup de fumée. Il y **avait** plein de rues où les voitures, les camions, les bus et les motos **montaient** et **descendaient** tout le temps. Il y **avait** plein de gares où les trains **entraient** et **sortaient** toute la journée et toute la nuit. Et, dans cette grande ville, il y **avait** toujours du bruit, du bruit, du BRUIT.

D'après Dorothy Edwards,
Jo et Timothée deviennent amis, D.R.

6 ★★★ **Écris un article sur les girafes en utilisant les verbes suivants au présent :**
vivre (en Afrique), avoir (un long cou), manger (des feuilles), être (le plus grand animal du monde).

Tu peux ajouter d'autres renseignements si tu le souhaites.

7 **Par groupe de deux, recherchez des renseignements sur les éléphants.**
Puis ajoutez chacun une phrase au présent (six phrases maximum) pour continuer le texte suivant :
L'éléphant est le plus gros animal terrestre. Il…

Conjugaison

Conjuguer les verbes au présent

J'OBSERVE

Mes chers parents,
Je vous écris pour vous raconter ce que je fais en classe de découverte. Le matin, je me rends en classe. L'après-midi, je skie avec François, notre moniteur. Il dit que je me débrouille bien. Il sourit souvent quand je tombe, mais il m'aide à me relever. Il réussit toujours à nous rassurer.
Je finis ma lettre en vous embrassant. J'attends de vos nouvelles.

Jérôme

◆ **À quel temps Jérôme raconte-t-il ce qu'il fait et ce que fait son moniteur ?**

◆ **Repère les verbes qui disent ce que fait Jérôme. Classe-les en regardant leur terminaison.**

◆ **Quel est le groupe de ces verbes ? Que remarques-tu ?**

◆ **Repère les verbes qui disent ce que fait son moniteur. Classe-les en regardant leur terminaison.**

◆ **Quel est le groupe de ces verbes ? Que remarques-tu ?**

JE COMPRENDS

● Pour raconter ce qu'il fait et ce que fait son moniteur, Jérôme utilise le temps du …… .

● Quand Jérôme raconte ce qu'il fait, il emploie *je* (1re personne) :
– *je skie, je me débrouille*. Ces verbes se terminent par un « e ». Ils sont du 1er groupe ;
– *je vous écris, je fais, je me rends, je finis*. Ces verbes se terminent par un « …… ». Ils sont des 2e et 3e groupes.

● Quand Jérôme raconte ce que fait son moniteur, il emploie *il* (3e personne) :
– *il m'aide*. Ce verbe se termine par un « e ». Il est du …… groupe ;
– *il dit, il sourit, il réussit*. Ces verbes se terminent par un « t ». Ils sont des …… et …… groupes.

Exercices

1. Complète les verbes par un « e » ou par un « s ».
Je remont… souvent la couverture, je ferm… les yeux et je m'endor… . J'oubli… ma journée et je par… pour un long voyage. C'est la nuit que je grandi… .

2. Complète les verbes par un « e » ou par un « t ».
Il remont… souvent la couverture, il ferm… les yeux et il s'endor… . Il oubli… sa journée et il par… pour un long voyage. C'est la nuit qu'il grandi… .

de l'indicatif (1)

JE RETIENS

Au présent de l'indicatif

- **les verbes du 1ᵉʳ groupe** se terminent par un « e » à la 1ʳᵉ et la 3ᵉ personne du singulier : *je chante, il chante*.

- **les verbes des 2ᵉ et 3ᵉ groupes** se terminent généralement :
  – par un « s » à la 1ʳᵉ personne du singulier : *je finis, j'écris* ;
  – par un « t » à la 3ᵉ personne du singulier : *il finit, il écrit*.

Les terminaisons à retenir

1ᵉʳ groupe	2ᵉ et 3ᵉ groupes	1ᵉʳ groupe
		chanter
je …**e**	je …**s**	je chant**e**
tu …**es**	tu …**s**	
elle/il/on …**e**	elle/il/on …**t** (ou **d**)	elle/il/on chant**e**
nous …**ons**	nous …**ons**	
vous …**ez**	vous …**ez**	
elles/ils …**ent**	elles/ils …**ent**	elles/ils chant**ent**

2ᵉ groupe	3ᵉ groupe	3ᵉ groupe
finir	écrire	attendre
je fin**is**	j' écr**is**	j' atten**ds**
elle/il/on fin**it**	elle/il/on écr**it**	elle/il/on atten**d**
elles/ils fin**issent**	elles/ils écri**vent**	elles/ils attend**ent**

↳ Regarde les tableaux de conjugaison pages I à V.

JE M'EXERCE

① ★ Recopie cette liste et entoure les verbes du 1ᵉʳ groupe.
je mange, je bats, il crie, je dors, je demande, il craint, je peins, je cours, il grandit, il marche.

② ★ Écris les verbes suivants à la 1ʳᵉ et à la 3ᵉ personne du singulier, au présent de l'indicatif.
déclarer, cuire, danser, jouer, défendre, luire, jaunir, nouer, plaire, rafraîchir.

③ ★★ Recopie en remplaçant *nous* par *je*, puis par *il*.
a) Nous grimpons aux arbres.
b) Nous oublions nos cartables.
c) Nous scions une branche.
d) Nous réunissons nos amis.
e) Nous clouons des planches.
f) Nous rions de bon cœur.

④ ★★ Complète les phrases suivantes avec les verbes au présent.

louer
Mon ami …… une belle maison. Tu …… un chalet. Je …… un appartement.

bondir
La lionne …… sur la gazelle. Tu …… par-dessus le mur. Je …… sur le vallon.

construire
Je …… un hangar. Mon frère …… une cabane. Tu …… un château de cartes.

⑤ Construis des phrases en utilisant les verbes conjugués suivants :
marches, part, arrive, grandissent, vends.
Toutes les phrases sont-elles correctes ? Compare avec ton(ta) voisin(e).

Conjuguer les verbes au présent

J'OBSERVE

Mes chers parents,
Voilà huit jours que je suis en classe de découverte et nous faisons des activités passionnantes. Ce matin, je vais au village et cet après-midi, des enfants d'un autre centre viennent nous voir.
J'ai un nouvel ami qui s'appelle Yannick. Nous ne nous quittons plus. Nous sommes dans la même chambre. De notre fenêtre, nous voyons la barre des Écrins. C'est magnifique ! Nous prenons des photos.
Je finis ma lettre et je vous embrasse.

Jérôme

◆ À quel temps Jérôme raconte-t-il ce qu'il fait ?
◆ Relève les verbes et trouve leur infinitif.
◆ Compare les infinitifs aux formes conjuguées. Que remarques-tu ?

JE COMPRENDS

- Jérôme raconte ce qu'il fait au ...... de l'indicatif.
- Selon les verbes :

– le radical de la forme conjuguée est le même que le radical de l'infinitif.
je **fin**is → verbe **fin**ir ; nous **quitt**ons → verbe ....

– le radical de la forme conjuguée est un peu différent de celui de l'infinitif.
nous **voy**ons → **voir** ; il s'**appell**e → verbe **appel**er ;
nous **fais**ons → verbe ...... ; nous **pren**ons → verbe ....

– le radical de la forme conjuguée est très différent de celui de l'infinitif.
je suis, nous sommes → verbe être ; j'ai → verbe avoir ;
ils viennent → verbe ...... ; je vais → verbe ....

Exercice Dans la lettre de Jérôme, recopie les cinq verbes qui ont le pronom « je » pour sujet.
Réécris-les en remplaçant « je » par « Pierre ».

de l'indicatif (2)

JE RETIENS

Au présent de l'indicatif :

- **le radical de certains verbes est identique à l'infinitif.**
  Exemple : nous **chant**ons → verbe **chant**er.

- **le radical de certains verbes est différent de l'infinitif.**
  Exemple : il **vien**t → verbe **ven**ir.

Pour pouvoir utiliser ces verbes sans faire d'erreurs, il faut apprendre leur conjugaison.

verbe être	verbe avoir	verbe aller
je **suis**	j' **ai**	je **vais**
elle/il/on **est**	elle/il/on **a**	elle/il/on **va**
elles/ils **sont**	elles/ils **ont**	elles/ils **vont**

verbe faire	verbe venir	verbe prendre
je fai**s**	je vien**s**	je prend**s**
elle/il/on fai**t**	elle/il/on vien**t**	elle/il/on pren**d**
elles/ils fo**nt**	elles/ils vienn**ent**	elles/ils prenn**ent**

➤ Regarde les tableaux de conjugaison pages I à V.

JE M'EXERCE

1 ✦ **Trouve l'infinitif des verbes suivants :**
vous apprenez, il va, ils sont, tu as, je deviens, vous envoyez, ils comprennent, il revient.

2 ✦ **Complète avec le pronom qui convient.**
a) ...... apprends tes leçons.
b) ...... revient du cinéma.
c) ...... refaites la même chose.
d) ...... ont de bonnes notes.

3 ✦✦ **Écris les verbes entre parenthèses au présent.**
a) Quand (faire)-tu des gâteaux ?
b) Yannick et Marie (prendre) un livre.
c) Qui (avoir) la clé ?
d) (Voir)-vous ma voiture ?

4 ✦✦ **Mets les phrases au présent.**
a) Yannick venait me voir.
b) Les enfants faisaient leurs devoirs.
c) Vous prendrez vos cartables.
d) Vous étiez sages.

5 ✦✦ **Construis des phrases en utilisant les verbes conjugués suivants :**
faites, sommes, va, revoit, apprends, es, ai.

6 **Choisis un(e) camarade. L'un de vous deux complète la grille de mots croisés en utilisant les définitions verticales, l'autre en utilisant les définitions horizontales. Comparez vos réponses.**

	a	b	c	d	e	f	g
1							
2							
3							
4							
5							

HORIZONTALEMENT
1. Verbe partir à la 3ᵉ personne du singulier (présent de l'indicatif). **2.** Verbe aimer à la 2ᵉ personne du singulier (présent de l'indicatif). **3.** Verbe entrer à la 1ʳᵉ personne du singulier (présent de l'indicatif). **4.** Pronom personnel, 3ᵉ personne du singulier. **5.** Verbe dire à la 3ᵉ personne du singulier (présent de l'indicatif).

VERTICALEMENT
a. Verbe prendre à la 3ᵉ personne du singulier (présent de l'indicatif). **c.** Petit rongeur plus gros qu'une souris. **d.** Verbe tirer à la 1ʳᵉ personne du singulier (présent de l'indicatif). **e.** Verbe mêler à la 3ᵉ personne du singulier (présent de l'indicatif). **f.** Pronom personnel, 1ʳᵉ personne du singulier.

9 Distinguer les temps simples et les

J'OBSERVE

Le chien est sauvé !

A. Ce jour-là, on jouait dans la cour de l'école. Le chien de la gardienne sauta par-dessus le grillage et traversa la rue. On entendit des pneus crisser. Une voiture évita le chien de justesse.

◆ De combien de mots sont formés les verbes du texte A ?

◆ Reconnais-tu ces verbes ? Cherche leur infinitif.

B. Hier soir, on a joué dans la cour de l'école. Le chien de la gardienne a sauté par-dessus le grillage et a traversé la rue. On a entendu des pneus crisser. Une voiture a évité le chien de justesse.

◆ De combien de mots sont formés les verbes du texte B ?

◆ Reconnais-tu ces verbes ? Cherche leur infinitif.

JE COMPRENDS

● Dans le texte A, les verbes conjugués sont formés d'un seul mot : *on jouait* (verbe jouer), *le chien sauta* (verbe sauter)…
Le début du verbe ne change pas (le radical) : il me permet de trouver l'infinitif.

● Dans le texte B, les verbes conjugués sont formés de …… mots : *on a joué* (verbe jouer), *le chien a sauté* (verbe sauter)…
Le second mot contient le …… du verbe : il me permet de trouver l'infinitif.

J'OBSERVE

Le chien est content !

C. Le chien a couru vers moi et a aboyé en me montrant ses crocs. Soudain, il m'a regardé et a remué la queue.

D. Les chiens ont couru vers moi et ont aboyé en me montrant leurs crocs. Soudain, ils m'ont regardé et ont remué la queue.

◆ Repère les verbes. À quelle personne sont-ils conjugués ?

◆ Les verbes sont-ils formés d'un ou de deux mots ? Les deux mots ont-ils changé dans le texte D ?

JE COMPRENDS

● Dans le texte C, on parle d'un seul chien : les verbes sont conjugués à la 3ᵉ personne du …… .

● Dans le texte D, on parle de plusieurs chiens : les verbes sont conjugués à la 3ᵉ personne du …… .

● Dans les deux textes, les verbes sont formés de deux mots. Quand on passe du singulier au pluriel, seul le …… mot change.
il **a** couru ⟶ ils **ont** couru ; il **a** regardé ⟶ ils **ont** regardé.

temps composés

JE RETIENS

- Quand un verbe conjugué est formé d'**un seul mot**, il est conjugué à un **temps simple**.
  Exemples : Le chien sauta. On jouait. Ils jouaient.

- Quand un verbe conjugué est formé de **deux mots**, il est conjugué à un **temps composé**.

  – **Le premier mot** sert à conjuguer le verbe principal : on l'appelle un **auxiliaire**. Il change quand la personne change.
  Exemples : Le chien **a** couru./Les chiens **ont** couru.
  Je **suis** sorti./Mon père **est** sorti.

  – **Le deuxième mot** permet de reconnaître le verbe principal : on l'appelle le **participe passé**.
  Exemples : Le chien a **aboyé**. → verbe *aboyer* à un temps composé.
  Il est **parti**. → verbe *partir* à un temps composé.

Conjugaison

JE M'EXERCE

1 ★ **Recopie les phrases et entoure le verbe conjugué à un temps simple.**
a) Pierre joue dans la cour de l'école.
b) Les nuages entourent les montagnes.
c) Ton oncle viendra nous voir.
d) Les skieurs descendaient à grande vitesse.

2 ★ **Recopie les phrases et entoure le verbe conjugué à un temps composé.**
a) Frédéric a marqué un but.
b) Mes parents ont adopté un petit chaton.
c) Dans huit jours, nous aurons reçu nos cadeaux.
d) Les chevaux avaient sauté la barrière.

3 ★ **Indique l'infinitif du verbe conjugué.**
a) Il a mangé.
verbe ....
b) Les enfants ont travaillé.
verbe ....
c) J'avais pris mon manteau.
verbe ....
d) Le chien avait bu.
verbe ....
e) Les oiseaux auront quitté l'arbre.
verbe ....
f) Les chatons ont grandi.
verbe ....

4 ★★ **Relie quand c'est le même verbe.**
a) tu viens • • tu es allé
b) vous partirez • • nous avions voulu
c) je vais • • il fera
d) nous pourrions • • vous auriez pu
e) tu veux • • ils sont venus
f) vous faites • • il sera parti

5 ★★ **Recopie les phrases en mettant le verbe à un temps simple.**
a) Ma mère m'a accompagné à l'école.
b) Mon chat a attrapé une souris.
c) Tu as fini tes leçons.
d) Les skieurs auront descendu la piste.

6 **Dans le texte suivant, relève les verbes conjugués à un temps composé.**

Indique leur infinitif. Compare ensuite avec un(e) camarade.
Quand la sonnerie a retenti, nous étions encore loin de l'école. Nous avons couru, mais en vain. Madame Lafleur nous attendait dans la cour. Nous n'en menions pas large. Elle a commencé par nous sermonner, puis nous a envoyés chez le directeur. La journée commençait bien !

10   *Utiliser le passé composé*

J'OBSERVE

Mardi 4 avril

Cher papa, chère maman,

Ça fait trois jours que nous sommes dans notre centre de vacances. On mange bien. Je joue avec les copains et je me brosse les dents tous les jours.

Lundi, nous avons pris un car. Nous avons visité le château Gaillard. Nous avons fait un grand tour dans les jardins et nous avons même vu des canards et des cygnes. Je leur ai donné du pain. J'ai fait un travail : pendant la visite du château, j'ai répondu à un questionnaire. J'ai pris des photos et j'ai écrit à papy et mamie.

Je vous embrasse.

Jérôme

◆ **Indique ce que fait Jérôme tous les jours. À quel temps le raconte-t-il ?**

◆ **Repère les verbes qu'il utilise pour raconter sa journée de lundi.**

◆ **Ces verbes sont-ils composés d'un mot ou de deux mots ?**

◆ **Observe le premier mot. Que remarques-tu ?**

JE COMPRENDS

● Jérôme utilise le présent de l'indicatif (temps simple) pour dire ce qu'il fait tous les jours.

● Pour raconter les événements qui se sont passés pendant la journée de lundi, il écrit :
nous avons pris un car ; nous avons visité le château…
Ces verbes sont formés de …… mots : ils sont conjugués à un temps ……. .

● Le premier mot, l'auxiliaire … est conjugué au présent de l'indicatif.

Exercice

Recopie les verbes conjugués à un temps composé formé avec l'auxiliaire *avoir*.

Xavier et moi, on a pique-niqué. Nous avons mangé chacun six œufs durs et une pastèque entière. Nous avons pris deux bains : le premier dans la boue et le second dans l'eau du ruisseau. On a grimpé dans la charrette et on a conduit le tracteur. On a aussi appris à lancer le lasso et à traire les vaches. Il faut faire attention parce qu'on prend souvent leur queue en pleine figure. Aujourd'hui, ça a été une journée formidable, le plus beau jour de ma vie, je crois.

Marcela Paz, *Papelucho,*
© 1997, éditions Pocket Jeunesse.

de l'indicatif (1)

JE RETIENS

- Pour raconter ce que l'on a déjà fait, des événements passés et terminés, on peut utiliser **le passé composé**.

Exemples : Nous **avons visité** une ferme.   J'**ai vu** des canards.
   verbe *visiter* au passé composé   verbe *voir* au passé composé

- Le passé composé est formé de deux parties :
auxiliaire au présent + participe passé du verbe conjugué.
(le plus souvent l'auxiliaire *avoir*)

	Donner (1er groupe)		Finir (2e groupe)		Voir (3e groupe)	
	auxiliaire	participe passé	auxiliaire	participe passé	auxiliaire	participe passé
j'	ai	donné	ai	fini	ai	vu
il, elle, on	a	donné	a	fini	a	vu
ils, elles	ont	donné	ont	fini	ont	vu

➤ Regarde les tableaux de conjugaison pages I à V.

JE M'EXERCE

1 ✦ **Repère les verbes conjugués au passé composé.**
a) Nous avons passé nos vacances à la montagne. Nous avons beaucoup marché.
b) J'ai rencontré de nouveaux amis.
c) J'ai grimpé dans les arbres et j'ai mangé des fruits que je ne connaissais pas.
d) Tous les jours, on nageait. Une fois, j'ai réussi à plonger à deux mètres.
e) Sous l'eau, on voit des choses merveilleuses ; j'ai vu des coquillages nacrés.

2 ✦ **Recopie les verbes au passé composé et indique leur infinitif.**
La sorcière, on n'a pas su tout de suite qu'elle était sorcière. On a cru […] que c'était une vieille dame comme les autres […]. […] un jour un taxi a disparu […]. On a cherché partout mais on n'a trouvé ni le chauffeur ni la voiture. Mais le lendemain matin tout le monde a vu, […], dans le jardin de la sorcière, une belle citrouille bleue, et tout près d'elle un gros rat rouge, […] avec une belle casquette, bien coquette posée sur sa tête.
D'après Pierre Gripari,
La Sorcière et le Commissaire, © B. Grasset.

3 ✦✦ **Écris les verbes au passé composé.**
a) Nous (voir) un écureuil dans la forêt.
b) Il (dessiner) un mouton.
c) J'(jouer) au football.
d) Vous (faire) un bon gâteau.
e) Nous (prendre) un raccourci.
f) Elles (regarder) la télévision.
g) Nous (faire) le tour du stade.
h) Ils (voir) un beau spectacle.
i) Le plombier (réparer) la fuite d'eau.
j) Ils (prendre) de bonnes habitudes.
k) Alex (construire) un château de sable.

4 **Par groupe de deux, relevez dans le texte suivant les verbes conjugués à un temps composé.**
Indiquez leur infinitif.
Voici Pierre qui a semé le grain qui a nourri le coq qui a réveillé le bon monsieur qui a arrêté le méchant brigand qui a battu la servante qui a trait la vache qui a corné le chien qui a étranglé le chat qui a attrapé le rat qui a mangé la farine qui est dans le grenier de la maison.
S. Cone Bryant,
Comment raconter des histoires à nos enfants,
© Nathan.

Utiliser le passé composé

J'OBSERVE

Jeudi 13 avril

Cher papa, chère maman,

Depuis que vous êtes venus me voir la maîtresse est tombée malade. Yannick et moi aussi. Le docteur est arrivé pour nous ausculter. Nous avons eu beaucoup de médicaments. Pendant deux jours, j'ai eu de la fièvre, je suis allé à l'infirmerie. J'ai pris du sirop : il était bon et j'ai fini la bouteille.

Aujourd'hui, on est en forme. Nous sommes allés au village. Nous avons pris le car, il est tombé en panne et nous sommes arrivés en retard. Nous avons fini notre enquête sur le château. La maîtresse est venue nous aider à préparer un panneau pour l'exposition à notre retour.

Je vous embrasse.

Jérôme

Jérôme utilise des verbes au passé composé (en jaune).

◆ Repère ceux qui sont conjugués avec l'auxiliaire *avoir*.

◆ Les autres verbes sont conjugués avec un autre auxiliaire : lequel ?

◆ Certains verbes sont utilisés deux fois : compare leur participe passé, compare leur sujet.

JE COMPRENDS

● Jérôme utilise des verbes au passé composé conjugués avec :

L'auxiliaire avoir	L'auxiliaire être
j'ai eu/nous avons eu	la maîtresse est venue/vous êtes venus
j'ai fini/nous	la maîtresse est tombée/il est tombé
j'ai pris/nous avons pris	je suis allé/nous ......
Avec l'auxiliaire *avoir*, le participe passé ne change pas quand le sujet change.	Avec l'auxiliaire *être*, le participe passé peut changer et prendre un « e », un « s » quand le ...... change.

Exercice

Recopie les verbes conjugués au passé composé et indique l'auxiliaire utilisé.

L'as des mers

Tout le monde a salué l'exploit du navigateur. Il est parti avant-hier. Il a risqué sa vie et a affronté des tempêtes. Il a fait le tour du monde sans escale et il est arrivé le premier aux Sables-d'Olonne. Il a ainsi établi le record du tour du monde en solitaire.

de l'indicatif (2)

JE RETIENS

- **Le passé composé** se construit avec les auxiliaires *avoir* ou *être*.

Avec l'auxiliaire *avoir*

passé composé = *avoir* au présent + participe passé du verbe conjugué.
→ **Il n'y a pas accord** du participe passé avec le sujet.
Exemples : J'ai fini./Nous avons fini./Elles ont fini.

Avec l'auxiliaire *être*

passé composé = *être* au présent + participe passé du verbe conjugué.
→ **Le participe passé s'accorde** en genre et en nombre avec le sujet.
Exemples : La maîtresse est allée.   Nous sommes allés.
  féminin singulier   masculin pluriel

Arriver (auxiliaire être)	Aller (auxiliaire être)	Venir (auxiliaire être)
je suis **arrivé(e)**	je suis **allé(e)**	je suis **venu(e)**
il, elle, on est **arrivé(e)**	il, elle, on est **allé(e)**	il, elle, on est **venu(e)**
ils, elles sont **arrivé(e)s**	ils, elles sont **allé(e)s**	ils, elles sont **venu(e)s**

↳ Regarde les tableaux de conjugaison pages I à V.

JE M'EXERCE

1 ★ **Complète avec le verbe *avoir* au passé composé.**
a) Il …… des coups de soleil sur le visage.
b) Cet été, nous …… chaud.
c) Tu …… raison de proposer ce jeu.
d) Nous …… beaucoup de cadeaux.
e) Vous …… beaucoup de chance.

2 ★ **Complète avec le verbe *être* au passé composé.**
a) La tempête …… forte et nous …… fatigués.
b) Il …… malade.
c) Cette soirée …… très agréable.
d) Nous …… contents de revenir ici.

3 ★★ **Complète chaque phrase avec le verbe *aller*, puis le verbe *voir* au passé composé, comme dans le modèle.**

Marie *est allée* à la piscine, elle *a vu* une amie.

a) Élodie …… en forêt ; elle …… des champignons.
b) Clément …… en vacances au bord de la mer ; il …… des crabes.
c) Agnès et Sophie …… au cinéma ; elles …… un dessin animé.
d) Brigitte …… à la plage ; elle …… Christian.

4 **Complète les phrases avec les verbes indiqués au passé composé.**
a) Margaux (venir) nous voir.
b) Léo (tomber) en vélo.
c) Laurence et Nathalie (arriver) hier.
d) Alain et Bruno (revenir) de vacances.

Compare avec ton(ta) voisin(e).

225

12 Utiliser l'imparfait de l'indicatif

J'OBSERVE

Les débuts du train

Aujourd'hui, les gens voyagent en train. Mais, vers 1850, beaucoup de gens se déplaçaient encore en calèche tirée par des chevaux et voyageaient pendant plusieurs jours. À cette époque, en France, on commençait à construire des lignes de chemin de fer. La gare était le nouveau monument de la ville. Nous venions nombreux pour admirer la locomotive. Parfois, lorsque la locomotive entrait en gare, nous voyions le mécanicien à l'intérieur ; il avait un uniforme bleu et un foulard rouge. Quand il descendait, nous l'applaudissions. Le train franchissait les kilomètres de plus en plus vite.

◆ Quand a-t-on commencé à construire des lignes de chemin de fer en France ?

◆ Recopie les verbes qui racontent ce qui se passait à cette époque.

◆ Classe ces verbes suivant la personne à laquelle ils sont conjugués. Souligne leur terminaison.

JE COMPRENDS

• La plupart des événements dont on parle se situent vers ……, donc dans le passé.

• Pour raconter des actions du passé, on peut utiliser un temps du passé : l'imparfait.

On commenç**ait** à construire La locomotive entr**ait**	Nous ven**ions** Nous …… le mécanicien	Les gens se déplaç**aient** et ……
3ᵉ personne du singulier	…… personne du pluriel	3ᵉ personne du pluriel
↓	↓	↓
On trouve toujours la terminaison **-ait**	On trouve toujours la terminaison **-ions**	On trouve toujours la terminaison **-aient**

Exercice

Recopie les verbes conjugués à l'imparfait.

« Tous les matins, l'Aîné des frères chinois partait à la pêche. Quel que soit le temps, il rapportait toujours au village quantité de beaux et rares poissons qu'il vendait au marché.
Un jour, comme il revenait du marché, il rencontra un petit garçon qui lui demanda de l'emmener pêcher avec lui.
— C'est impossible, dit l'Aîné des frères chinois. »

C. Huchet, *Les Cinq Frères chinois*, © 1984, Sénevé, Jeunesse, Buchet/Chastel, Pierre Zech Éditeur.

Tu peux relire le texte p. 50.

JE RETIENS

- Pour décrire des situations du passé ou raconter des faits passés qui se déroulent ou se répètent, on peut utiliser **l'imparfait**.
  Exemple : La gare **était** le nouveau monument.
  verbe être à l'imparfait

- À l'imparfait, tous les verbes ont les **mêmes terminaisons**.

Aux 1er, 2e, 3e groupes, on retrouve toujours		Avoir	Être
je	**-ais**	j'av**ais**	j'ét**ais**
tu	**-ais**	tu av**ais**	tu ét**ais**
elle, il, on	**-ait**	elle, il, on av**ait**	elle, il, on ét**ait**
nous	**-ions**	nous av**ions**	nous ét**ions**
vous	**-iez**	vous av**iez**	vous ét**iez**
ils, elles	**-aient**	ils, elles av**aient**	ils, elles ét**aient**

Entrer (1er groupe)	**Applaudir** (2e groupe)	**Venir** (3e groupe)	**Prendre** (3e groupe)
J'entr**ais**	j'applaudiss**ais**	je ven**ais**	je pren**ais**
nous entr**ions**	nous applaudiss**ions**	nous ven**ions**	nous pren**ions**

👉 Regarde les tableaux de conjugaison pages I à V.

JE M'EXERCE

1 ✦ **Recopie les verbes conjugués à l'imparfait et indique leur infinitif.**
Le pauvre vieux habitait en dehors du village. On lui avait traîné son lit près de la porte, et cette porte, il en tirait la targette à l'aide d'un fil. Or, ce vieux avait une petite-fille, […], qui lui apportait tous les jours son déjeuner et son diner.
Regarde le texte pp. 34-35.

2 ✦ **Complète avec le pronom sujet qui convient.**
…… se ressemblaient comme deux gouttes d'eau.
…… habitions dans une maisonnette.
« Aviez-… des pouvoirs magiques ?
— Oui, …… pouvions avaler la mer.
…… ne pouvais pas être brûlé, dit l'un des frères. …… pouvais retenir mon souffle indéfiniment, dit l'autre frère. »
Tous les matins, …… partait à la pêche.

3 ✦✦ **Écris les verbes à l'imparfait.**
a) Nous écrivons une lettre à nos parents.
b) Nous venons de la piscine.
c) Je vois le chien de la voisine ; il aboie.
d) Vous criez trop souvent.
e) Le tigre bondit sur l'antilope.
f) Il fait la sieste.

Tu peux t'aider des tableaux de conjugaison pages I à V.

4 ✦ **Par groupe de deux, l'un de vous écrit le premier verbe à l'imparfait, l'autre écrit le second au passé composé.**
a) J'(entrer) dans le gymnase quand le match (commencer).
b) Nous (être) déjà prêts quand le car (arriver).
c) Vous (finir) votre repas au moment où le téléphone (sonner).
d) L'avion de New-York (atterrir), quand, tout à coup, l'orage (éclater).

13 Le futur simple et le futur proche

J'OBSERVE

La petite chèvre de M. Seguin

La petite chèvre se dit : « Un jour, quand j'irai dans la montagne, je verrai les plus belles fleurs, je ferai tout ce que je voudrai. Je sauterai au-dessus des ruisseaux, je jouerai avec les animaux.

Quand je serai là-haut, j'aurai toute la montagne pour moi toute seule. Je mangerai et je prendrai tout ce que je voudrai.

— Bonté divine ! dit M. Seguin… Encore une que le loup va manger … Eh bien, non ! Je vais te garder dans l'étable, coquine, et je vais t'enfermer à double tour ! »

D'après Alphonse Daudet, *La Chèvre de Monsieur Seguin.*

◆ **Recopie les verbes qui indiquent ce que la chèvre rêve de faire. Indique leur infinitif.**

◆ **Recopie les verbes qui indiquent ce que M. Seguin imagine et décide de faire.**

◆ **Observe les trois verbes en jaune. De combien de mots sont-ils composés ?**

JE COMPRENDS

● Pour dire ce qu'elle rêve de faire, la petite chèvre dit :
Un jour, j'irai dans la montagne, je ferai, je sauterai, je jouerai.
Ces verbes ont pour infinitif : aller, ……, sauter, …….

● Pour dire ce qui va certainement arriver ou ce qu'il veut faire, M. Seguin dit :
Encore une que le loup va manger… Je vais te garder dans l'étable, et je vais t'enfermer à double tour !
Les verbes sont composés de deux mots :
– le premier est le verbe …… ;
– le second est un verbe à l'infinitif.

Exercice

Par groupe de deux, remplacez le verbe entre parenthèses par la forme conjuguée qui convient le mieux.

**Choisissez chacun trois phrases différentes.
Échangez ensuite vos réponses : êtes-vous d'accord ?**

a) Attends-moi cinq minutes, je (chercher) des gâteaux.
b) Dans 2 000 ans, le Soleil (briller) encore.
c) Il faut que je parte, je (préparer) mon sac.
d) Je (partir) dans cinq minutes.
e) Il (arriver) par le train de 18 heures.
f) Dans cinquante ans, on (se déplacer) peut-être avec des voitures électriques.

JE RETIENS

- En général, pour indiquer qu'une action peut ou doit se produire dans l'avenir, on utilise **le futur simple (un seul mot)**.
  Exemples : Je **mangerai**. Je **prendrai**.
  verbe *manger* au futur simple verbe *prendre* au futur simple

- Au futur simple, tous les verbes ont les **mêmes terminaisons**.

Aux 1er, 2e, 3e groupes, on retrouve toujours		Avoir	Être
je	-rai	j'aurai	je serai
tu	-ras	tu auras	tu seras
elle, il, on	-ra	elle, il, on aura	elle, il, on sera
nous	-rons	nous aurons	nous serons
vous	-rez	vous aurez	vous serez
ils, elles	-ront	ils, elles auront	ils, elles seront

Regarde les tableaux de conjugaison pages I à V.

- Pour indiquer qu'on pense qu'une action va se réaliser bientôt, on peut utiliser **le futur proche (deux mots)**. Il se compose du verbe *aller* au présent de l'indicatif et de l'infinitif du verbe.
  Exemples : Nous **allons partir** bientôt. Le loup **va manger** la chèvre.
  verbe *partir* au futur proche verbe *manger* au futur proche

JE M'EXERCE

1 ★ Écris ces phrases deux fois : une fois au futur simple, une fois au futur proche.
a) J'envoie une lettre à mes parents.
b) Tu joues aux petits chevaux ?
c) Le chat grimpe sur l'arbre ; il miaule.
d) Vous faites de belles choses.
e) Le lion bondit sur le zèbre et le mange.
f) Les sauterelles envahissent les champs.

Tu peux utiliser les tableaux de conjugaison pages I à V.

2 ★ Complète ces phrases avec le pronom sujet qui convient.
a) …… riras beaucoup quand …… seras au cirque.
b) …… obéiront au dompteur et …… sauteront.
c) …… appellera sa partenaire.
d) …… applaudirons de joie.
e) …… serez devant nous.
f) …… passeras une bonne après-midi.

3 ★★ Écris ce texte au pluriel.
Mercredi, je prendrai mon panier, je traverserai la forêt, j'irai voir mon grand-père. J'aurai un petit cadeau pour lui. Je tirerai le verrou, j'entrerai et je jouerai avec lui aux dominos. Je lui raconterai une histoire, et puis je reviendrai vite à la maison.

4 ★★ Écris le verbe entre parenthèses au futur simple.
a) Nous (être) sur le port quand le bateau (apparaître) à l'horizon.
b) La foule (voir) le navigateur qui (sourire).
c) Le public (applaudir) quand le voilier (franchir) la ligne d'arrivée.
d) Vous (faire) une haie d'honneur, quand il (descendre).
e) Il (être) fatigué de ce long voyage, mais celui-ci (rester) son meilleur souvenir.

Conjuguer les verbes « appeler, jeter »

J'OBSERVE

Au zoo

Nous appelons les canards. Mais ils vont vers une dame qui les appelle et leur donne du pain. Alors je vais devant la cage aux singes et je leur jette des cacahuètes. J'appelle ma copine Karine qui me dit :
« Tu jettes des cacahuètes aux singes ? Alors, j'en jette aussi. »
La maîtresse nous dit :
« Vous jetez des cacahuètes aux singes ?
— Oui, nous jetons des cacahuètes aux singes.
— Je crois que c'est interdit. »

◆ Repère les deux verbes utilisés plusieurs fois. À quel temps sont-ils conjugués ? À quelles personnes ?

◆ Compare l'orthographe du radical de ces verbes.

JE COMPRENDS

• Les verbes *appeler* et...... sont utilisés plusieurs fois au présent de l'indicatif.

• Le radical du verbe *appeler* s'écrit :
– avec un seul « l » : *nous appelons* (1re personne du pluriel) *les canards* ;
– ou avec deux « l » : *j'appelle* (1re personne du singulier) *ma copine Karine. Une dame appelle* (...... personne du singulier).

• Le radical du verbe *jeter* s'écrit :
– avec un seul « t » : *nous jetons, vous jetez* (1re et 2e personnes du pluriel) ;
– ou avec deux « t » : *je jette, tu jettes* (1re et ... personnes du singulier).

Exercices

1. Mets les verbes du texte « Au zoo » :
– au futur simple ;
– à l'imparfait.

2. Que remarques-tu dans l'orthographe du radical ?
Tu peux t'aider des tableaux de conjugaison pages I à V.

JE RETIENS

- Le radical des verbes *appeler* et *jeter* change de forme.

À l'imparfait	Au présent		Au futur
j'**appel**ais nous **appel**ions je **jet**ais nous **jet**ions	j'**appell**e tu **appell**es je **jett**e il(s) **jett**e(nt)	nous **appel**ons vous **appel**ez nous **jet**ons vous **jet**ez	j'**appell**erai nous **appell**erons je **jett**erai nous **jett**erons
On entend [ø] dans le radical	On entend [ɛ] dans le radical	On entend [ø] dans le radical	On entend [ɛ] dans le radical
On écrit **appel**… **jet**…	On écrit **appell**… **jett**…	On écrit **appel**… **jet**…	On écrit **appell**… **jett**…

- Les verbes *rappeler, épeler, renouveler, rejeter* se conjuguent sur le même modèle.

JE M'EXERCE

1 ★ **Complète le radical des verbes *jeter* et *appeler* comme il convient.**
a) Le vieil homme j……e la bouteille à la mer.
b) Monsieur Seguin appe……ait Blanchette.
c) Le lion se je……era sur le zèbre.
d) Cela s'appe……e un exploit.
e) Je……ez-vous du pain aux canards ?

2 ★ **Complète les phrases avec le verbe entre parenthèses au présent.**
a) Le maître nous (appeler) pour aller en bibliothèque.
b) Comment vous (appeler)-vous ?
c) Nous nous (appeler) les « petits malins ».
d) Vous (jeter) du pain aux canards.
e) La panthère se (jeter) sur sa proie.
f) Je (jeter) des papiers dans la corbeille.

3 ★ **Dans les phrases suivantes, mets le verbe au futur.**
a) Nous appelons nos copains pour faire un match de football.
b) La sorcière jette un sort à Marie.
c) Vous jetez votre ballon dans le panier.
d) Le directeur a appelé trois élèves.
e) La fermière appelait ses poussins et leur jetait des graines.

4 ★ **Dans les phrases suivantes, mets le verbe à l'imparfait.**
a) Les Indiens jettent la torche enflammée sur le bûcher.
b) Le capitaine jettera l'ancre au large.
c) À mon signal, tu appelleras Lucas.
d) Nous avons appelé notre moniteur.
e) Les nageurs se jetteront dans l'eau.

5 ★★ **Remplace le pronom sujet par *nous* ou *vous* et change la forme du verbe comme il convient.
Garde le même temps.**
a) Elle jette des graines.
b) J'appelle maman par la fenêtre.
c) Il jette des cailloux sur son chemin.
d) Ils appellent leur maman.
e) Tu jettes ces brindilles au feu.

6 **Écris les phrases de l'exercice 5 au futur simple, ton(ta) voisin(e) à l'imparfait de l'indicatif.
Comparez. Êtes-vous d'accord sur l'orthographe des verbes ?**

Conjugaison

231

15 Conjuguer les verbes « lancer,

J'OBSERVE

Au parc d'attractions

Chaque fois qu'on allait au parc, les canards mangeaient ce que les gens leur donnaient. Une dame leur lançait des croûtons de pain : ils fonçaient et plongeaient vers les croûtons.

Aujourd'hui, nous nageons dans la piscine, puis nous nous allongeons à l'ombre d'un chêne, nous nous balançons sur l'aire de jeux et, avant de repartir, nous mangeons notre goûter. Je lance des miettes de pain aux oiseaux.

Au zoo, devant le plan d'eau, le gardien lance des poissons aux manchots. Les manchots se déplacent en se dandinant et mangent comme des petits gloutons. Nous lançons des cacahuètes aux singes.

◆ Repère les verbes qui sont utilisés plusieurs fois. Compare l'orthographe du radical de ces verbes.

JE COMPRENDS

● Les verbes *lancer* et ...... sont utilisés plusieurs fois :

Dans le verbe *lancer*, j'entends toujours le son [s] mais je vois :		Dans le verbe ......, j'entends toujours le son [ʒ] mais je vois :	
« c »	« ç »	« g »	« ge »
je lance	nous lançons	les manchots mangent	les canards mangeaient
le gardien lance	une dame		nous ......

devant « o » ou « a »

on écrit « ç »   on écrit « ge »
nous lançons   les canards mangeaient

Exercice

Cherche dans le texte ci-dessus :
– deux verbes qui prennent « ç » à certaines personnes ou à certains temps ;
– deux verbes qui prennent « ge » à certaines personnes ou à certains temps.
Écris trois formes verbales pour chacun de ces verbes.

manger »

JE RETIENS

- Les verbes terminés par **-cer** à l'infinitif s'écrivent avec **« ç » (c cédille)** devant les voyelles « a » ou « o ».
  Exemples : lancer → nous lan**ç**ons ; bercer → ils ber**ç**aient ; tracer → je tra**ç**ais ; avancer → tu avan**ç**ais.

- Les verbes terminés par **-ger** à l'infinitif s'écrivent avec **« ge »** devant les voyelles « a » ou « o ».
  Exemples : plonger → nous plon**ge**ons ; manger → je man**ge**ais ; nager → ils na**ge**aient ; partager → tu parta**ge**ais.

JE M'EXERCE

1 ★ **Complète le radical des verbes *lancer* et *manger* comme il convient.**
a) Je lan……ais des cailloux dans l'eau.
b) Elles man……ent des beignets au sucre.
c) Tu lan……es des fléchettes sur la cible.
d) Il man……ait des pâtes avec appétit.
e) Lan……ez vos ballons.
f) Nous man……ons notre dessert.

2 ★ **Mets le verbe entre parenthèses au présent.**
a) Nous nous (déplacer) en vélo.
b) Vous (plonger) dans la piscine.
c) Nous (interroger) la maîtresse.
d) Le lion (foncer) sur l'antilope.
e) Nous (ranger) régulièrement notre chambre.

3 ★★ **Mets le verbe au temps indiqué.**
a) Il efface le tableau. (à l'imparfait)
b) La porte grince. (à l'imparfait)
c) Le présentateur annonce le début du match. (au futur)
d) Nous commencerons notre travail. (au présent)
e) Je remplace l'ailier gauche. (à l'imparfait)
f) Vous vous pincez ? (à l'imparfait)

4 ★★ **Dans les phrases suivantes, mets le verbe au temps indiqué.**
a) Un acacia nous protège du soleil. (à l'imparfait)
b) Nous nous dirigions vers Paris. (au présent)
c) Vous changez de direction ? (à l'imparfait)
d) Le maître nous encourage. (à l'imparfait)
e) Nous partageons le gâteau. (au futur)
f) Tu longes le canal. (à l'imparfait)

5 ★★ **Mets les verbes à l'imparfait.**
a) Nous voyageons souvent.
b) Les sauterelles saccagent le champ de maïs.
c) Il mélange les pots de peinture.
d) Le directeur prononce un discours.
e) Tu remplaces la maîtresse ?
f) Je place les confitures sur l'étagère.

6 **Par groupe de deux, chacun construit deux phrases : l'une au futur, l'autre à l'imparfait, avec chacun de ces verbes :**

bercer, nager, changer, placer.

Comparez. Êtes-vous d'accord sur l'orthographe des verbes ?

À quoi sert le vocabulaire ?

J'OBSERVE

A. Il était une fois dans un village un chasseur appelé Langa. Il était très célèbre. Il rapportait beaucoup de gibier à son village. Le chef du village était vieux […] Comme il allait mourir bientôt, il y aurait sûrement des disputes dans le village tranquille pour choisir son successeur.

B. Il était une fois dans un village un chasseur du nom de Langa. Sa renommée débordait largement le pays. Il pourvoyait le village d'un gibier abondant et varié. […] Le chef du village était vieux […]. Comme sa fin approchait, l'heure n'allait pas tarder pour que le paisible village se plonge dans des incessantes querelles de succession.

D'après N'ouvre pas à l'ogre, Contes du Zaïre,
© Conseil international de la langue française.

◆ Que racontent ces deux textes ?

◆ Observe les phrases en rouge. Lesquelles te donnent le plus d'informations ? Quel texte préfères-tu ? Pourquoi ?

◆ Y a-t-il des mots que tu ne comprends pas dans le texte B ? Dans quel livre pourrais-tu trouver l'explication de ces mots ?

JE COMPRENDS, JE RETIENS

● **Le vocabulaire est l'ensemble des mots que l'on utilise.** En apprenant du vocabulaire, tu pourras enrichir la langue que tu emploies et améliorer ce que tu écris (par exemple, écrire des phrases plus belles, donner des renseignements plus précis).

● Tous les mots de la langue française se trouvent dans des dictionnaires. **Le dictionnaire sert à comprendre le sens des mots et à choisir les mots les plus précis.**

JE M'EXERCE

1 ◆ **Complète le texte avec ces expressions de manière à le rendre plus riche et plus précis.**

volante, tout doucement, plat et large, à la peau verte et aux yeux ronds, avec une échelle, de temps en temps, de la fenêtre de ma chambre.

La soucoupe s'est posée sur le toit de la ferme. Deux extraterrestres sont descendus. Leurs yeux clignotaient. J'ai tout observé.

2 ◆ **Retrouve la bonne définition à l'aide du dictionnaire.**

a) débattre : – arrêter de se battre.
– discuter longuement.

b) désert : – plat qui se mange à la fin du repas.
– endroit peu habité.

c) radeau : – animal qui vit dans les rivières.
– embarcation en bois.

2 Avec mon dictionnaire

J'OBSERVE

> **clair** adj., n. m. et adv.
> ☐ **adj. 1.** Qui reçoit beaucoup de lumière. *Leur maison est très claire.* ‖ contr. **obscur, sombre** ‖ **2.** Qui n'est pas foncé. *Yves a les yeux clairs.* **3.** Pur. *L'eau de la source est claire.* → **limpide, transparent.** ‖ contr. **trouble** ‖ **4.** Qui est facile à comprendre. *Ses explications sont claires.*
> ☐ **n. m.** *Les enquêteurs veulent tirer cette affaire au clair,* la comprendre, l'expliquer.
> ☐ **adv.** *Il ne fait pas clair,* il n'y a pas de lumière. ‖ contr. **sombre** ‖ *La vieille dame ne voyait plus très clair,* elle ne voyait pas bien. *J'aimerais y voir plus clair,* comprendre. ◊ homonyme : clerc.

> **grand** adj., n. m. et adv., **grande** adj., n. f. et adv.
> ☐ **adj. 1.** De haute taille. *Anne est grande pour son âge.* ‖ contr. **petit** ‖ **2.** Adulte. *J'aimerais être pompier quand je serai grand. La maîtresse est une grande personne,* une adulte. **3.** Plus long que ce que l'on voit habituellement. *Alex a de grands pieds et un grand nez. Donne-moi un grand couteau.* **4.** Vaste, étendu. *Ils ont un grand appartement.* **5.** Très intense, très fort. *J'ai entendu un grand bruit.* ‖ contr. **faible** ‖ **6.** Important. *Aujourd'hui, c'est un grand jour.* **7.** Qui a du talent et est célèbre. *Victor Hugo est un grand écrivain français.* [...]
> *Le Robert Junior*, © Le Robert.

◆ Lis les définitions de l'adjectif (adj.) *clair*. Pourquoi sont-elles numérotées de 1 à 4 ? Compare avec l'adjectif *grand*.

◆ Que veut dire l'abréviation « contr. » ?

◆ Par quel mot peux-tu remplacer les mots en gras dans ces phrases ?
– Parfois l'eau des rivières **n'**est **pas claire**.
– Les chevaux galopent dans la **grande** prairie.

JE COMPRENDS, JE RETIENS

Avec mon dictionnaire, je comprends que :

- **un mot peut avoir plusieurs sens ;**

- **un mot peut se remplacer par un autre mot** qui a presque le même sens. On appelle ces mots des **synonymes** : *grand/vaste...*

- **deux mots peuvent être de sens contraire.** On appelle ces mots des **antonymes** ou des **contraires** : *clair/obscur, beau/laid...*

---

1 ★ **Remplace le verbe *souffler* par un synonyme dans les phrases suivantes.**
a) Jean **souffle** après son 400 mètres.
b) Aline a beaucoup travaillé. Elle demande à sa maman de **souffler** un peu.
c) Il **a soufflé** sur la bougie.
d) Paul **souffle** la bonne réponse à Alexis.

2 ★ **Remplace l'adjectif *faux* par son contraire dans les phrases suivantes.**
a) La réponse que tu as donnée est **fausse**.
b) Ce chanteur chante **faux**.
c) Le chien policier a conduit les enquêteurs sur une **fausse** piste.

3 ★★ **Trouve le mot synonyme de tous les mots en gras dans les phrases suivantes.**
a) N'oublie pas de **verrouiller** la barrière avant de partir !
b) Les bureaux **ne** sont **pas ouverts** le samedi.
c) La route est **interdite** à la circulation.
Le mot est ....

Vocabulaire

3 Des mots pour dire le contraire

J'OBSERVE

La fée
A. La jolie fée sort du palais où elle vit depuis 300 ans. Elle secoue ses longs cheveux souples et clairs, elle arrange sa belle robe blanche. En chemin, elle rencontre une sorcière qui lui dit : «Tu es trop belle, tu deviendras la plus laide des fées jusqu'à ce qu'un prince te trouve.»

La sorcière
B. La sorcière laide et ridée entre dans la cabane où elle vit depuis 300 ans. Elle secoue ses cheveux courts, raides et foncés. Elle touche sa vilaine robe noire, agite sa baguette magique et dit : «Abracadabra, je veux devenir la plus belle!»

◆ Que racontent ces deux textes ? Quelle est la différence entre les deux ?

◆ Relève les mots qui disent le contraire l'un de l'autre.

JE COMPRENDS, JE RETIENS

● Dans la langue française, **il existe des mots qui s'opposent : ce sont des mots de sens contraire ou des antonymes.**

● **Ces mots peuvent être**
– des verbes : *monter/descendre ; avancer/reculer…*
– des noms : *ami/ennemi ; nain/géant ; gentillesse/méchanceté…*
– des adjectifs : *grand/petit ; beau/laid ; court/long…*
– d'autres mots : *dessus/dessous ; sur/sous ; à gauche/à droite…*

JE M'EXERCE

1 ★ Dans les phrases suivantes, remplace les mots en gras par leur contraire. Écris les nouvelles phrases.

a) L'équipe de football a une **bonne** défense.
b) J'aime les chansons de ce **nouvel** artiste.
c) À l'**intérieur** de la maison, il fait **chaud**.
d) **Montez** vite !
e) Il est **interdit** de jouer au ballon dans la cour.
f) Ce tableau est d'une **beauté** saisissante.
g) Aujourd'hui, il fait **beau** temps.
h) Je **vide** la bouteille de sirop.

2 ★★ Cherche à quoi correspondent ces définitions et remplis la grille.

1. Elle n'est pas longue. *2.* Les spectateurs n'applaudissent pas le chanteur. *3.* Marion n'est pas grande. *4.* Le temps n'est pas humide. *5.* Cet exercice n'est pas difficile.

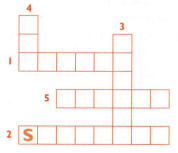

Synonymes et sens voisin

J'OBSERVE

Dans ce parc extraordinaire, on voit de splendides paons qui s'inclinent vers vous, de magnifiques canards qui courbent le cou pour vous saluer. Dans ce jardin merveilleux, les tulipes déploient leurs pétales rouges et les marguerites étalent leurs fleurs d'or. Dans ce champ incroyable, le maïs se peint en jaune et le blé se teinte en ocre.

◆ Dans ce texte, quels adjectifs veulent dire « très beau », « extraordinaire » ?

◆ Quels noms indiquent un lieu où poussent des plantes ?

◆ Tu utilises souvent en classe le verbe « colorier ». Peux-tu trouver dans le texte deux verbes qui disent presque la même chose ?

JE COMPRENDS, JE RETIENS

Si on peut remplacer un mot par un autre mot qui a presque le même sens, on dit que **ces mots sont synonymes**.

- Un nom a pour synonyme un nom :
un bois de chênes ⟶ une forêt de chênes.

- Un adjectif a pour synonyme un adjectif :
Ce problème est difficile. ⟶ Ce problème est compliqué.

- Un verbe a pour synonyme un verbe :
J'ai avalé un grand verre d'eau. ⟶ J'ai bu un grand verre d'eau.

JE M'EXERCE

1 ★ Classe les adjectifs de la liste dans un tableau. Tu peux t'aider d'un dictionnaire.
chic, charmant, affreux, lâche, valeureux, splendide, hardi, téméraire, horrible, craintif.

Synonymes de :	
courageux	
peureux	
élégant	
laid	

2 ★ Remplace ces mots en gras par un synonyme.
a) Il ne faut pas **crier** pendant le match.
b) L'exercice est **facile**.
c) Amélie a une **figure** toute ronde.
d) Cet homme est très **fort**, le médecin lui conseille de maigrir un peu.
e) Les Pyrénées forment la **limite** entre la France et l'Espagne.
f) Anne **coupe** le gâteau en huit.

3 ★★ Complète ces phrases en choisissant le mot qui convient parmi les synonymes qui te sont donnés.
Attention, plusieurs réponses sont possibles parfois.
a) Il habite …… chez nous. (à deux pas de, près de, presque, sur le point de)
b) Je l'attends depuis …… deux heures. (à deux pas de, près de, presque, sur le point de)
c) Cette viande est trop ……, je ne peux pas la couper. (ferme, rigoureuse, sévère, dure)
d) Ma maîtresse est …… avec les paresseux. (ferme, rigoureuse, sévère, dure)
e) L'hiver a été très …… . (ferme, rigoureux, sévère, dur)

Éviter de répéter un mot

J'OBSERVE

Grégory téléphone à Clément :
« Salut ! Comment ça va ? Qu'est-ce que tu as fait hier ?
— J'ai fait des courses avec mes parents. On a fait tous les rayons du supermarché. Ma mère m'a demandé d'arrêter de faire le clown avec le Caddie®. Papa regardait le prix des magnétoscopes. Il y en avait un bien qui faisait 2 000 F. Et toi ?
— Moi, je me suis fait avoir ! On a fait des brochettes au barbecue. Papa faisait le jardin et, comme je ne faisais rien, il m'a fait faire les pieds des rosiers ! »

◆ Combien de fois trouves-tu le verbe *faire* dans ce texte ?
◆ A-t-il toujours le même sens ?
◆ Par quel verbe ou quelle expression pourrais-tu le remplacer dans certaines phrases ?

JE COMPRENDS, JE RETIENS

● **Le verbe « faire » ne possède pas toujours le même sens.**
Pour éviter de le répéter, on peut souvent le remplacer par un autre verbe ou une expression.
Exemples : *Le magnétoscope faisait 2 000 F.* → *Le magnétoscope coûtait 2 000 F.*
Papa fait les carreaux. → *Papa nettoie les carreaux.*

● D'autres verbes, comme **être, avoir, donner, dire, finir, ouvrir, passer**, peuvent aussi avoir des sens différents selon la phrase dans laquelle on les emploie. On peut souvent les remplacer par des verbes plus précis.

JE M'EXERCE

1 ✦ Remplace les verbes et les expressions en gras par un verbe plus précis.

a) Patrick **a fait une chute** de cheval.
b) M. Eiffel **a fait** une tour et un pont qui portent son nom.
c) Papa **fait** un poulet pour le dîner.
d) Je **donne** le ballon à mon ailier.
e) Le maçon **a fini** les murs de la maison.

2 ✦ Remplace le verbe en gras par un synonyme.

a) **Prendre** le petit déjeuner.
b) Cette histoire **se passe** en France.
c) **J'ai perdu** le livre que tu m'avais prêté.
d) **J'ai répandu** de la sauce sur la nappe.

3 Avec ton(ta) voisin(e), remets les syllabes dans le bon ordre, puis écris une phrase avec le mot trouvé.

Mettre ensemble des œufs et du lait → MEGERLAN.
Avoir de l'argent → DERSEPOS.
Dire quelque chose → ANCERNON.
Entrer quelque part → TRERNEPE.
Couper la parole → PREINROMTER.

Les mots composés

J'OBSERVE

Au pays des Devinons, les enfants ne grandissent que s'ils répondent bien aux devinettes de leurs parents. C'est ainsi que les Devinons deviennent des Devinetout. Et toi, peux-tu devenir Devinetout ?

1. Quelle ressemblance existe-t-il entre les mots *mille-feuilles* et *mille-pattes* ?
2. Quelle ressemblance vois-tu entre les mots *portefeuille*, *porte-documents* et *porte-monnaie* ?
3. Les mots *sous-sol* et *sous-marin* ont une partie commune. Laquelle ?
4. Crois-tu que la *chauve-souris* est une souris chauve ?

JE COMPRENDS, JE RETIENS

● Les mots *mille-feuilles, mille-pattes, portefeuille, chauve-souris* sont des mots fabriqués à partir de deux autres mots. On les appelle des **mots composés**.

Leur sens est souvent l'addition du sens des mots qui les composent *(ex. : portefeuille)*, mais pas toujours *(ex. : chauve-souris)*.

● On peut fabriquer un mot composé avec :
– un nom et un verbe *(ex. : un porte manteau)* ;
– deux noms *(ex. : un chou-fleur, une pomme de terre)* ;
– un adjectif et un nom *(ex. : un rouge-gorge)* ;
– deux adjectifs *(ex. : sourd-muet)*.

JE M'EXERCE

1 ★ Aide-toi du dictionnaire pour trouver quatre mots fabriqués avec :
a) le verbe *porter* ;
b) l'adjectif *demi* ;
c) le nom *auto* (qui vient de *automobile*).
Précise à chaque fois le sens des mots que tu as trouvés.

2 ★ Cherche la réponse. Il s'agit toujours d'un mot composé.
a) Comment s'appelle la partie au-dessus de la roue d'un vélo qui protège les vêtements du cycliste ?
b) Quel nom porte le bateau qui surveille les côtes ?
c) Avec quel instrument ouvre-t-on les boîtes de conserve ?
d) Comment s'appelle le camion qui transporte de l'essence ?

3 ★★ Cherche dans un dictionnaire ce que veulent dire les mots suivants, si tu ne les connais pas. Puis écris des phrases en utilisant chacun d'eux, comme dans l'exemple.

Exemple : self-service → Pour nous faire plaisir, Papa nous a emmenés déjeuner dans un grand *self-service*.

grands-parents, lave-vaisselle, chou-fleur, timbre-poste, porte-fenêtre.

4 Observe bien ces deux exemples :
nom + de + nom → pomme de terre ;
nom + à + nom → tête à tête.

Sur ce modèle essaie de trouver avec ton(ta) voisin(e) des noms composés. Celui qui en trouve le plus a gagné.

Les homonymes

J'OBSERVE

Je voulais me rendre à Caen. Je suis allé à la gare et j'ai demandé à un contrôleur :
« Pour aller à Caen, c'est quand ?
— C'est au quart !
— Mais je ne veux pas de car, je veux y aller en train !
— Ah bon, on est justement en train de faire monter les voyageurs. »
Arrivé à Caen, je descends du train. Tout est inondé. Je dis au chef de gare qu'il me faut un canot pour me déplacer.
Le chef de gare me répond :
« Il n'y a pas de canaux ici, vous n'êtes pas à Anvers !
— Enfin, je n'y comprends rien, tout est à l'envers ! »

Raymond Devos

◆ Dans ce texte, il y a des mots qui s'entendent de la même manière, mais qui n'ont pas le même sens. Peux-tu les retrouver ?

JE COMPRENDS, JE RETIENS

● Il existe des mots qui se prononcent de la même façon, mais qui n'ont pas le même sens : ce sont des homonymes.

● On les distingue très souvent par leur orthographe.
Exemples : boire du *lait*/ce tableau est *laid*/la *canne* de grand-père, la *cane* (femelle du canard) ; le gazon *vert*/le *verre* à boire/le *ver* de terre.

● Mais certains homonymes s'écrivent de la même façon.
Exemple : Je fais des *vers*./Je me dirige *vers* l'école.

JE M'EXERCE

1 ★ **Recopie ces phrases en choisissant le bon mot. Tu peux utiliser un dictionnaire.**
a) La (canne/cane) de Jeanne la fermière est morte.
b) Le boulanger vend du (pain/pin) frais.
c) Je vais lui tordre le (coup/cou) après ce qu'il m'a fait.
d) Les bateaux de pêche reviennent au (port/porc).
e) Il a fait un (bon/bond) d'un mètre.

2 ★ **Complète ces phrases avec les mots suivants.**
champs, chants, chair, chère, pois, poids.
a) Cette nouvelle console de jeu coûte beaucoup d'argent, elle est très ....
Les animaux féroces se nourrissent de ...... fraîche.
b) Les petits ...... se cueillent à la main.
Avant de faire monter les voyageurs dans un avion, une hôtesse contrôle le ...... des bagages.
c) Dans les ......, les cultivateurs sèment des graines.
En classe, on apprend parfois des ....

3 ★★ **Complète ces phrases avec des homonymes.**
a) Une personne un peu bête : c'est un ...... ; pour aller chercher de l'eau dans un puits, il faut un ....
b) Pour ...... des crêpes toutes plates, est-ce qu'on se sert d'un ...... à repasser ?
c) Crois-tu que la ...... va recouvrir notre château de sable ? Que va dire la ...... de Paul si l'on se baigne ?

8 Pour décrire une personne

J'OBSERVE

« Monsieur le commissaire, on vient de me voler mon sac !
— Madame, pouvez-vous décrire le voleur ?
— Il était grand, il avait des yeux méchants, et j'ai bien vu qu'il portait une moustache.
— Que pouvez-vous me dire encore ? Était-il gros ou maigre ? Paraissait-il jeune ou âgé ? Portait-il une veste ou un blouson ?
— Il était maigre. Il avait une veste foncée et une casquette. »

◆ Si tu étais le commissaire et que tu voulais faire un portrait-robot du voleur, quels détails retiendrais-tu ?

JE COMPRENDS, JE RETIENS

Pour décrire une personne, il faut employer des mots précis. On peut ainsi donner des renseignements sur :

- **son aspect physique** en décrivant son visage, son corps, son allure (*les cheveux blonds, la tête haute, les bras pendants, les jambes longues…*) ;
- **son attitude, son caractère** (*il est méchant, il a l'air gentil, doux…*) ;
- **ce qu'elle porte** (*un chapeau, une veste…*).

JE M'EXERCE

1 ✱ **Décris l'aspect physique d'une personne de ton choix. Pour cela, complète le tableau par des adjectifs que tu connais. Compare tes réponses avec celles d'un camarade. (Il y a un grand nombre de réponses possibles.)**

	la tête	le visage	les cheveux	les yeux	le nez
forme					
taille					
couleur					
aspect					

	les jambes	les bras	les épaules	les mains	les ongles
forme					
taille					
aspect					

2 ✱ **Complète ces phrases à l'aide d'accessoires connus.**
a) Cette personne âgée s'appuie sur …… pour se déplacer.
b) Maman ne sort jamais sans …… pour faire des courses.
c) S'il pleut, je m'abrite sous …… .

3 ✱✱ **Pour parler d'une personne qui se déplace, on emploie parfois les expressions suivantes :**

courir à toute vitesse, prendre ses jambes à son cou, boiter.

Regarde dans ton dictionnaire ce qu'elles signifient, puis complète les phrases.
a) Le chien a aboyé, j'ai eu peur et j'ai …… .
b) Je vais être en retard, je …… pour ne pas rater le train.
c) Depuis qu'elle s'est cassée la jambe, Mariette …… .

Pour décrire un lieu

J'OBSERVE

A. Clarence m'escorta jusque dans une salle immense. […] Le plafond était haut comme une nef de cathédrale. Le sol était dallé de larges pierres noires et blanches disposées en damier. […] Au milieu de la pièce, une table massive de chêne aussi importante qu'une piste de cirque, la fameuse Table ronde, était recouverte de monceaux de victuailles et de fruits. Autour d'elle, étaient assis des seigneurs en habits […].

D'après M. Twain, *Un Américain à la cour du roi Arthur*, D.R.

B. J'aime à marcher à mon aise et par beau temps, dans un beau pays, sans être pressé. Un pays de plaine, n'est jamais assez beau à mes yeux. Il me faut des torrents, des rochers, des sapins, des bois noirs, des sentiers à monter et à descendre, des cascades et des précipices qui me font peur.

Jean-Jacques Rousseau, *Les Confessions*.

◆ Repère, dans le texte A, les mots qui décrivent le lieu : la salle, les objets…

◆ Dans le texte B, de quel paysage l'auteur parle-t-il ?

JE COMPRENDS, JE RETIENS

● **Pour décrire un lieu**, on peut décrire :
– le paysage ;
– les constructions, les objets, les meubles ;
– les gens, les animaux, les plantes qui s'y trouvent ;
– les bruits que l'on entend, les couleurs que l'on voit… .

● **On peut aussi situer le lieu dans l'espace** : *à gauche, à droite, au milieu de, en face, au bord, à côté de…*

JE M'EXERCE

① ✦ À l'aide du dictionnaire, regroupe en quatre listes les mots qui se rapportent à la mer, la montagne, la plaine ou la rivière.

le col, la rade, les vagues, le torrent, les cultures, les bateaux, les alpinistes, les méandres, la pointe, la falaise, le cours d'eau, les chevaux de labour, la rive.

② ✦✦ Décris le chemin de l'école. Tu peux t'aider des questions suivantes.

La rue est-elle large ? étroite ? animée ? déserte ? comment sont les maisons ? les trottoirs ? les magasins ?

③ Avec ton(ta) voisin(e), décrivez votre salle de classe.

Vous pouvez vous aider des questions suivantes.
a) La salle est-elle vaste ?
b) Est-elle claire ?
c) Que voit-on par les fenêtres ?
d) Y a-t-il des décorations et des affichages aux murs ?
e) Comment sont les meubles (nom, nombre, taille, couleur, forme…) ?
f) Où se situent le tableau, le bureau ?
g) Y a-t-il des étagères, des armoires ?

La famille d'un mot

J'OBSERVE

Dans le dictionnaire, je lis :
TERRAIN : étendue de terre.
TERRASSE : levée de terre horizontale maintenue par un mur.
TERRASSER : jeter quelqu'un à terre.
TERRE : couche du globe où poussent les plantes.
TERREAU : terre végétale. TERRIER : abri creusé dans la terre par certains animaux. ATTÉRRIR : toucher le sol. DÉTERRER : sortir de la terre. ENTERRER : mettre dans la terre. SE TERRER : se cacher.

◆ Quel rapport existe-t-il entre tous ces mots ?
◆ Est-ce que le mot « terrible » appartient au même ensemble ?

JE COMPRENDS, JE RETIENS

• Avec un dictionnaire, on peut trouver des mots qui appartiennent à la **famille d'un mot** que l'on connaît. **La plus petite partie d'un mot** qu'on trouve dans tous les autres mots de la même famille s'appelle **le radical**.
Exemples : Avec le radical **char**, on peut former :
char, **char**iot, **char**rette, **char**rue.

• **Attention !** Certains mots peuvent se ressembler, mais ne pas appartenir à la même famille : *une écharpe* et *une écharde*.

JE M'EXERCE

1 ★ Complète ces phrases avec des mots de la famille de *charge*.
a) Ôter la charge d'un camion, c'est le ....
b) Si, au contraire, on doit charger le camion, on parle d'un ....
c) On se débarrasse d'objets en les portant à la ...... publique.
d) Le gendarme arrête une voiture avec six passagers : le véhicule est ....

2 ★ Complète ces phrases avec des mots de la famille de *vitre*.
a) À Noël, les ...... des magasins sont décorées.
b) Dans les églises, on peut admirer de beaux ....
c) La personne qui pose les vitres s'appelle un ....
d) Dans les maisons neuves, on remplace souvent les fenêtres par des baies ....

3 ★★ Chasse l'intrus dans chaque famille de mots.

nage	planter	plaque
nageoire	plantation	plat
natation	planche	plateau
natalité	replanter	platane

4 Aide-toi du dictionnaire pour trouver des mots de la famille de *voilier*, puis écris une phrase avec chacun de ces mots.
Ton(ta) voisin(e) fait de même avec *battre*. Qui en a trouvé le plus ?

243

11 Fabriquer des mots avec des adjectifs

J'OBSERVE

Il est cinq heures, le soleil rougit la campagne. Mais dès que Pascal et Clotilde traversent la vaste plaine, ils ne voient que des terres rougies et jaunies, nues et desséchées, étalées à l'infini.
Au loin, quelques maisons, taches de blancheur dans le paysage, barrent la ligne noircie des arbres. Sur la route, une poussière grisâtre se soulève au moindre mouvement du vent.
Dans cette plaine brûlée, un îlot de feuillage verdit l'horizon et de cette terre s'élargissent des allées d'une profondeur et d'une fraîcheur extrêmes.

Émile Zola, *Le Docteur Pascal*.

◆ Que signifient les mots *rougir, jauni, desséché, blancheur, noirci, grisâtre, verdir, élargir, profondeur, fraîcheur* ?

◆ Classe ces mots en trois catégories : verbes, noms, adjectifs.

◆ De quels mots connus viennent-ils ?

JE COMPRENDS, JE RETIENS

- **À partir d'adjectifs, je peux trouver d'autres mots.**
  - Des noms : *blanc* → *blancheur* ; *propre* → *propreté*.
  - Des verbes : *blanc* → *blanchir* ; *rouge* → *rougir*.
  - D'autres adjectifs : *noir* → *noirâtre* ; *vert* → *verdâtre*.

JE M'EXERCE

1 ★ **Complète ces phrases selon le modèle.**
Quand un tissu est **solide**, on parle de la **solidité** du tissu.
a) Le singe est **agile**, on dit qu'il possède une grande ....
b) Cet artisan est **habile**, son ...... est reconnue.
c) La statue est **belle**, sa ...... est grande.
d) Juliette est très **étourdie**. Ses ...... l'obligent souvent à refaire son travail.
e) Il est très **économe**, il place ses ...... à la Caisse d'Épargne.

2 ★ **De quels adjectifs proviennent les noms suivants ?**

saleté   sottise   ingratitude
noirceur   lenteur   insolence
petitesse   bonté   justesse
grandeur   amabilité   loyauté

3 ★★ **Écris les verbes correspondants aux adjectifs de couleur.**
a) noir : En écrivant, tu ...... la feuille de papier.
b) blanc : Les cheveux de mamie ....
c) vert : Après la pluie, le gazon ....
d) jaune : En automne, les feuilles ....
e) brun : En été, la peau ...... au soleil.
f) rose : Les joues de Julie ....

4 ★★★ **Trouve les mots correspondant aux adjectifs en gras.**
a) Une personne qui a des cheveux **roux** est une ....
b) Une personne qui veut rester **anonyme** souhaite conserver son ....
c) Avec de la farine, on rend une sauce plus **épaisse**. On l'...... .
d) La personne devient toute **pâle**. Elle ....

12 Des préfixes pour dire le contraire

J'OBSERVE

Bientôt, nous partirons vivre sur d'autres planètes car l'air de la Terre sera devenu **ir**respirable et sa surface **in**habitable à cause des déchets que tous les **ir**responsables jettent sur le sol. Crois-tu que ce que je dis est **im**possible ?

Sur Mars, il fait froid. C'est **in**tenable car la température est très basse. Et c'est **dés**agréable de vivre dans un scaphandre !

Sur Vénus, il est **in**dispensable de boire beaucoup pour ne pas se **dés**hydrater : la chaleur y est **in**soutenable !

Et si on faisait un petit effort sur Terre…

◆ Quels sont, dans ce texte, les mots commençant par *in, im, dés, ir* ? Cherche dans un dictionnaire leur signification.

◆ Quel est le mot (lorsqu'il existe) qui indique le contraire de chacun de ces mots ?

JE COMPRENDS, JE RETIENS

● Les préfixes *il-, in-, im-, ir-, dé-, dés-, dis-* ajoutés au début d'un mot forment le plus souvent un mot nouveau de sens contraire.

Exemples :

logique/**il**logique   légal/**il**légal   respirable/**ir**respirable
habitable/**in**habitable   moral/**im**moral   brancher/**dé**brancher
plier/**dé**plier   accord/**dé**saccord   joint/**dis**joint

JE M'EXERCE

1 ★ Sur le modèle suivant, réponds aux questions posées. Tu peux trouver différentes phrases.
Connais-tu cette actrice ? → Non, pour moi, elle est **inconnue**.
a) Cette figure de géométrie est-elle **exacte** ? → …… .
b) Peux-tu **respirer** dans une salle pleine de fumée ? → …… .
c) Un et un font trois, est-ce **logique** ? → …… .

2 ★ Remets les syllabes dans l'ordre.
a) ser – ga – or – ni.
b) dou – dé – bler.
c) ve – lop – dé – per.
d) pos – im – ble – si.
e) ter – dé – mon.

3 ★★ Forme les couples de verbes qui indiquent des actions opposées.
Exemple : faire/défaire.

armer	dévisser	visser
désorganiser	organiser	démêler
accrocher	décrocher	emmêler
désarmer	boucher	déboucher

4 ★★★ *Il-, im-, ir-, in-, dé-, dés-* ne sont pas toujours des préfixes. Dans les listes qui suivent, cherche les intrus. Découpe les autres mots comme dans l'exemple :

dénouer ⟶ dé + nouer.

décoller	incomplet	illisible
déneiger	inactif	illimité
déposer	impair	illusion
désirer	ingénieur	irriter
désordre	insensible	irréel

13 Des suffixes pour exprimer une action

J'OBSERVE

Un client entre chez un garagiste.
« Bonjour monsieur, que faut-il faire sur votre voiture ?
— Il y a la **révision** des 50 000 kilomètres et également une petite **réparation** : le rétroviseur droit est à changer.
— Fait-on le **nettoyage** de l'intérieur de la voiture ?
— Non, ce n'est pas la peine. Mais n'oubliez pas le **gonflage** des pneus et la **vérification** des phares ! »

◆ Observe les noms en rouge : ils indiquent une action. De quels verbes proviennent-ils ? Que signifient-ils ?

◆ Comment sont formés ces noms ? (Par exemple, *nettoyage* → *nettoyer + age*.)

JE COMPRENDS, JE RETIENS

● Certains noms sont construits à partir d'un verbe et d'une partie complémentaire qui se nomme **suffixe**.

● Les suffixes **-age, -ation, -ement, -son, -aison** indiquent souvent une action.

Exemples : saler → le sal**age** des routes ;
s'occuper → les occup**ations** du mercredi ;
stationner → le stationn**ement** interdit ;
trahir → la trahi**son** du roi ;
livrer → la livr**aison** des colis.

JE M'EXERCE

1 ✦ Transforme ces phrases selon le modèle.

Marie veut **utiliser** son nouveau magnétoscope, mais ce n'est pas facile. → L'**utilisation** du magnétoscope n'est pas facile.

a) Quand j'ai mis mon jean dans la machine à **laver**, il a rétréci. → Mon jean a rétréci au ....
b) Pierre s'est **précipité** pour ramasser un billet, mais il n'a pas vu la marche. → Dans sa ......, il est tombé.
c) Loïc s'est **déguisé** pour la fête de l'école, mais il est sorti sous la pluie. → Son ...... a été mouillé.
d) Maman dit que **réparer** une voiture coûte cher. Il faut bien l'entretenir. → La ...... de la voiture coûtera cher.

2 ✦ Dans ces listes de mots, repère les intrus (ce sont des noms qui ne viennent pas d'un verbe ou qui n'indiquent pas une action).

modification	bavardage	liaison
attention	lessivage	pression
exploration	croisement	laitage

3 Par groupe de deux, aidez-vous du dictionnaire pour transformer les verbes selon le modèle.
Attention : il peut parfois exister plusieurs noms.

tirer → tirage	dresser → dressage
tisser	créer	cuire
piloter	déclarer	changer
classer	compter	augmenter
guérir	multiplier	réciter

14 Sens propre et sens figuré

J'OBSERVE

Mon fils, ton nom sera celui de « Grand Aigle » car tu seras un aigle et tu perceras le secret des esprits de tes ennemis.
Fais attention à Serpent à sonnettes, il essaiera de dénouer toutes les amitiés. Tu peux compter sur Taureau assis, il est aussi courageux qu'intrépide. Évite de te battre avec tes mains, mais bats-toi avec ta langue pour faire triompher tes idées. Tu sortiras alors grandi !

D'après une légende indienne sioux.

◆ Dans ce texte apparaissent des noms d'animaux. Que représentent-ils ? Quelle est la qualité ou le défaut attribué à chacun ?

◆ Que signifient les mots *percer, dénouer, compter, se battre (avec sa langue), triompher, grandir* dans le texte ? Est-ce leur sens habituel ?

JE COMPRENDS, JE RETIENS

• Dans une phrase, **un mot peut être employé au sens propre**, c'est-à-dire dans son sens le plus habituel et le plus simple.
Exemple : Donner un coup de poing.

• Mais on peut aussi l'employer au **sens figuré**, c'est-à-dire dans un **sens imagé et abstrait**.
Exemple : Je lui ai passé un coup de téléphone.

JE M'EXERCE

1 ★ Cherche dans le dictionnaire les différents sens des mots suivants, puis complète les phrases avec le bon mot.

étoile, pie, ours, singe, dindon.

a) Cette élève est aussi bavarde qu'une ....
b) La danseuse deviendra sûrement une ....
c) Patrick fait toujours le ...... pour se faire remarquer.
d) Il est le ...... de la farce !
e) Cet homme est un vieil ...... solitaire.

2 ★★ Relie le début de chaque expression au mot qui la complète. Puis écris une phrase utilisant chacune d'elles.

être sourd comme • • un pou
être malin comme • • une carpe
être laid comme • • un singe
être têtu comme • • un pot
être muet comme • • une mule

3 ★★ Indique le sens du mot *figure* dans chaque phrase. Tu peux t'aider d'un dictionnaire.

a) Les figures que je connais sont le carré, le rectangle et le triangle.
b) Il a fait une drôle de figure.
c) Le patineur exécute de belles figures sur la glace.

4 Voici quelques noms d'animaux. Choisis-en trois, puis recherche avec ton(ta) voisin(e) le plus grand nombre d'expressions contenant ces noms. Quelle équipe en a trouvé le plus ?

tortue, chameau, cochon, couleuvre, éléphant, âne.

15 Des comparaisons avec des verbes

J'OBSERVE

Les Tit'Bals, tu ne les connais pas encore ? Ils sont tout petits, hauts comme trois pommes, ronds comme des ballons et rouges comme des écrevisses. S'ils bougent, ils se déforment comme des élastiques, peuvent devenir grands comme des géants, minces comme des haricots. Ils sont légers comme la plume et, si le vent souffle, ils roulent comme une bille sur une table.
Ils vivent libres comme l'air mais, s'ils te voient, ils te regardent d'abord comme une bête curieuse, allongeant leurs bras et pleurent comme des fontaines si tu ne leur tends pas la main.
Alors, les as-tu déjà rencontrés ?

◆ Dans ce texte, un mot est très souvent répété : lequel ?
◆ À quoi sert ce mot ?

JE COMPRENDS, JE RETIENS

Pour comparer, on peut utiliser des **expressions contenant des verbes suivis de « comme ».**
Ces comparaisons permettent de décrire ou d'indiquer :

● **des manières d'être.**
Exemples : être muette comme une carpe ; être gai comme un pinson.

● **un aspect physique.**
Exemples : être blond comme les blés ; être rouge comme une écrevisse.

● **des manières d'agir.**
Exemple : se disputer comme des chiffonniers.

JE M'EXERCE

1 ★ À quelle façon d'agir ou à quel comportement se rapportent ces expressions ?
a) dormir comme une marmotte.
b) filer comme le vent.
c) répéter comme un perroquet.
d) se battre comme un lion.
e) rester planté comme un piquet.

2 ★★ Que signifient les expressions en gras ? Vérifiez dans un dictionnaire.
Complète ensuite la phrase à ton idée.
a) Sacha et Anita **s'entendent comme larrons en foire**, ils ....
b) Adélaïde est **sourde comme un pot**, elle ....
c) Pierre **dort comme une bûche**, il ....
d) Amir **travaille comme un fou**, il ....

3 ★★ Complète les expressions suivantes.
a) Si une personne fume beaucoup, elle fume comme ....
b) Croyez-vous pouvoir entrer dans une classe comme dans ...... ?
c) Dans les transports en commun, aux heures de pointe, on est souvent serrés comme ....
d) Amélie ne dit jamais la vérité, elle ment comme elle ....

4 Avec ton(ta) voisin(e), trouvez des expressions avec les mots suivants et employez-les dans des phrases.
*Exemple : pleurer comme une **fontaine**.*
fontaine, citron, bête curieuse, perroquet.

L'ALPHABET PHONÉTIQUE

Voyelles

- [a] chat, âne
- [o] mot, chaud, bientôt, chapeau
- [ɔ] école, album
- [y] rue, brûler
- [u] roue, où, goût
- [e] café, dictée, nez, supprimer
- [ɛ] après, jamais, perle, bête
- [œ] œuf, seul
- [ø] deux
- [ə] balle
- [i] ami, cycle, île
- [ã] grand, envers
- [ɔ̃] pont, pompier
- [ɛ̃] pin, timbre, plein, main, lundi

NB. Dans certaines régions, on distingue :
patte [a] et pâte [ɑ],
brin [ɛ̃] et brun [œ̃].

Consonnes

- [p] par, appeler
- [b] bateau, abbaye
- [t] toit, patte
- [d] donner, addition
- [k] comme, accord, quoi, képi, ticket
- [g] gai, bague, aggraver
- [f] fort, phrase, effet
- [v] venir, wagon
- [s] souvent, dessus, cil, déçu, relation
- [z] zéro, oiseau
- [ʒ] jeu, nager, bourgeon
- [ʃ] chemin, schéma
- [l] lame, balle
- [r] rat, barre, rhume
- [m] mare, comme
- [n] lune, panne
- [ɲ] campagne
- [j] pied, crayon, position, piller
- [w] oui, ouest
- [ɥ] puis

ÉCRIRE L'ALPHABET

a b c d e f g h i j k l m n o p q r s t u v w x y z
A B C D E F G H I J K L M N O P Q R S T U V W X Y Z

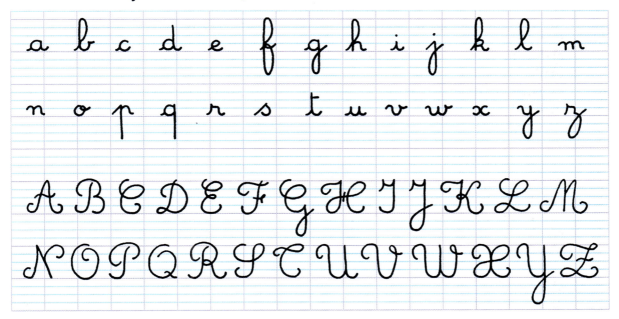

ANALYSER UNE PHRASE SIMPLE

| La petite fille | a offert | un bouquet | à sa mère | hier soir |

De qui parle-t-on ?
(De quoi parle-t-on ?)

Qu'est-ce qu'on en dit ?

● **Qui** est-ce qui a offert un bouquet ?

La petite fille : groupe nominal sujet (GNS)
→ *La* : déterminant
→ *petite* : adjectif qualificatif
→ *fille* : nom noyau du groupe

● Qu'est-ce qu'on en dit d'abord ?

● On dit que la petite fille *a offert* quelque chose à quelqu'un.

a offert est le centre de la phrase. C'est un verbe (V).
a offert : verbe *offrir*, conjugué au passé composé, 3ᵉ personne du singulier.

● On dit ce qu'elle a offert.

un bouquet : groupe nominal COD
→ *un* : déterminant
→ *bouquet* : nom commun

● On dit à qui elle a offert un bouquet.

à sa mère : groupe nominal COI
→ *à* : préposition
→ *sa* : déterminant
→ *mère* : nom noyau du groupe

● Qu'est-ce qu'on dit ensuite ?

● On dit dans quelles circonstances (quand ? où ? pourquoi ?) elle a offert un bouquet.
hier soir : complément circonstanciel de temps.

qui ? → *La petite fille* | *a offert* |
→ à qui ? : *à sa mère*
→ quoi ? : *un bouquet*
→ quand ? : *hier soir*

250

AIDE-MÉMOIRE

Grammaire

1. La nature des mots

Adjectif qualificatif
Le mot « adjectif » vient de « ajouter ». Un adjectif est un mot qu'on ajoute au nom.

- Il fait partie du groupe nominal (GN).
- Il se place après ou avant le nom.
- Il s'accorde en genre avec le nom :
un gros baiser – une gro**ss**e bise.
- Il s'accorde en nombre avec le nom :
un petit nuage blanc – de petit**s** nuage**s** blanc**s**.

Déterminants
Le mot « déterminant » vient de « déterminer ».

- Ils sont toujours placés devant le nom.
- Ils font partie du groupe nominal.
- Ce sont :
– **des articles** : le, la, les, l', un, une, des ;
– **des adjectifs démonstratifs** : ce, cet, cette, ces ;
– **des adjectifs possessifs** : mon, ma, ses, leurs…

Groupe nominal
C'est un groupe de mots dont le noyau est un nom.
*Exemples : Un **livre** – Un **livre** bleu – Le **livre** de Jérôme.*

Noms
Ils servent à désigner des êtres, des choses ou des idées.

Noms communs
Ils s'écrivent sans majuscule et sont généralement précédés d'un déterminant.
*Exemples : Le chien (nom masculin singulier).
La chienne (nom féminin singulier).
Les chiens (nom masculin pluriel).
Les chiennes (nom féminin pluriel).*

Noms propres
- Ils servent à nommer des personnes, des lieux, des périodes historiques ou des événements importants.
- Ils commencent par une majuscule.

Exemples : Jacques Dupont ; les Français ; les Alpes ; Paris ; la Révolution.

Noms composés
Ils sont composés de plusieurs mots séparés ou non par un trait d'union.
Exemples : un timbre-poste ; des pommes de terre ; un pense-bête.

Préposition
On appelle ce mot préposition parce qu'il se place devant un nom ou un verbe (« pré » veut dire « avant »).

*Exemples : Un pot **de** confiture. ; Je vais **chez** le coiffeur.*
Les principales prépositions sont : à, de, par, pour, après, avant, avec, sans, chez, dans, en, sur, parmi, vers, sous, sauf.

Pronom personnel
Le mot « pronom » veut dire « à la place du nom ».

- Les pronoms personnels désignent celui qui parle (je, nous), à qui l'on parle (tu, vous), de qui on parle (il, elle, ils, elles).
- Ils peuvent être sujets : Cathy chante ; **elle** danse, ou compléments : Cathy **te** voit ; elle **te le** dit.

2. La fonction des mots

Complément circonstanciel
Le mot « complément » vient de « compléter ».

Il complète la phrase. C'est un groupe de mots que l'on peut déplacer et supprimer. Il indique :
– Le lieu (**où ?**) :
Exemple : **Dans les arbres,** les oiseaux gazouillent.
– Le temps (**quand ?**) :
Exemple : Les oiseaux gazouillent **dès le lever du jour.**
– La manière (**comment ?**) :
Exemple : Les oiseaux gazouillent **avec plaisir.**

Complément d'objet direct
- Le complément d'objet direct (COD) du verbe est placé directement à côté du verbe.
- Pour trouver le COD du verbe, on peut utiliser l'expression : « C'est… que… ».
Exemple : Pierre déguste **une glace**. Il **la** déguste.
C'est une glace **que** Pierre déguste.

Complément du nom
- C'est un nom qui complète un autre nom ; il apporte une information supplémentaire sur le nom.
- Il est précédé par une préposition.
*Exemples : un pot **de fleurs** ; un sac **à dos.***

Groupe sujet – groupe verbal
La phrase est constituée de deux groupes de mots.
a) Le groupe sujet (GS) indique de qui ou de quoi on parle ; le GS répond à la question « Qui ? ».
Exemple : **L'autruche** danse. **C'est** l'autruche **qui** danse.
b) Le groupe verbal (GV) indique ce que l'on dit du GS. Il est formé d'un verbe conjugué et de ses compléments.
Exemple : Alain **mange une pomme.**

Sujet
- Le sujet répond à la question « Qui ? ».
Pour trouver le sujet du verbe, on peut utiliser l'expression : « C'est … qui … ».
Exemple : **C'est** la fillette **qui** sourit.
- Le verbe s'accorde avec son sujet.
Exemple : Les fillette**s** sour**ient**.

Forme négative
- C'est le contraire de la forme affirmative.
- On marque la négation avec :
– **ne… pas.** *Exemple : Je **ne** comprends **pas**.*
– **ne… plus.** *Exemple : Il **n'**y a **plus** de place.*
– **ne… jamais.** *Exemple : Il **n'**est **jamais** en retard.*

Phrase déclarative
On l'utilise pour raconter un événement ou donner son avis. Elle commence par une majuscule et se termine par un point.
Exemple : **L**es enfants sont content**s**.

Phrase impérative
On l'utilise pour donner un ordre ou un conseil. Elle se termine souvent par un point d'exclamation. Dans la phrase impérative, le sujet n'est pas indiqué.
Exemples : Levez-vous ! ; Réveille-toi ! ; Partons.

Phrase interrogative
On l'utilise pour poser une question. Elle se termine par un point d'interrogation.
Exemples : Tu comprends ? ; Comprends-tu ? ; Est-ce que tu comprends ? ; Qu'as-tu compris ?

Orthographe

Genre du nom
Sont masculins les noms devant lesquels on peut écrire **un** ou **le**.
Exemple : **un** chapeau ⟶ masculin.
Sont féminins les noms devant lesquels on peut écrire **une** ou **la**.
Exemple : **une** casquette ⟶ féminin.

Nombre du nom
Sont au singulier les noms devant lesquels on peut écrire **un** ou **une**, **le** ou **la**.
Exemple : **une** chanson ⟶ singulier.
Sont au pluriel les noms devant lesquels on peut écrire **des** ou **les**.
Exemple : **des** chansons ⟶ pluriel.

Ponctuation
Les principaux signes de ponctuation sont :

a) Le point (.)
Il se place à la fin d'une phrase.
Exemple : J'ai terminé mon devoir**.**

b) La virgule (,)
Elle marque une pause dans la lecture.
Exemple : J'ai terminé**,** il y a une heure**,** mon devoir.

c) Le point d'interrogation (?)
Il termine une question.
Exemple : As-tu terminé ton devoir **?**

d) Le point d'exclamation (!)
Il se place après une tournure exclamative qui traduit l'étonnement, la colère, l'ordre, le regret, l'admiration, le soulagement et, parfois, à la fin d'une phrase impérative.
Exemple : Ouf **!** J'ai terminé mon devoir **!**

e) Les deux points (:)
Ils annoncent une énumération ou une explication.
Exemple : Voici ce que j'ai terminé **:** mon devoir de mathématiques et ma fiche de français.

f) Les guillemets (« … »)
Ils indiquent le début et la fin d'un dialogue ou encadrent une citation.
Exemples : « As-tu terminé ton devoir ? »
« On a toujours besoin d'un plus petit que soi. »

g) Le tiret (–)
Il indique un changement d'interlocuteur dans un dialogue.
Exemple : « As-tu terminé ton devoir ?
– Oui. »

Conjugaison

Auxiliaires « être » et « avoir »
On appelle ces verbes des auxiliaires car ils apportent une aide. « Auxiliaire » vient du latin et voulait dire « aide », « secours ».

Ils sont utilisés pour former les temps composés.
Exemples : Il **a** bien travaillé.
Nous **sommes** arrivés à l'heure.

Participe passé
C'est une forme du verbe. Employé avec un auxiliaire, il permet de conjuguer les temps composés.
Exemples : voir ⟶ j'ai **vu** ; chanter ⟶ il a **chanté**.
Conjugué avec l'auxiliaire être, le participe passé s'accorde avec le sujet.
Exemple : Les pommes sont tomb**ées**.

Vocabulaire

Homonymes
Ce sont des mots qui s'écrivent ou se prononcent de la même façon, mais qui sont de sens différent.
Exemples : mon **fils** – les **fils** à coudre
même écriture mais prononciation différente.
une **croix** – je **crois**
même prononciation mais écriture différente.
je **tente** (verbe) – la **tente** de camping
même prononciation et même écriture.

Préfixe
« pré » veut dire « avant ».

Le préfixe est un élément qui se place devant un nom, un adjectif ou un verbe pour former un autre mot.
Exemples : **mal**honnête ; **dé**colorer.

Suffixe
« su » veut dire « après ».

Le suffixe est un élément qui se place après un nom, un adjectif ou un verbe pour former un autre mot.
Exemples : un dent**iste** ; support**able**.

Synonymes
Ce sont des mots de même nature et de même sens ou de sens voisin.
Exemples : voir ; observer ; regarder.

ORTHOGRAPHE D'USAGE

❶ Écrire le son [ɛ] de « fête »

On peut écrire	Des mots à apprendre
ê	être, un ancêtre, une arête, un chêne, une fenêtre, la fête, honnête, la pêche
è	une bibliothèque, un chèque, la crème, une espèce, une flèche, une mèche, un poème, un siège, tiède
ai	une aide, une aile, une araignée, un balai, un essai, une fraise, maigre, une vingtaine
ei	une baleine, beige, la neige, un peigne, une reine, treize, seize, une veine
et	l'alphabet, un bouquet, un filet, un galet
...elle	une chapelle, la dentelle, la vaisselle
...enne	une antenne, une italienne, une parisienne
...erre	une pierre, la terre
...esse	une déesse, une forteresse, une princesse
...ette	une baguette, une brouette, une raquette

❷ Écrire le son [e] de « bébé »

On peut écrire	Des mots à apprendre
é	la beauté, l'électricité, une équipe, la télévision
er	l'acier, un atelier, un cahier, un calendrier, un cendrier, un charcutier, dîner, un escalier
eff...	effacer, un effort
ell...	une ellipse
ess...	un essai, l'essence
ed, ez, ef	assez, chez, une clef, le nez, le pied

❸ Écrire le son [ɑ̃] de « enfant »

On peut écrire	Des mots à apprendre
an	un angle, une antenne, une banque, un cadran, une danse, la distance, un divan, un écran, le langage, un océan, un ruban, tranquille, un volcan
en	un aboiement, un accent, un agent, attention, un cendrier, défendre, descendre, l'enfer, enfin, excellent, la gencive, rapidement, urgent, le vent, violent
	Quelques homophones à ne pas confondre L'**encre** du stylo et l'**ancre** du bateau. **Panser** un blessé et **penser** à quelqu'un. Ma **tante** et mon oncle et la **tente** de camping.

❹ Écrire « n » ou « m » dans les mots contenant les sons [ɑ̃], [ɔ̃] et [ɛ̃]

Devant un « m », un « b » ou un « p », les sons [ɑ̃], [ɔ̃] et [ɛ̃] s'écrivent avec la lettre « m ».

Le son	Des mots à apprendre		
	« m » devant « b »	« m » devant « p »	« m » devant « m »
[ɑ̃]	la chambre, du jambon	un camp, la campagne, le camping, un champignon	
	décembre, un membre	une tempête, un temple, le temps	emmener
[ɔ̃]	une bombe, un combat, combien, une ombre, le plomb	un compagnon, la compétition, un compte, un compteur	
[ɛ̃]	un timbre, imbattable, un imbécile	grimper, imparfait, impeccable, un impôt, simple	immangeable
	Quelques exceptions à apprendre bonbon, bonbonne, bonbonnière, embonpoint.		

5 Écrire le son [k] de « café » et de « quatre »

On peut écrire		Des mots à apprendre
c	devant toutes les lettres sauf les voyelles **e, i, y**	une boucle, le cacao, la colle, une culotte, un lac
qu	on trouve **q** seul uniquement dans **cinq** et **coq**	une attaque, la bibliothèque, un paquet, quelque, la queue, une question, quand, qui, quoi
k		un anorak, un kangourou, un képi, un kilogramme
ch		la chorale, l'écho, un orchestre, une orchidée

6 Écrire le son [ʒ] de « jeudi » et de « géographie »

On peut écrire		Des mots à apprendre
j		un bijou, jadis, jaloux, un objet, un sujet
g	devant **i** ou **e**	une angine, un gendarme, gentil, le gibier, une gifle, un gilet, le givre, un indigène
ge	devant **a, o** ou **u**	un bougeoir, un bourgeon, un geai, un pigeon, un plongeon

7 Écrire le son [g] de « gare »

On peut écrire		Des mots à apprendre
g	devant **a, o** ou **u** et les consonnes	un agrandissement, un angle aigu un bagage, une bagarre, un gadget, un garage, un goal
gu	devant **e, i** ou **y**	conjuguer, la fatigue, la guerre, un guidon, une guirlande, une guitare, Guy, naviguer

8 Écrire le son [s] de « soleil » et de « cinéma »

On peut écrire		Des mots à apprendre
s		un abribus, une averse, un corsage, une éclipse, une sortie, une souris, une valse
ss		aussi, une brosse, un buisson, une housse, une mission, la poussière, un ruisseau
c	devant les voyelles **e, i** et **y**	une bicyclette, un cigare, une cigarette, le cinéma, un cycle, une institutrice, merci, un océan, une race
ç	devant les voyelles **a, o** et **u**	être déçu, la façade, une façon, une leçon, un maçon
t	devant la voyelle **i**	l'alimentation, la démocratie, un Égyptien, une idiotie, l'imagination, un martien, la récitation, la récréation, un prétentieux

9 Écrire le son [z] de « rose » et de « zoo »

On peut écrire		Des mots à apprendre
s	entre deux voyelles	une braise, une cerise, le hasard, une hésitation, mademoiselle, un trésor, le visage
z	au début, au milieu (entre une voyelle et une consonne) et en fin de mot	un bazar, bizarre, douze, le gaz, le gazon, seize, un zèbre, zéro

10 Prononcer la lettre « x »

On prononce	Des mots à apprendre
[z]	deuxième, sixième, dixième
[s]	dix, six, soixante
[ks]	un axe, la boxe, un taxi
[gz]	un examen, un exercice, Xavier

11 Écrire le son [ɲ] de « montagne » ou [nj] de « panier »

On peut écrire		Des mots à connaître
gn	devant un **e** final	le champagne, l'Espagne, la montagne…
	au milieu du mot	un agneau, une araignée, un baigneur, un champignon, la compagnie, un compagnon, une égratignure, espagnol, un gagnant, une poignée, un seigneur, un signal
ni		l'aluminium, un bananier, dernière, le grenier, un magasinier, une opinion, un panier, une réunion

12 Écrire « …oir » ou « …oire » à la fin des mots

Le son	À la fin des noms masculins	À la fin des noms féminins
[war]	S'écrit toujours « **…oir** » : un devoir, un espoir, un parloir, un tiroir	S'écrit toujours « **…oire** » : une armoire, une histoire, la mémoire
Quelques exceptions à apprendre un accessoire, un interrogatoire, un laboratoire, un observatoire, l'ivoire.		

REMERCIEMENTS

Nous remercions pour leur participation M. Bruno Germain et les écoles d'Ozouer-le-Voulgis (Mme Danièle Delebecque), Romain Rolland à Champigny sur Marne (Mme Yvette Aouizerate), Jacques Decour à Champigny sur Marne (M. Marc Wendling) et Picasso à Champs sur Marne (Mme Marie Masliah).

CRÉDITS PHOTOGRAPHIQUES

p. 30 : Carelman, *Catalogue d'objets introuvables* ; p. 37 : RAPHO/Charliat ; p. 56 : RAPHO/Le Diascorn, Louvre ; p. 68 : RAPHO/Silvester ; p. 86 : FOTOGRAM-STONE/Moulton ; p. 96 : Collection Christophe L. ; p. 110 : CPLJ Montreuil ; p. 112 : RATP/Euro RSCG ; p. 134 : BIOS/Klein-Hubert, Vignoble alsacien ; p. 139 : g : RAPHO/Brake ; d : Musée Grévin ; p. 142 : Agence Perceval Conseil, DR.

ILLUSTRATEURS

F. Davot : unité 8, pp. 69, 71, 76 ; unité 9, pp. 80-81 ; unité 14, pp. 127 à 129. **P. Gromy** : unité 1, pp. 5 à 12 ; unité 9, pp. 77 à 79, 82, 84 ; unité 13, pp. 117 à 122, pp. 148, 150, 160, 170, 177, 184-185, 190, 191, 196, 222, 228. **M. Laboudigue** : unité 4, pp. 31 à 37 ; unité 7, pp. 61 à 67. **D. Le Noury** : unité 2, pp. 13-14 et 16-17, 20 ; unité 5, pp. 39 à 46 ; unité 10, pp. 87 à 91, 93-94. **R. Mac** : unité 8, pp. 69 à 75. **B. Pons** : unité 3, pp. 21 à 26 ; unité 6, pp. 47 à 54 ; unité 11, pp. 95-96, 98-99, 102 ; unité 15, pp. 140. **F. San Millan** : Expression orale pp. 29, 55, 85, 111, 141 ; unité 9, pp. 78 ; unité 10, pp. 92 ; unité 12, pp. 106-107, 144, 146, 152, 154, 156, 162, 166, 168, 172, 174 à 175, 178-179, 181, 192, 194, 204 à 206, 209-210, 214, 218, 224 à 226, 230, 232 à 234, 238, 241, 243, 245, 247. Cursive : **M.-C. Exbrayat** : pp. 15, 19, 252.

Conception graphique et mise en pages : **Killiwatch**
Illustrations de couverture : **Killiwatch**
Illustrations : **François Davot, Patrick Gromy, Maïté Laboudigue, Daniel Le Noury, Régis Mac, Bernadette Pons, François San Millan**
Coordination artistique : **Léa Verdun**
Coordination éditoriale : **Pascale Beauvois**
Saisie : **Manuella Montanary**
Avec la collaboration de Christine Morel et Karine Le Forestier

N° d'Éditeur : 10048575-II-95 - CSBL - 90 - CGI - Août 1998
Imprimé en France par Mame Imprimeurs à Tours (n° 98012156)

AVOIR

INDICATIF

Présent (p. 219)		Imparfait (p. 227)		Passé composé			Passé simple	
j'	ai	j'	avais	j'	ai	eu	j'	eus
tu	as	tu	avais	tu	as	eu	tu	eus
il, elle, on	a	il, elle, on	avait	il, elle, on	a	eu	il, elle, on	eut
nous	avons	nous	avions	nous	avons	eu	nous	eûmes
vous	avez	vous	aviez	vous	avez	eu	vous	eûtes
ils, elles	ont	ils, elles	avaient	ils, elles	ont	eu	ils, elles	eurent

Futur simple		CONDITIONNEL Présent		IMPÉRATIF Présent	PARTICIPE Présent	Passé
j'	aurai (p. 229)	j'	aurais	aie	ayant	eu(e)
tu	auras	tu	aurais	ayons		ayant eu
il, elle, on	aura	il, elle, on	aurait	ayez		
nous	aurons	nous	aurions			
vous	aurez	vous	auriez			
ils, elles	auront	ils, elles	auraient			

ÊTRE

INDICATIF

Présent (p. 219)		Imparfait (p. 227)		Passé composé			Passé simple	
je	suis	j'	étais	j'	ai	été	je	fus
tu	es	tu	étais	tu	as	été	tu	fus
il, elle, on	est	il, elle, on	était	il, elle, on	a	été	il, elle, on	fut
nous	sommes	nous	étions	nous	avons	été	nous	fûmes
vous	êtes	vous	étiez	vous	avez	été	vous	fûtes
ils, elles	sont	ils, elles	étaient	ils, elles	ont	été	ils, elles	furent

Futur simple		CONDITIONNEL Présent		IMPÉRATIF Présent	PARTICIPE Présent	Passé
je	serai (p. 229)	je	serais	sois	étant	été
tu	seras	tu	serais	soyons		ayant été
il, elle, on	sera	il, elle, on	serait	soyez		
nous	serons	nous	serions			
vous	serez	vous	seriez			
ils, elles	seront	ils, elles	seraient			

1er groupe

Modèle des verbes du 1er groupe : CHANTER

INDICATIF

Présent (p. 217)		Imparfait (p. 227)		Passé composé (p. 223)			Passé simple (p. 229)	
je	chante	je	chantais	j'	ai	chanté	je	chantai
tu	chantes	tu	chantais	tu	as	chanté	tu	chantas
il, elle, on	chante	il, elle, on	chantait	il, elle, on	a	chanté	il, elle, on	chanta
nous	chantons	nous	chantions	nous	avons	chanté	nous	chantâmes
vous	chantez	vous	chantiez	vous	avez	chanté	vous	chantâtes
ils, elles	chantent	ils, elles	chantaient	ils, elles	ont	chanté	ils, elles	chantèrent

Futur simple		CONDITIONNEL Présent		IMPÉRATIF Présent	PARTICIPE Présent	Passé
je	chanterai	je	chanterais	chante	chantant	chanté(e)
tu	chanteras	tu	chanterais	chantons		ayant chanté
il, elle, on	chantera	il, elle, on	chanterait	chantez		
nous	chanterons	nous	chanterions			
vous	chanterez	vous	chanteriez			
ils, elles	chanteront	ils, elles	chanteraient			

1ᵉʳ groupe

MANGER (p. 233)
Verbes se terminant par « **-ger** » : *s'allonger, bouger, changer, charger, diriger, exiger, nager, obliger, partager, voyager...*

INDICATIF							
Présent		**Imparfait**		**Passé composé**		**Passé simple**	
je	mang**e**	je	mange**ais**	j'	**ai** mangé	je	mange**ai**
il, elle, on	mang**e**	il, elle, on	mange**ait**	il, elle, on	**a** mangé	il, elle, on	mange**a**
nous	mange**ons**	nous	mang**ions**	nous	**avons** mangé	nous	mange**âmes**
		CONDITIONNEL		IMPÉRATIF		PARTICIPE	
Futur simple		**Présent**		**Présent**		**Présent**	**Passé**
je	mange**rai**	je	mange**rais**	mang**e**		mangeant	mangé(e)
il, elle, on	mange**ra**	il, elle, on	mange**rait**	mange**ons**			ayant mangé
nous	mange**rons**	nous	mange**rions**	mang**ez**			

LANCER (p. 233)
Verbes se terminant par « **-cer** » : *commencer, dénoncer, effacer, s'exercer, foncer, forcer, menacer, pincer, placer, prononcer...*

INDICATIF							
Présent		**Imparfait**		**Passé composé**		**Passé simple**	
je	lanc**e**	je	lan**ç**ais	j'	**ai** lancé	je	lan**ç**ai
il, elle, on	lanc**e**	il, elle, on	lan**ç**ait	il, elle, on	**a** lancé	il, elle, on	lan**ç**a
nous	lan**ç**ons	nous	lanc**ions**	nous	**avons** lancé	nous	lan**ç**âmes
		CONDITIONNEL		IMPÉRATIF		PARTICIPE	
Futur simple		**Présent**		**Présent**		**Présent**	**Passé**
je	lance**rai**	je	lance**rais**	lanc**e**		lançant	lancé(e)
il, elle, on	lance**ra**	il, elle, on	lance**rait**	lan**ç**ons			ayant lancé
nous	lance**rons**	nous	lance**rions**	lanc**ez**			

JETER (p. 231)
Verbes se terminant par « **-eter** » : *décacheter, déchiqueter, étiqueter, feuilleter, projeter, rejeter, voleter...*

INDICATIF							
Présent		**Imparfait**		**Passé composé**		**Passé simple**	
je	jett**e**	je	jet**ais**	j'	**ai** jeté	je	jet**ai**
il, elle, on	jett**e**	il, elle, on	jet**ait**	il, elle, on	**a** jeté	il, elle, on	jet**a**
nous	jet**ons**	nous	jet**ions**	nous	**avons** jeté	nous	jet**âmes**
		CONDITIONNEL		IMPÉRATIF		PARTICIPE	
Futur simple		**Présent**		**Présent**		**Présent**	**Passé**
je	jette**rai**	je	jette**rais**	jett**e**		jetant	jeté(e)
il, elle, on	jette**ra**	il, elle, on	jette**rait**	jet**ons**			ayant jeté
nous	jette**rons**	nous	jette**rions**	jet**ez**			

ACHETER
Verbes se terminant par « **-eter** » : *breveter, crocheter, fureter, haleter, racheter...*

INDICATIF							
Présent		**Imparfait**		**Passé composé**		**Passé simple**	
j'	achèt**e**	j'	achet**ais**	j'	**ai** acheté	j'	achet**ai**
il, elle, on	achèt**e**	il, elle, on	achet**ait**	il, elle, on	**a** acheté	il, elle, on	achet**a**
nous	achet**ons**	nous	achet**ions**	nous	**avons** acheté	nous	achet**âmes**
		CONDITIONNEL		IMPÉRATIF		PARTICIPE	
Futur simple		**Présent**		**Présent**		**Présent**	**Passé**
j'	achète**rai**	j'	achète**rais**	achè**te**		achetant	acheté(e)
il, elle, on	achète**ra**	il, elle, on	achète**rait**	achet**ons**			ayant acheté
nous	achète**rons**	nous	achète**rions**	achet**ez**			

3ᵉ groupe

VOIR
Verbes en « **-oir** » se conjuguant comme VOIR : *entrevoir, revoir...*

INDICATIF

Présent		Imparfait		Passé composé (p. 223)			Passé simple	
je	vois	je	voyais	j'	ai	vu	je	vis
tu	vois	tu	voyais	tu	as	vu	tu	vis
il, elle, on	voit	il, elle, on	voyait	il, elle, on	a	vu	il, elle, on	vit
nous	voyons	nous	voyions	nous	avons	vu	nous	vîmes
vous	voyez	vous	voyiez	vous	avez	vu	vous	vîtes
ils, elles	voient	ils, elles	voyaient	ils, elles	ont	vu	ils, elles	virent

Futur simple		CONDITIONNEL Présent		IMPÉRATIF Présent	PARTICIPE Présent	Passé
je	verrai	je	verrais	vois	voyant	vu(e)
tu	verras	tu	verrais	voyons		ayant vu
il, elle, on	verra	il, elle, on	verrait	voyez		
nous	verrons	nous	verrions			
vous	verrez	vous	verriez			
ils, elles	verront	ils, elles	verraient			

POUVOIR
Verbes en « **-oir** » se conjuguant comme POUVOIR : *valoir, vouloir...*

INDICATIF

Présent (p. 219)		Imparfait		Passé composé			Passé simple	
je	peux	je	pouvais	j'	ai	pu	je	pus
tu	peux	tu	pouvais	tu	as	pu	tu	pus
il, elle, on	peut	il, elle, on	pouvait	il, elle, on	a	pu	il, elle, on	put
nous	pouvons	nous	pouvions	nous	avons	pu	nous	pûmes
vous	pouvez	vous	pouviez	vous	avez	pu	vous	pûtes
ils, elles	peuvent	ils, elles	pouvaient	ils, elles	ont	pu	ils, elles	purent

Futur simple		CONDITIONNEL Présent		IMPÉRATIF Présent	PARTICIPE Présent	Passé
je	pourrai	je	pourrais	*On ne l'utilise pas.*	pouvant	pu
tu	pourras	tu	pourrais			ayant pu
il, elle, on	pourra	il, elle, on	pourrait			
nous	pourrons	nous	pourrions			
vous	pourrez	vous	pourriez			
ils, elles	pourront	ils, elles	pourraient			

PRENDRE
Verbes se conjuguant comme PRENDRE : *apprendre, comprendre, reprendre, surprendre...*

INDICATIF

Présent (p. 219)		Imparfait (p. 227)		Passé composé (p. 223)			Passé simple	
je	prends	je	prenais	j'	ai	pris	je	pris
tu	prends	tu	prenais	tu	as	pris	tu	pris
il, elle, on	prend	il, elle, on	prenait	il, elle, on	a	pris	il, elle, on	prit
nous	prenons	nous	prenions	nous	avons	pris	nous	prîmes
vous	prenez	vous	preniez	vous	avez	pris	vous	prîtes
ils, elles	prennent	ils, elles	prenaient	ils, elles	ont	pris	ils, elles	prirent

Futur simple (p. 229)		CONDITIONNEL Présent		IMPÉRATIF Présent	PARTICIPE Présent	Passé
je	prendrai	je	prendrais	prends	prenant	pris(e)
tu	prendras	tu	prendrais	prenons		ayant pris
il, elle, on	prendra	il, elle, on	prendrait	prenez		
nous	prendrons	nous	prendrions			
vous	prendrez	vous	prendriez			
ils, elles	prendront	ils, elles	prendraient			

3ᵉ groupe

ALLER

INDICATIF

Présent (p. 219)		Imparfait (p. 227)		Passé composé (p. 223)			Passé simple	
je	vais	j'	allais	je	suis	allé(e)	j'	allai
tu	vas	tu	allais	tu	es	allé(e)	tu	allas
il, elle, on	va	il, elle, on	allait	il, elle, on	est	allé(e)	il, elle, on	alla
nous	allons	nous	allions	nous	sommes	allé(e)s	nous	allâmes
vous	allez	vous	alliez	vous	êtes	allé(e)s	vous	allâtes
ils, elles	vont	ils, elles	allaient	ils, elles	sont	allé(e)s	ils, elles	allèrent

Futur simple (p. 229)		CONDITIONNEL Présent		IMPÉRATIF Présent	PARTICIPE Présent	Passé
j'	irai	j'	irais	va	allant	allé(e)
tu	iras	tu	irais	allons		étant allé(e)
il, elle, on	ira	il, elle, on	irait	allez		
nous	irons	nous	irions			
vous	irez	vous	iriez			
ils, elles	iront	ils, elles	iraient			

FAIRE
Verbes se conjuguant comme FAIRE : *défaire, refaire, satisfaire...*

INDICATIF

Présent (p. 219)		Imparfait (p. 227)		Passé composé (p. 223)			Passé simple	
je	fais	je	faisais	j'	ai	fait	je	fis
tu	fais	tu	faisais	tu	as	fait	tu	fis
il, elle, on	fait	il, elle, on	faisait	il, elle, on	a	fait	il, elle, on	fit
nous	faisons	nous	faisions	nous	avons	fait	nous	fîmes
vous	faites	vous	faisiez	vous	avez	fait	vous	fîtes
ils, elles	font	ils, elles	faisaient	ils, elles	ont	fait	ils, elles	firent

Futur simple (p. 229)		CONDITIONNEL Présent		IMPÉRATIF Présent	PARTICIPE Présent	Passé
je	ferai	je	ferais	fais	faisant	fait(e)
tu	feras	tu	ferais	faisons		ayant fait
il, elle, on	fera	il, elle, on	ferait	faites		
nous	ferons	nous	ferions			
vous	ferez	vous	feriez			
ils, elles	feront	ils, elles	feraient			

VENIR
Verbes se conjuguant comme VENIR : *convenir, devenir, intervenir, parvenir, prévenir, revenir, se souvenir...*

INDICATIF

Présent (p. 219)		Imparfait (p. 227)		Passé composé			Passé simple	
je	viens	je	venais	je	suis	venu(e)	je	vins
tu	viens	tu	venais	tu	es	venu(e)	tu	vins
il, elle, on	vient	il, elle, on	venait	il, elle, on	est	venu(e)	il, elle, on	vint
nous	venons	nous	venions	nous	sommes	venu(e)s	nous	vînmes
vous	venez	vous	veniez	vous	êtes	venu(e)s	vous	vîntes
ils, elles	viennent	ils, elles	venaient	ils, elles	sont	venu(e)s	ils, elles	vinrent

Futur simple (p. 229)		CONDITIONNEL Présent		IMPÉRATIF Présent	PARTICIPE Présent	Passé
je	viendrai	je	viendrais	viens	venant	venu(e)
tu	viendras	tu	viendrais	venons		étant venu(e)
il, elle, on	viendra	il, elle, on	viendrait	venez		
nous	viendrons	nous	viendrions			
vous	viendrez	vous	viendriez			
ils, elles	viendront	ils, elles	viendraient			